現代日本政治の展開

歴史的視点と理論から学ぶ

森本哲郎 編

法律文化社

はじめに：ふたつの戦後から現在へ

副題にある「ふたつの戦後」とは、ひとつは第2次世界大戦の終結後（1945年以降）を、もうひとつは「冷戦」の終結後（1989年以降）を指している。現在は、それぞれ戦後75年と戦後30年あまり、ということになる。

現代日本の政治を説明する本書で、なぜ、「戦後」なのか。それは、以下の理由による。まず、ひとつめの「戦後」初期において「戦後改革」がなされ、以後、現在に至るまでの日本政治の基本的な枠組みを形成したことである。「統治の正統性原理の転換」と1960年代以後顕著となる日本政治の「多元化」の基礎条件（各領域での民主主義化と自由主義化）を導入したのが、戦後改革だった。そして、この改革がもたらした政治・経済・社会の制度（公式の制度）が同時期に世界的に進行し日本でも高い水準で進行した高度経済成長と好循環をなして、「55年体制」（「60年体制」）と呼ばれる構造化された政治過程のあり方（これを序章では「政治体制」と呼んでいる）を生み出したのである。

同時に、「55年体制」と一般に呼ばれるこの政治体制は、上で言う「戦後改革」がなされた直後期から本格化した、いわゆる「冷戦」体制、すなわち和解不可能に見える体制の基本原理をめぐる激しいイデオロギー対立と国益をめぐる従来型の対立（ともに軍事力も伴う）が複雑に絡み合った国際関係の構造化されたあり方（西側の自由主義陣営と東側の共産主義陣営の対立）と不可分であった。戦後の日本政治を長い間特徴づけてきた「55年体制（60年体制）」が、「冷戦」終結直後の1993年に終わりを迎えたのは決して「偶然」ではない。以後、現在までの30年間、「冷戦」時代のような、ある意味で「安定した」構造をもった国際環境ではなく、流動的な国際環境の中に日本政治は置かれることとなった。1990年代に相次いで行われた、政治、行政さらには司法、社会、経済の様々な分野での一連の制度改革は、このような環境変動への対応の企てであり、それが日本の政治のあり方に大きな変化をもたらすことになったのである。

若い読者にとっては、ふたつの戦後のどちらも、もはや「遠い過去」と感じられるかもしれないが、上に述べた理由から、現在の日本政治を理解するに当たって、大いに意識しておいて欲しい視点である。敢えて、このような副題を付けた所以である。この視点、すなわち歴史的視点とその意味については、**序章**で詳しく論じている。この視点に直接言及しているのではない**第1章**以下の各章を読まれる際も、この視点を意識していただければ理解が深まるであろう。

本書の編者は、5年前に日本政治の体系的概説書『現代日本の政治—持続と変化』(以下、前著)を編著として刊行し、現代日本の政治について、その持続する側面と変化する側面の双方に目を配りながら、できる限り多面的に考察しようとした。副題の「持続と変化」とは、上に述べた「歴史的視点」を踏まえたものだったのである。この前著では、総論として、ひとつめの「戦後」70年間の日本政治をいくつかの基本的論点を軸に俯瞰した序章、各論として、政治に係わる主要な主体《アクター》について論じた「第Ⅰ部　政治の主体」(5章から構成)、これら主体が政治活動を行う主要な場《アリーナ》について、その動態を描いた「第Ⅱ部　政治の場」(6章から構成)を設けた。

本書は、基本的にこのような前著の視点と構成を踏襲するものだが、同時に、この5年の間に、今後の日本政治を考えるうえでかなり大きい変化が現れてきたのではないかと思われる。たとえば、民主党政権崩壊後に政権に復帰した第2次安倍政権は、長期化の様相を示していたとはいえ、前著刊行時には3年4か月持続したところだったのが、健康上の理由で本書刊行半年前に辞職した時には7年9か月めとなり、明治の内閣制度発足後の最長政権となっていた。これをマクロな視点から見た場合、55年体制(60年体制)に比肩できるような、構造化された「新しい政治体制」が成立したと位置づけられるのか、という問題が提起されるだろう。

さらに、ふたつめの「戦後」初期の1990年代に相次いだ政治改革・行政機構改革による政治過程の変容が長期政権の下でどのような展開を見せていったのか。自民党をはじめ諸政党の内部過程、政党システム、利益団体をめぐる政治過程、官僚機構のあり方、官邸主導と政官関係、有権者の意識と投票行動、政策過程、国会の機能、政治過程での「情報」の役割、これらの新たな展開が問題となる。さらに司法制度改革また地方分権改革がもたらしたものの意味がより明らかになるのに十分な経験を経た時期でもある。加えて、ふたつめの「戦後」の時代となって、先進民主主義諸国においても、ひとつめの「戦後」に支配的だった「社会民主主義的合意」(大きな政府による再配分の政治。ある意味で「共産主義」への防波堤であったのが、冷戦の終焉で不要になったという面もある）が終わりを迎え、新自由主義（市場原理主義）が支配的となって、社会のなかでの「格差」(経済的格差の問題が大きい）が拡大し、かつて脱物質主義社会の「新しい政治」に対して「古い政治」とされていた「格差」問題（再配分の問題）が「新しい問題」として浮上してきている。「なぜ合衆国には社会主義がないのか」(20世紀初頭に出たドイツの経済学者W・ゾンバルトの著書のタイトル）といわれた、あのアメリカ合衆国で「民主的社会主義者」を名乗る大統領予備選挙（民主党）の候補者が大きな支持を集める時代に世界の先進民主主義諸国は入ったのである。日本も市場原理主義の下での「格差」の拡大という点で決して例外ではない。このような歴史的変動期にあって日本政治の方向性をいかに理解し説明するのか。この課題に取り組まねばならない、と強く意識し、新しい執筆者の参加も得て、前著での各章に相当の加筆・再構成を行い（いくつかの章は全く新しい内容になっている）刊行したのが本書『現代日本政治の展開』である。なお、この加筆・再構成の結果、前著では詳述したが本書では割愛あるいはごく簡略化して記述した項目も多数あり、これらについては（注）を手掛かりに前著もあわせて参照していただければ幸いである。

さて、ここまでの文章を書いたのが2020年３月中旬だった。この頃から、新型コロナウィルスのパンデミックが明白となり、感染が早期に拡大した諸国でまず様々な対策が取られていった。感染拡大が当初は緩やかに思われ、政府も社会の諸アクターもやや楽観的だった日本でも、４月に入り急速に危機感が高まってきた（４月７日に７都府県を対象とし、４月16日には全国を対象とした「緊急事態宣言」が出された)。緊急事態宣言そのものは５月25日にすべての地域で解除され、感染拡大は収まってきた（そう思いたい)、という意識が政府にも社会の諸アクターにも広まり、通常の生活スタイルの緩やかな回復に向かいつつあるようにも見える。今後の感染拡大について、予断は許されないが、新型コロナ・パンデミックに対する、これまでの世界各国そして日本での（政府また社会の諸アクターの）様々な対応について、その態様、効果などをどのように説明し評価するのか、さらにこのパンデミックが今後の世界の、そして各国の政治、経済、社会のあり方全体にどのような影響を残すのか、政治学も含む社会科学の諸分野に対して、大きな課題を投げかけている。この課題への本格的な取組みはパンデミックが落ち着いて以後ということになるだろうし、また、1945年以降現在までの日本政治全体を長期的視点で体系的に説明するという本書の性格から、直接的にはこの課題に取り組めないが、各章で必要に応じて言及がなされるであろう。以上に関連して、今から100年余り前、1918年から1920年の間、世界中に猛威を振るった感染症（通称「スペイン風邪」と言われる新型インフルエンザ）について言及したい。これによる死者は世界全体で2000万から4500万人、日本（内地）で50万人という人類にとって歴史上稀な災厄だった（当時の総人口は世界で20億人、日本内地で5500万人）。これほどの災厄でありながら、日本で（そして比較的近年まで世界的にも）社会科学、人文学（歴史学）の分野でほとんど研究対象とされてこなかった、という。「忘れられた」存在だったのである（以上、速水融『日本を襲ったスペイン・インフルエンザ—人類とウイルスの第一次世界戦争』（藤原書店、2006年）序章）。高度経済成長の成果がまだ全面的には表れていない1960年代までの日本では様々な古典的伝染病（赤痢、ジフテリア、結核など）の感染者と死者は決して少ないとはいえず（秦郁彦『病気の日本近代史—幕末から平成まで』（文藝春秋、2011年）105頁・表５、138頁・表４）、そのような時代環境では、この「忘却」もやむを得なかったとしても、21世紀の新型コロナウイルス・パンデミックに関して、そのようなことがないように願うものである。

今回も前著に引き続き、編集・出版に際して、法律文化社編集部の小西英央氏に一方ならずお世話になった。深く感謝の意を表したい。

2020年11月初頭

森本哲郎

目　次

はじめに：ふたつの戦後から現在へ

序　章　「現代日本の政治」をどう論じるのか：「ふたつの戦後」の意味 ―― 1

1　はじめに　1
2　戦後改革の意義　2
3　「55年体制」の形成と崩壊　6
4　ポスト「55年体制」：新しい体制の成立？　11

第Ⅰ部　政治の主体

第1章　政党と政党システム ―― 32

1　はじめに　32
2　政党の目標と機能　33
3　政党システムの形成と変容　35
4　組織としての政党　44
5　政党の今後　51

第2章　利益団体 ―― 56

1　はじめに　56
2　大衆社会と利益団体　57
3　戦後日本政治と利益団体　59
4　政権交代と利益団体　65

第3章　「新しい政治」からカウンターデモクラシーへ —— 79

1　はじめに　79
2　「静かなる革命」　81
3　政治参加と市民運動　83
4　社会運動論　85
5　ソーシャルメディア（SM）の活用とカウンターデモクラシー　88
6　日本の現状と課題　91

第4章　首相のリーダーシップと政治体制 —— 99

1　はじめに　99
2　岸信介首相：初期55年体制の波乱　102
3　田中角栄首相：60年体制の形成　106
4　小泉純一郎首相：60年体制の破壊へ　110
5　おわりに　115

第5章　官僚・公務員・役人 —— 123

1　はじめに　123
2　公務員　125
3　官僚優位論と政党優位論　130
4　官僚の役割は何か？　134

第Ⅱ部　政治の場

第6章　選挙と投票行動 —— 142

1　はじめに　142
2　代表と選挙制度　142
3　投票行動の理論　147
4　現代日本の選挙制度と投票行動　149

第7章　政策過程　160
1　はじめに　160
2　政策過程とは何か　160
3　課題設定（アジェンダ・セッティング）　161
4　政策決定　164
5　政策実施　169
6　政策評価　171
7　政策終了　174

第8章　国　会　179
1　はじめに　179
2　議院内閣制の類型　179
3　日本の国会政治　181
4　主要な活動機関：本会議と委員会　187
5　ねじれ国会と予算関連法案　191
6　議員立法の役割　194
7　国政調査権とその実効性　196
8　国会審議活性化に向けて　198

第9章　司　法　203
1　はじめに　203
2　司法政治　204
3　司法制度改革　215
4　おわりに　219

第10章　地方政治　224
1　はじめに　224
2　二元代表制　225
3　知事選挙から見る戦後日本の地方政治　228

4　地方選挙と政治過程　232
5　おわりに　241

第11章　政治と情報 ―― 247

1　はじめに　247
2　情報と政治との関係　247
3　マスメディアと政治　249
4　インターネットと政治　252
5　インターネットと選挙　257

索　引

序　章「現代日本の政治」をどう論じるのか：「ふたつの戦後」の意味

1　はじめに

序章では、ひとつめの戦後75年間（第２次大戦終結から現在まで）の日本政治について、その基本的特徴と筆者が考えるところを中心に俯瞰する（ここでいう「ふたつの戦後」の意味については「はじめに」を参照されたい）。個別の領域については各章で掘り下げて論じられる（ここでは参照されるべき章を適宜指示した）。紙幅の関係で各章では触れられなかった事項や独立した章を設けることができなかった事項については、ある程度、ここで取り上げた。このような方針の下、本章では、まず「戦後改革」について、①統治の正統性原理の転換をもたらしたこと、②1960年代以後顕著となった日本政治の「多元化」を可能とする基礎条件（政治・経済・社会の各領域での民主主義化と自由主義化）を導入したこと[1]、の２点を中心に、その意義を強調している。

ここで「多元化」というとき、ポイントは、それぞれの政策分野ごとにそれぞれ影響力をもつアクターが存在しているということである。たとえば、経済であれば、当該分野における個別有力企業の影響力が大きいのである。つづいて、この75年の大方の期間、日本政治を枠づけてきた「55年体制」といわれるものに焦点をあて、形成期の特質、変質、動揺、そして1993年の崩壊という形で議論を整理している。それを踏まえて、最後の節では、93年以後現在までの30年弱（ふたつめの戦後＝冷戦終結後、現在までの時期でもある）について、その混沌のなかで現れつつある方向性を探ろうとしている。キーワードは合意型政治／多数決型政治、ロー・ポリティクス／ハイ・ポリティクスである。

2　戦後改革の意義

正統性原理の転換

戦前と戦後の日本政治体制における最大の断絶は、「統治の正統性根拠」すなわち「主権」の所在が「君主」から「国民」に代わったことである。戦前においても、事実として、相当程度に民主主義政治が展開され、それが戦後の民主主義政治の土壌を形成したことは紛れもないことだが、法制上の正統性原理は「民主主義」ではなかった。旧憲法（大日本帝国憲法）で、日本国は「万世一系ノ天皇之ヲ統治」し（第１条)、天皇が「統治権ヲ総攬」する（第４条）とされていたのが、現憲法（日本国憲法）では、「主権が国民に存すること」「国政は……、その権威は国民に由来」すること（前文）が明言された（他に第１条でも)。そして、主権者としての国民は、「正当に選挙された国会における代表者を通じて行動」するものとされ（前文)、国会が「国権の最高機関」と明確に位置づけられた（第41条)。また、この原理の下、現憲法では、内閣総理大臣は「国会議員の中から国会の議決で、これを指名する」（第67条）とされた。

もちろん、国会が「国権の最高機関」として実質化しておらず、「空洞化」しているとの批判は、とりわけメディアの間では根強い。とはいえ、実際に国会がどのように機能しているのか、「国権の最高機関」としての役割をどの程度果たしているのかいないのか、については、近年実証的研究の蓄積とともに、印象論的議論ではない実のある論争が展開されている（**第８章**参照)。ここで重要なのは、国会が実質的に大きな役割を果たしているにせよ、「空洞化」しているにせよ、日本国憲法の下では、すべての統治行為は、何らかの形で国会の承認にもとづいて初めて「正統性」をもちうるということである。

この結果、国会で多数派を形成することが、戦後の日本政治では決定的に重要となる。もちろん戦前でも、国会（帝国議会）で多数派を形成することが重要でなかったわけではない。だが、時期により比重は変化しつつも基本的に、その他様々な要素と並んで重要な要素のひとつだった。それが戦後は、第１に重要な要素となったのである。

「国会の多数派が権力の中心」となり、多数派を組織する政党が重要となる。

そして、これら政党が選挙で国民（有権者）からの支持を獲得することが決定的に重要となった（政党については**第1章**、選挙については**第6章**参照）。具体的な国民（経営者、労働者、農民、自営業者などカテゴリーは相互に交差しつつ数知れない）は、有権者として投票するだけではなく、その利益をより効果的に実現するため自らを組織し（利益団体の形成。**第2章**参照）、政策形成過程における有力なアクターに働きかけるようになった（**第7章**参照）。終戦後1960年代初め頃までは、政策形成において行政機構（官僚）がより大きな力を行使していたとしても、この時期を境に国会で多数を掌握する政党（政権党）の力が決定的となってきた。国会の少数派（野党）でさえ、国会が政策形成過程の（ここで法律としての「お墨付き」を与えないと政策は実現できない）最後にして究極の場であることを最大限利用して影響力を行使できることを学んだ。組織された利益は、選挙過程と交差させつつ政策形成過程でも、国会を構成する政党に対してその影響力を行使しようとするのである[2]。

日本政治の「多元化」（1）：企業、政治家、官僚

他方、1960年代初めという時期は、戦後の高度経済成長[3]が本格化する時期であった。技術力と経営手法の革新によって[4]、民間企業（とくに60年代の貿易自由化のなかでいち早く激しい国際競争にさらされた製造業[5]）は行政機構（官僚）に対する自立性を強めていった。行政機構による規制を無視するだけの力を備えつつあったのである。たとえば、成長部門の企業を合併集約させて国際競争力をつけさせようという「産業組織政策」を通産省はしばしば企図したけれども、民間企業側の猛烈な抵抗で、その意図が実現したためしはなかった[6]。城山三郎の小説『官僚たちの夏』に描かれた「特定産業振興臨時措置法案（特振法）」（60年代前半期に法制化が試みられた）の挫折は、これを象徴的に示している[7]。官僚機構の民間経済に対する影響力は着実に低下していたのである。

同時に政府による政策形成の実質的部分は、1960年代には、そのかなりの部分が次第に自民党の内部過程に移行していった。自民党の政務調査会の地位が高まり、そこでの部会を拠点に特定の政策分野に通暁し影響力を行使するいわゆる「族議員」が注目され始め、70年代には完全に定着する。官僚（言うまでもないが、「高級官僚」を想定している）のタイプもこれにあわせて変わっていく。

真渕勝の説明を借りれば[8]、60年代までの「国士型官僚」（政治家や利益団体は短期的部分的利益しか代表しておらず、官僚だけが「国益」を代表しているとして、官僚主導型統治を良しとする、『官僚たちの夏』の主人公のようなタイプ）に代わって、70年代以降「調整型官僚」（政治家や利益団体が主張する様々な利害を調整し、「落としどころ」を探ることが使命と考えるタイプ）が主流となる。この時期（76年）に行われた官僚自身への大規模な意識調査（「現代の日本において、国の政策を決める場合に、最も力を持っているのは、どれですか」）に対する回答でも、政党を挙げた者が45％、官僚を挙げた者が41％と、政党を挙げた者が多かったのは[9]、このような現実を反映している（官僚については**第5章**を参照）。

日本政治の「多元化」（2）：マスメディア、「新しい政治」

さらにマスメディアの影響力がある。現代の民主主義政治において「世論」の重要性は決定的に大きい。「政策決定者が、世論に敏感であることを重要な要素として認知し、現になんらかの形で認知された世論が政策決定に具体的な影響を与える」政治のあり方を「世論の政治」と呼ぶとすれば、日本でのそれは、1960年代初めの池田内閣の時代に始まったとされる[10]。次節でも述べるように「世論」の動きを軽視した岸信介首相の挫折が大きな教訓となったのである。そして、この「世論」とは、マスメディアが主体的に形成するものではないとしても、メディアを媒介として増幅・結晶化されるのは確かである[11]。升味準之輔は、60年安保紛争での反安保（という以上に反岸信介）院外運動の高揚について、それを可能にする「感受性が［人々の間に］拡がっていたとしても、それを動員する組織」があってのことだとして、それは「第一に、マスメディアである。国会審議や国会周辺の騒然たるありさまが、たちまちにして伝達された」と述べている。とくにテレビの普及は急速で1953年に0.1％に過ぎなかった普及率（世帯）は60年には33％に達しており、「その映像は、新鮮な印象を聴視者に与えたにちがいない」というが、そのとおりであろう[12]。

テレビが60年５月の安保紛争の時期までにこれほど急速に普及したのは、前年４月に挙行された明仁皇太子成婚のテレビ中継（皇居から東宮御所までの馬車による記念パレードを中継）を見るために、家電メーカーの販売戦略と相乗作用を起こしつつ多くの国民が大挙テレビを購入したからである。58年のテレビ普及率10％は59年には24％と急増した。[13] 保守政権の安定（そして「大衆天皇制」の確立）[14] に寄与した59年春の一大ページェントの国民的盛り上がりに決定的な役割を果たしたテレビは、１年後には保守政権の危機拡大にこれまた大きな役割を果たしたのである。

以後、政府も政党も（与党も野党も）、ますます「世論」とマスメディアの動向を意識した行動を考える。80年代中曽根康弘首相によるテレビを意識した「見せる政治」の演出（テニス、俳句、座禅に法螺貝）[15] は、「わざとらしさ」が感じられる演技だが、20年後の小泉純一郎首相になると、「アドリブ宰相」として「自然さ」が演出されるのである。[16] こうして、マスメディアの影響力の大きさは誰の目にも強く印象づけられ、1980年に実施された大規模な各界（財界、労働界、官界、政界、マスコミなど）リーダーへの調査（「下記のグループ［財界、労組、官僚、政党、マスコミなど］がわれわれの生活にどの程度影響力をもっていると思いますか」という質問）でも、[17] マスコミのリーダーを除くすべての分野のリーダーが「マスコミ」の影響力を第１位に挙げていた。[18]

また60年代末から70年代初めの時期は、後世から回顧すれば、高度経済成長時代の末期になるが、非常に多くの国民が、その生活水準の相当な向上を実感した結果、経済成長の負の側面に関心を示すだけの余裕が生まれた時期でもあった。各地の公害、福祉の立ち遅れ、都市における社会基盤の未整備がマスメディアで頻繁に取り上げられ、政治における重要争点として現れてきたのである。公害や福祉の貧困で苦しむ人々は高度経済成長以前から存在していたのだが、国民的な政治の争点となるのは、この時期からであった。[19] 反公害運動をはじめとする様々な住民運動が各地で展開される。このような有権者の意識の変動を背景に、大都市圏を中心に、各地で「革新自治体」が続々と誕生し、独自に環境・福祉政策を策定していった。中央政府に対する地方政府の挑戦であった。ほどなく、自民党政権は政権維持のために、革新自治体が先駆的に提起した環境・福祉政策を取り入れることとなる。また、第３章で論じられる、いわゆる「脱物質主義的な価値観」にもとづく「新しい政治」の動きとその担い手が登場し始めるのも、この時期のことである。

3 「55年体制」の形成と崩壊

「55年体制」とは何だったのか

1993年８月の非自民連立政権（細川内閣）成立による自民党長期政権の終焉（あるいは一時的中断）。このできごとが意味するのは、第一に「55年体制」の崩壊である。これが一般的な認識であり、この少し後に刊行された政治学会年報（1996年度）の特集『55年体制の崩壊』はこれを受けたものであろう。ただ「55年体制」という概念が実は多義的に使われており[20]、政治学研究者の間でも明確に一致していたわけではない、との批判[21]はそのとおりであって、結局、1955年から93年までの時期を一括して「55年体制」と一般に呼ぶとき、最低限了解されていたのは、政党システムにかかわる以下の特徴であろう。

基本的なアクターは、55年に結成（あるいは再結成）された自民党と社会党の「二大政党」であり、この両党を中心に政治が運営される仕組みのことが漠然と「55年体制」と呼ばれるようになった。「二大政党」とはいえ、両党の勢力比（国政選挙での得票率と議席数）は２対１であり、与党と野党の役割が固定した体制であった。59〜60年の社会党の小分裂（民社党結成）、60年代後半の大都市圏を中心とした公明、共産両党の国政選挙と国会への進出により、野党の多党化が生ずる。この結果、政治過程に占める自民党と社会党の比重は縮小して行った。その意味で、70年代には「55年体制の崩壊」が期待感とともに語られたのだが、結局、93年７月の総選挙まで、自民党はほぼ単独で政権を維持し続け、自民党以上に低落していた社会党も他を大きく引き離して非自民勢力の第１党でありつづけた[22]（衆議院での政党別議席率の変化および政党の系統図については第１章を参照）。

ただし、このような一般的な意味で理解された「55年体制」のなかでの大きな時期区分を1960年に求めるのは多くの研究者の間で一致しており、1960年以降の変化を強調するために、60年から後の「55年体制」を指して、これをとくに「60年体制」と呼び、「55年体制」とは区別されるべきひとつの「体制」として捉えようとしている論者もいる[23]。1960年以前と以後の「政治の中身」の変化についても、研究者の間で見解はほぼ一致している[24]。本書でも、同様の立場を取り、以下、《初期「55年体制」》、そして60年を画期とする《「55年体制」の変質》という区切りで叙述を行っている。そして、一般的に、とくにメディアで「55年体制」といわれるとき、念頭に置かれているのは、ここでいう変質以後の「55年体制」すなわち「60年体制」である。

「対決の体制」としての初期「55年体制」[25]

このように定義された「55年体制」は、1955年10月の社会党再統一、そして同年11月の「保守合同」による自民党の結成によって成立した。自社両党の合計議席占有率（衆院）は97％、同年２月総選挙での（両党の前身諸政党の）合計得票率は93％と「二大政党制」の観を呈し、「保守と革新の二大政党による定期的な政権交代があるイギリス型政党政治」を範型とするマスメディアの期待を（と同時に不安も）掻き立てた[26]。そして、「不安」のほうが現実化するのである。

「保守合同」の目的は明らかに社会党との対決、近い将来あるかもしれない（と当時本気で考えられた）社会党の政権到達を阻むことだった。合同の背後に、当時生産現場の支配権をめぐって（社会党左派を支える）総評労働運動と激しく対立していた経済界からの強い圧力があったことは明らかである[27]。

両陣営の対決の争点は、①「戦後改革」によって形成された自由主義的民主主義（自由民主主義）体制の評価、および②冷戦体制下での日本の安全保障と対外政策のあり方、この２つであった。1950年代の自民党をリードしていたのは、鳩山一郎、岸信介らの反吉田茂グループであり、彼らは①については、占領下でなされた民主化の「行き過ぎ」の是正を、②については東西（米ソ）対立という国際環境にある以上、アメリカ側につくという大枠は認めつつも、日本自身の軍備の充実を図り、対米軍事依存を減らすことによって、日本の国際政治上の自立性を高めようと考えていた[28]。このような立場から彼らは、自由主義・民主主義にかかわる条項から非武装にかかわる条項の双方にまたがる憲法の改正をはっきりと主張した（天皇の「元首化」の明記、自衛軍の明記、人権の制約可能性の拡大など[29]）。

これに対して社会党は、①「戦後改革」がもたらした民主化の「成果を維持」し、②憲法の非武装条項をきわめて厳格に解釈して文字どおり一切の軍備を否定、国際的には「中立」の立場にたって日米安保条約を解消することを唱えていた（「護憲・非武装中立と反安保」の社会党）。結果的に長期となった自民党政権は、このような、憲法と外交・安全保障という「国家の基本的あり方」をめぐる争点を軸とした「対決の体制」のなかで出発したのである。

「55年体制」の変質

この対決の頂点が1960年、岸信介政権下での日米安保条約改定をめぐって生じた、いわゆる「安保紛争」であった。5年前に結成されたばかりで、当初は政権を維持できるかどうか自らも不安を抱いていた時期だったゆえ、「安保紛争」が自民党に与えた衝撃はきわめて大きかった。

しかし、ここが自民党の「学習能力」の高さを示しているのだが、同党は、政治の型（リーダーシップのあり方）と政治課題の双方での軌道修正を図る。岸の後を受けた池田勇人首相とそのブレーンは「寛容と忍耐」を合言葉に「合意型（コンセンサス型）の政治[30]」を意識的に演出し、同時に政治の中心課題として、外交・安全保障や憲法改正といった「国家の基本的あり方」をめぐる問題（ハイ・ポリティクス）は棚上げして、「所得倍増月給2倍」のキャッチコピーが示すように、「経済成長の促進とその成果の配分」（利益配分の政治＝ロー・ポリティクス）を強調した。すなわち、先に述べたふたつの争点について、①「戦後改革」を否定する行動はあえてとらない。②安全保障面ではアメリカの軍事力に基本的に依存し、日本は軽武装にとどめて（したがって改憲の必要はない）、経済発展に主力を注ぐ、という立場を明確にしたのである。

これに対して社会党は、1950年代に形成された発想のパターンから抜け出せず、「護憲と反安保」という争点にこだわり続けて、国民の関心から次第に浮き上がっていく。新憲法は60年代にはほぼ定着し、他方安全保障と外交面では、アメリカ側について日米安保条約を受け入れるという意識が国民の間に浸透したからである。新憲法の定着には、まさに社会党に代表される「護憲」勢力の力が大いに寄与したのだが、この定着とともに社会党の存在理由が薄れていったのである。他方、社会党の「反安保」は公式にはその「中立」政策と結びついたものだったが、東西（米ソ）対立という国際環境下での日本の位置（潜在的大国であることと東アジアの東端という地理）から言って、それは「反米」したがって「親ソ（東側）」に傾くことは避けられなかった。そして、この東側への傾斜を、国民の目には触れにくいけれど重要な社会党のイデオロギーすなわちマルクス・レーニン主義が加速したのである。こうして60年代以降、「社会党には政権を任せられない」というイメージが国民の間に広く定着してしまった。[31)]

要するに社会党は1960年代以降の国民意識と政治環境の変化に適応できなかったということになるが、その大きな理由として、50年代の社会党を支えてきた「思想」とそれを心から信じて党に献身してきた中心的な支持者を、変化した（しつつある）環境への適応を理由に急激に否定することは、社会党そのものの危機につながることだった点を指摘しなければならない。[32)] ここに、明確な思想・イデオロギーを基礎とする政党の環境適応力の限界というべきものがあった。

他方自民党は、非社会主義政治勢力の集合体として、思想的には相当に右翼的部分から中道主義的部分までかなり雑多な要素を含んで出発したという、その性格上、社会党ほどには明確な「思想」に縛られていなかった。その結果、高度経済成長による財政の豊かさに助けられ、長期政権党としての立場を最大限に利用して作り上げた予算配分の仕組み（たとえば、財政投融資、補助金、税制上の優遇措置）を通して、[33)] 従来の中心的支持集団（農業団体や自営商工業団体など）を保持しつつ、これまで自民党とは疎遠であった集団（労働組合や市民団体、環境保護団体、福祉団体など）をもある程度引き寄せることに成功した。[34)] 政党支持率で見ても、かつては自民党以上に社会党を支持していたホワイトカラー、ブルーカラーといった給与生活者層も、1970年代後半には自民党のほうをより多く支持するようになっていた。[35)] 政治学の用語を使えば、「キャッチオール・パーティー（包括政党）」となることによって政権維持に成功したのである。

また、しばしば指摘されるように、衆議院選挙区の定数不均衡（自民党支持率の高い「農村的」選挙区が過剰代表されている）も自民党政権の持続を支える要因のひとつでもあった。実際、自民党は「都市的」選挙区とりわけ給与生活者層（新中間層）[36)] の比重の大きい大都市圏で弱かった。ただ、大嶽秀夫が指摘したように、都市部の新中間層は、「高度成長の時期はむろん、その後の（世界的な低成長の中での）安定した日本経済のパフォーマンスの恩恵を最も受けてきた人々」であり、「農民や自営業者が厳しい淘汰の危機を直接的な政治の介入によって回避してきたとするなら、新中間層は、それを生みだした経済の高度化、近代化そのものの受益者」であったこと、そしてこの経済変動を生み出すことに「自民党政権は重要な役割を果たしていた」ことを考えれば、新中間層が「安定した自民党政権の継続が……、自らの利益にかなっていることを漠然とではあれ、感じ」「自民党政権に代わる政権を真に望んでいたかどうかは、疑わしい」[37]。1986年の衆参同日選挙での自民党の圧勝（衆議院512議席中、追加公認を含めて304議席）はこのような条件がなければ実現しなかったであろう。

「55年体制」の動揺と崩壊

しかし、同時に、「保守化」したように見える都市部新中間層は、無条件に自民党支持に傾いたわけではない。あくまで「自分たちの利益にかなっているか」という「合理主義」が基調にあり、その意味で「批判精神」は旺盛なのである。すなわち、自分たちの「利益侵害」と思えることがら（増税をはじめ、官僚・公務員の「特権・優遇」や「地方」への「無駄な公共事業」による「税金の無駄使い」も含めて）には敏感に反応する[38]。伝統的な支持層（農民、自営業者）でさえ、かなりの程度「合理的」行動をとるようになっていた。このような有権者の「合理主義化」を背景に、1989年参議院選挙は、農産物輸入自由化と消費税、政治倫理（リクルートスキャンダル）を対立軸として、日本選挙史上初めてとされる「争点選挙」となった。農民は最初の争点に、自営商工業者は２つめの争点に、都市部新中間層は最後の争点にそれぞれ敏感に反応して自民党への投票を抑制した。その結果同党は記録的大敗を喫し、参議院で非改選議席をあわせても過半数を大きく下回ることとなった[39]。翌90年の衆議院選挙で自民党は、いわゆる「絶対安定多数」（すべての常任委員会で委員長ポストを取ったうえで委員会委員の過半数を確保できる議席数）を確保し、失地を回復したようにも見えたが、89年の大敗は、「キャッチオール・パーティー」となった自民党の基盤が意外に不安定であることを露呈した。利益の合理的計算にもとづく支持は、利益の些細な侵害に対しても鋭敏に反応するのである。自民党１党優位体制は1980年代半ばには絶頂期にあるように見えた（86年同日選挙での大勝を受けて中曽根首相は「86年体制」の開始を高らかに宣言していた）のもつかの間、90年前後には動揺期に入ったのである。有権者の政党支持レベルだけではなく、政権運営の点でも参議院での過半数確保のため、野党の一部（とりわけ、議席数の多い公明党）との協調を自民党は余儀なくされた。参議院の憲法上の権限は決して小さくないからである（第8章参照）。

その後自民党は、93年6月に分裂（小沢一郎・羽田孜グループ、武村正義グループの離党）、その結果、7月衆議院選挙で過半数を大きく割り、結党以来38年間維持してきた政権を離れることとなった。同時に社会党が議席数をほぼ半減させる歴史的惨敗を喫し、さらにその後、保守・中道系の新進党が結成されて非自民第1党の座についた。ここに「55年体制」は終止符を打ったのである[40]。

4　ポスト「55年体制」:「新しい体制」の成立？

合意型政治とロー・ポリティクス

1960年代以降の「55年体制」を特徴づけてきた「合意と利益配分の政治」であるが、このような政治のあり方は、伊藤光利も強調するように[41]、それが登場した当初（60年代初期）は、まだ激しいイデオロギー的な対立が燻るなかで、永遠の少数派（「革新」勢力）を「反体制」に追い詰めないように、という緊張感が当事者（多数派＝自民党、少数派＝「革新」勢力双方）に存在した。当時の日本政治の緊張を解きほぐし安定化させるためには必要な政治のあり方だったと言える。そして、政治の主要課題が「利益の配分」であり、かつ、大方のアクターが満足する（少なくとも強い不満をもたない）配分が可能な間は、妥協による合意の形成は容易であって、合意型の政治はうまく機能しているように思われた。実際、1960年代から70年代初めの時代には、高度経済成長による歳入の自然増によって、分配すべき財源に憂いはなかったのである。

しかしながら、日本政治における政治課題の重心が「国家の基本的あり方」に関する問題から「利益の配分」の問題に移行して久しくなるにつれて、合意型政治に転換した当初は存在した「緊張感」が薄れていった。野党との馴れ合い政治（いわゆる「国対政治」すなわち国会の舞台裏での与野党の取引と妥協）が発生する。政策過程では族議員、主管省庁、業界・地元から構成される「鉄の三角形」が大きな影響力を行使して、既得利益の維持拡大を競い合うことが政治の主要な風景となった。また当初は「思想的色合い」の違いが見分けられた自民党の派閥も、この過程で「思想的脱色」が進み、もっぱら利益配分（政府と党のポスト配分、政治資金、選挙支援、予算交渉など）のための互助組合と化していく。

このように「利益配分」の政治（ロー・ポリティクス）に没頭できたのは、ひとつは先に述べたように高度経済成長のお陰で「配分できる財源」が豊富にあったればこそだったが、もうひとつは米ソ対立の冷戦構造が続き、日米安保体制の枠内にいる限り、日本が国際政治上の決断を死活問題として主体的に考えねばならないという場面に遭遇することはなかったということが重要である。

ところがこの２つの条件は永遠のものではなかった。まず高度経済成長は1973年末の第１次石油ショック（第４次中東戦争に起因する原油価格の高騰）によって世界的に終焉を迎えた（1979年１月のイラン革命に端を発して生じた原油価格の高騰（第２次石油ショック）により高度経済成長復活への淡い期待も完全に止めを刺された）。低成長時代に入り、歳入の右肩上がりの増加は見込めなくなった。すべての人々を満足させるために予算を「バラまく」ことはできず、多くの要求を「切り捨て」ねばならなくなる。従来のような妥協による「合意型の政治」はたやすくはできなくなったのである。とはいえ、野党・派閥・鉄の三角形の「抵抗」を前にしたとき、要求を「切り捨てる」ことはたいへん難しい。歳出を抑えることはできず、不足する歳入は「借金（国債）」で補填するという選択をとり続けた結果、累積債務（国債発行残高）は膨大な額になってしまったのである。[42)]

もうひとつ、東欧共産主義体制の崩壊とそれにつづくソ連自体の消滅（1991年末）をもたらした「冷戦の終結」（89年12月のマルタ会談で米ソ首脳が合意）という20世紀の少なくとも後半期最大の出来事があった。この間、石油ショックを最も巧みに乗り切った日本は、その経済力から国際政治における重みを飛躍的に高めていた。そして、冷戦の終焉は、このような日本に国際政治において主体的に決断することを求めることとなったのだが、冷戦終結直後（1991年）に発生した湾岸戦争は、日本の政治システムにこのための構えが全くできていないことを明らかにしてしまった。[43)]

多数決型政治とハイ・ポリティクス

ロー・ポリティクスを中心とする「合意型の政治」から、ハイ・ポリティクスを軸とした「多数決型の政治」への転換が必要なのではないか。自民党リーダーのなかにもこのように考える人が現れる。たとえば1993年に自民党竹下派を分裂させて「政変」[44]のキーパーソンとなった小沢一郎の『日本改造計画』は、この方向に向けての制度改革を「新保守主義」(軍事的側面も含む積極的国際貢献＋小さな政府)の立場から明示したマニフェストであった。90年代前半に最大の政治争点となった「政治改革」論議とは、この転換を実現するための「制度改革」をめぐる論争だったのである。改革論者によって「政治改革」の中心に置かれた衆議院選挙制度改革(小選挙区制を中心とした選挙制度、政党助成金制度の導入)の狙いは、「政権交代が可能な二大政党制」の実現と「政党指導部(党首と執行部)への権限集中によるリーダーシップの強化」を図ることであった。[45]これはイギリスの政党政治をモデルにしたものと思われるが、確かにイギリスの政党は党首と指導部の強いリーダーシップを特徴としている。[46]

「政権交代が可能な二大政党制」が実現されれば、今日の野党も次の選挙で政権に就きその政策を実施できるチャンスがある。政権党は、「永遠の野党」が暴発しないよう「配慮」する必要もなく、自党の政策を「多数決」で実行することが可能となる。このような論理である。しかも、小選挙区制は１選挙区定数１人ゆえに、得票率のわずかの差が大きな議席差をもたらす制度である。2005年の衆議院総選挙では自民党が圧勝したが、民主党も得票率でいえば、議席数ほど落ち込んだわけではない。将来政権が交代する可能性が皆無でない以上、自民党としては、政権に就いている間に「できることをやっておく」、いつ政権をとるか油断ならない野党に「弱者への配慮」を見せる必要はない。小泉政権の政治スタイルはこのような発想に依拠していたといえよう。

さらに「構造改革」諸政策の効果で、規制緩和が進行し、「鉄の三角形」を成立させていた基盤が少しずつ崩れつつある。「構造改革」政策への反発から、業界団体が以前ほど積極的に自民党議員の選挙戦に肩入れをしなくなったことも観察されている。他方2005年の総選挙において、自民党では党執行部主導の候補者選定が以前にも増して行われ、選挙戦が闘われた。結果は、党執行部に反旗をひるがえした「族議員」の多くが、執行部が送り込んだ落下傘候補(全く無名の新人も多かった)に敗れたのは周知の事実である。

憲法上は首相(すなわち政権党の党首)の権限は強大である。にもかかわらず、

1960年代以降すでに述べたように様々な要因がその行使を制約していた。今やこれらの要因が縮小しつつあるわけだ。有権者の投票行動でも党首（首相）評価が与える影響は従来とは違って今日相当大きくなってきたことが明らかにされている[47]。国会についても、1990年代以降、「多数決型」の方向への制度改革がめざされ、その一部は実現された[48]（**第8章**参照）。日本政治はハイ・ポリティクスを軸とした「多数決型政治」の時代に入ったのである。

確かに、小泉以後の首相は、安倍晋三、福田康夫、麻生太郎といずれも１年で退陣した短命政権が続き、強いリーダーシップを発揮して政策決定力のある政権運営を行うどころか、「決めることのできない」政権運営に対する有権者の大きな不満が鬱積し、2009年８月の衆議院総選挙での自民党の惨敗と民主党の大勝による政権交代につながった。この民主党政権も政権運営の失敗を重ね、2012年12月の総選挙で、政権交代に込めた期待を裏切られたと感じた多くの有権者が民主党への制裁投票を行った結果、同党は惨敗、自民党が大勝して３年３か月ぶりに（公明党との連立を持続しつつ）政権に復帰した（第２次安倍政権）。自民党は2014年12月さらに17年10月の総選挙でも勢力を維持し、現在（2021年１月）まで連立政権の中心として政権の座にあり続けている。政権復帰後の安倍首相は2020年９月に健康上の理由で退陣するまで、連続在職日数で明治の内閣制度発足以来の最長記録となる長期政権であった。この第２次安倍政権は、とりわけ安保関連法案の成立[49]に見られるように、「強いリーダーシップ」を実現しているという印象も与えていた。しかしながら、「強いリーダーシップ」の意味を「反対勢力の強い抵抗を抑えて」首相が掲げる政策を実現する力と考えれば、民主党政権の失敗と国政選挙・地方選挙での同党の壊滅的敗北によって野党勢力が分散状態となり「反対勢力の強い抵抗」を（たとえば1960年の安保改定問題の場合と比べれば）示せなくなっていた。また、**第４章**で述べるように、しばしば「利益配分政治」の対象となる「内政」とは違って、「外交安保」が議題である限り、自民党内では組織だった強い「抵抗勢力」は生じない。さらに、潜在的な「抵抗勢力」があっても、既述のように、1990年代に行われた政治改革（選挙制度改革、政治資金制度改革）の結果、派閥体制の衰退が生じ、さらに構造改革（規制緩和政策）によって「鉄の三角形」の役割が低下、族議員の影響力が縮小している、という環境下では、この「抵抗勢力」が組織化されて、首相のリーダーシップを制約する可能性は減少している[50]。このように「幸運な」環境の下にあった政権復帰後の第２次安倍政権を「首相の強いリーダーシップ」の政権と評価できるかどうかは微妙である。

確かに、第２次安倍政権において、首相は「多数決型／ハイ・ポリティクス中心の政治」に強い意欲を示し、反対の多い政策の非妥協的な推進姿勢（特定秘密保護法、安全保障関連法の制定、組織犯罪処罰法改正、憲法改正への強い意欲の表明、等々）を見せているが、この背後には、「今は大勝していても、何かの弾みでいつ下野するかもしれない。だから、できる間にやりたいことはやっておかねばならない。」という意識が存在している[51]。先に述べた小泉政権の意識と同じ流れにあるものだが、小選挙区制という選挙制度から必然的に生ずる意識である。

実際、自民党の支持基盤は弱体化しており、そのことは、衆議院選挙比例区での絶対得票率（棄権者も含めた有権者全体に対する得票率）で見れば、議席率では圧勝をつづけている2012年、14年、17年の何れの選挙でも、惨敗した2009年選挙での絶対得票率に達していないという低水準で推移している[52]。後援会会員とりわけ会費納入会員は減少の一途である[53]。さらに、一連の世論調査が示すように、安倍政権への支持は「他よりよさそう」という消極的支持が圧倒的に多く（**第４章**コラム参照）、また民主党政権下のトラウマ意識が残り、「頻繁な政権交代を望まない」という有権者が多く、これまた消極的支持を支えている[54]。

同時に、イギリスやドイツといった議院内閣制を採用している「欧米先進国」での政権交代はよく見れば10年単位で生じている[55]（言い換えれば、この単位で考えれば、政権交代が起こる可能性は否定できない）という認識も政権はもっているかもしれない。そして、この政権交代の可能性は自民党自身の分裂による政党再編成の可能性と絡み合っている。55年体制（60年体制）下で定着した「合意型・ローポリティクス中心」政治に適合化した自民党を「利益配分」型政党だとすれば、55年体制（60年体制）終焉後に求められている「多数決型・ハイポリティクス中心」政治に適合化した自民党は、初期55年体制下の同党がめざしていたような「理念追求」型政党を指向することになろう。すでに述べたように、経済の低成長期が続くなか、配分できる資源が十分ではないことに加えて、成熟した経済社会にあって、このような利益配分を求める声が縮小しつつあることも看過できない。実際、「地方圏」でも自民党長期政権下の公共事業投資が効果をもたらし、経済的社会的に成功した地域では自民党の支持基盤は脆弱化している[56)]。こうして、自民党は、党を統合する基盤を「利益配分」から「理念追求」へと変化させざるを得なくなる。その結果、「足して2で割る」妥協による統合の余地は狭まり、党の結束は弱まるのである。このような変化を念頭に置きつつ、また地方圏でも経済的脆弱性が続く地域では公共事業投資など利益配分を求める声は持続することを踏まえて、自民党が将来的に「イデオロギー党と利益党に分裂する」可能性は小さくないことを指摘する論者もいるが[57)]、的外れではないであろう。

さらに重要なことだが、長期にわたる公明党との連立は、同党との選挙協力を「常態」のものとし、これがなければ、自民党の議席の大幅減は確実となっている。その結果、野党との関係、そして自民党内では「多数決型」が顕著にみられるが、同時に、連立政権のパートナー公明党との関係では「合意型」に傾斜している[58)]。これを考えれば、第2次安倍政権が、どの程度「多数決型」と言えるか、判断は慎重でなければならない。

こうして、小泉首相に象徴される「強いリーダーシップを発揮する首相」の登場が示すように、「多数決型政治」の方向に向かいつつあると思われていたにもかかわらず、「決められない政治」「混迷の政権運営」がその後6年間も続き、その後の「決めることのできる政治」の復活と見える（見えた）現象も「幸運の賜物」という面が大きく、さらに留保すべき点も多いというのは何故なのか、という疑問が生じよう。「多数決型政治」の方向に向かいつつあるというのは錯覚だったのだろうか。

すでに述べているように、1990年代以降の一連の制度改革（選挙制度改革、政治資金制度改革、行政機構改革）が、「多数決型政治」の方向への日本政治の展開をもたらした決定的要因だったのは確かである。しかし同時に、待鳥聡史が強調するように、この過程で明らかになったことは、「多数決型政治」の十分な発展を妨げている重要な制度要因が残存しているということだった[59)]。ひとつは、憲法上衆議院とほぼ対等の強い権限をもつ参議院の存在である。衆議院と同時に選挙が行われることが稀な参議院は、「第2院」意識ゆえに、有権者がしばしばアメリカの「中間選挙」的な、政権への抗議・不満を表明する投票行動をとりがちであり、そこでの多数派が衆議院の多数派と一致しない「ねじれ国会」を生む可能性をもっている。そして、かつて安定した投票行動を支えていた強い「政党支持意識」をもつ有権者の比率が著しく低下して無党派層が大きな比重を占め、また政党支持意識の持ち主も「弱い支持」にとどまっているという、とりわけ1980年代以降の日本では、この可能性はとくに大きい。実際、1989年参議院選挙での自民党の大敗がもたらした参議院での過半数割れという状況は、以後一貫して続き、この結果、自民党は衆議院で過半数を維持しえても、公式のあるいは事実上の連立で参議院での過半数を確保することを余儀なくされた。2007年参議院選挙後のように、連立を組んでも参議院での過半数を確保できない「ねじれ国会」が発生すれば、「多数決型政治」は容易に阻害され、「決められない政治」となる（第8章参照）。しかも、強い権限を与えられた首相ゆえに、その力量がいっそう問われ、拙劣な政権運営はただちに大量の抗議投票を引き起こして「ねじれ国会」を生み出すという悪循環に陥るだろう。この「力量ある首相」は一面では「偶然」がもたらすことは否定できないとしても、このような首相を政治家として育成・選抜できる政党組織の機能が問われねばならない。制度改革とは政党組織のあり方の改革をも含まねばならないのである。この点で、55年体制（60年体制）下の自民党では、「派閥」が「合意型政治」適合的な「力量ある政治家（首相候補）」を育成・選抜しえたのが、55年体制崩壊後、どの政党も（自民党も含めて）「多数決型政治」適合的な「力量ある政治家（首相候補）」を育成・選抜する仕組みを作り出すことに成功していないのではないだろうか[60]。これがふたつめの重要な制度要因である。これらの制度的な阻害要因をどのように克服していくのか、そのためのさらなる制度改革がこれからの日本政治における最重要な課題となる。ただ、「ねじれ国会」問題については、ハードルの高い憲法改正を前提にしなくとも、解決に資する制度改革がありうる[61]とすれば、このふたつめの「力量ある政治家」をどう育成するか、がより困難な、しかし焦眉の課題といえるかもしれない。結論としては、現在のところ、「新しい体制」は依然として「成立過程」（成立途上）にあるといわねばならない。

以下の各章は、現代日本政治の様々な分野について、その具体的な様相とそれが意味するところを多面的に議論している。21世紀の日本政治を考えるうえで重要な手がかりを与えてくれるであろう。

コラム　55年体制（60年体制）の功績

「合意と利益配分の政治」を特徴とする1960年以降の55年体制（60年体制）の重要なふたつの功績をあらためて見ておきたい。ひとつは「民主主義の正統性」の確立（2節で説明した「統治の正統性原理の転換」の完成）であり、もうひとつは社会の平等化と経済成長の間の好循環の形成である。

まず「民主主義の正統性」確立への「合意型政治」（60年体制）の寄与について。民主主義体制（リベラル・デモクラシーの政治体制）で、その体制を原理的に否定している左右の「反体制」勢力があり、その力が無視できるほど小さなものではない場合、これら勢力に、この政治体制を（消極的に、であれ）受け入れさせるために、彼らが体制のなかで一定の影響力を保持できるよう制度的に保障する政治、たとえば、比例代表制の選挙制度、議会権限の強化、少数派の発言権を保障する手続きなどを制度として組み入れた政治のあり方、これが効を奏した（民主主義体制の定着に成功した）事例が戦後日本の60年体制であり、戦後イタリアの「第一共和政」（1994年まで）だった（イタリア政治学はこのあり方を説明するために「ガランティズモ（保障主義）」という概念を生み出した）。この政治のあり方の結果、民主主義体制は反体制勢力にも受け入れられて安定化するという決定的な成果が得られた。ただ、その反面、激しい対立を引き起こしそうな政治課題は決定が回避され、政治体制が環境の変動に機敏に対応できなくなるというコストが発生しやすいことは否定できないが。

「60年体制」の最大の功績は、「懐旧的右翼」（自民党「右派」）および「左の極端派」（社会党左派と共産党）から、「ルールとしての民主主義」への事実上の合意を取り付け、民主主義原理の正統性を最終的に確立したことだったのである（また参照、森本哲郎「高度経済成長の政治と『弱者』防衛」水口憲人・北原鉄也・久米郁男編『変化をどう説明するか—政治篇』（木鐸社、2000年））。

60年体制の日本で、この政治のあり方を特徴づけていた制度配置は、1つには、「ヴィスコシティ仮説」（**第8章**参照）が強調した国会における野党の影響力の公式非公式の保障であり（参照、村松岐夫「政策過程」三宅ほか・前掲書（本文・注20）、岩井奉信『立法過程』（東京大学出版会、1988年））、1つは、衆議院の中選挙区制（**第1章**参照）である。この選挙制度は、しばしば準比例代表制ともいわれるように、少数政党にも一定の勢力を保障する制度だった。この反面、コストもまた60年体制には発生した。基本的に「中道的」な政権党＝自民党「保守本流」は、積極的な政策革新ではなく、既存路線の枠内での量の拡大によって、「合意の体制」の維持を図ろうと行動した（**第4章**参照）。（元）「極端派」的野党もまたこのなかに組み込まれていった。1990年代に入って以降、相次いで行われた政治・行政システムの大規模な再編の試みとそれに伴う政治過程の大きな変動は、このようなコストを日本の政治体制が負担し切れなくなったことの反映だった。こうして、《ガランティズモ》としての「60年体制」の耐用期限は切れてしまったわけだが、しかし、先に述べた「60年体制」の最大の功績を忘れてはならない(以上の議論について、イタリアの政治学者ジュゼッペ・ディ・パルマによる研究などの参考文献も含め、森本哲郎編『現代日本の政治—持続と変化』(法律文化社、2016年)序章コラム「55年体制と民主主義的正統性の確立」参照。詳細な議論は、森本哲郎編著『現代日本の政治と政策』(法律文化社、2006年)の「第9章　象徴過程としての政治」[森本哲郎]を参照されたい)。

次に「合意型政治」と連結した「利益配分の政治(ロー・ポリティクス)」は社会の平等化(格差の縮小。格差拡大の抑制)を進展させることで、日本社会全体の安定化を推し進めた。これは高度経済成長による財政の豊かさに支えられた結果であると同時に、社会の安定化によって高度経済成長を支える環境が作られたのである。好循環の成立といえる。

まず、高度経済成長時代に、地域間の経済力格差が自民党主導の地域間再配分政策(全国総合開発計画。個別の補助金政策)によって大きく縮小する。田中角栄首相の政治哲学はその象徴であった(**第4章**参照)。「1人当たり県民所得」(個人の所得水準ではなく各都道府県の全体的な経済力を表す)の都道府県間格差を示すジニ係数(数値が大きいほど格差が大きい)で見れば、高度経済成長開始期の1960年頃には0.16前後だったのが、高度経済成長の成果がもたらされた1975〜80年には0.1を下回っていた[本川裕HP『社会実情データ図録』2019年6月19日確認]。さらに自民党は、市場競争で「弱者」の立場にある、地方の農業者また大都市部も含めて中小零細商工自営業者の利益擁護政策を積極的に展開し(**第2章**参照)、職業間での所得格差の拡大を抑制した。自民党は55年体制(60年体制)で、再配分政策(格差縮小、拡大抑止)の政党だったのである(**第1章**参照)。

他方、高度経済成長期は大きな人口移動が生じた時期でもあった。いわゆる地方圏から大都市圏へ若年層を中心に労働力が大量に流入したのだが、その多くは中小零細企業の就業者(労働者)となり、不安定な境遇(職場も居住空間も社会関係も)に置かれていた。この人たちの利益を代表したのが、高度経済成長時代の初期に誕生した公明党(創価学会)、この時期に「大衆路線・議会主義路線」を定着させた共産党だった。両党は、自民・社会という55年体制の二大政党(社会党から派生した民社党も)が手を付けなった、これらの人々を精力的に組織化し、1960年代半ばから70年代にかけて大都市圏を中心に国政選挙・地方選挙で急速に得票・議席を伸ばしていった。両党はこれら「弱者」の利益を代表することによって、格差拡大を抑止し、社会の安定化に大きく寄与したといえよう。フランスの政治学者、ジョルジュ・ラヴォーのいう「護民官機能」を両党とも果たしていたのである(護民官機能の概念も用いて、この時期の共産党と公明党を論じたものとして、森本「高度経済成長の政治と『弱者』防衛」前掲参照)。

コラム　多数決型政治のための制度改革（政治改革、行政機構改革）

1990年代に行われた一連の政治・行政の制度改革の目的は「多数決型政治」実現のために、首相とそれを支える政権中枢部のリーダーシップを強化することだった。

まず、1994年１月に成立した政治改革関連諸法では、選挙制度改革（公職選挙法改正）で衆議院にそれまでの中選挙区制に代わって小選挙区比例代表並立制が導入され、各政党の候補者決定権（公認権）をもつ政党指導部の党所属議員に対する力が強まった。また政治資金規正法改正で、政治家個人が政治献金を受ける余地が制限されて政党への献金中心となったこと、加えて政党助成法の成立で政党への公的助成が始まったことの結果、政治資金の配分権を持つ政党指導部の所属議員に対する力が強まることとなった。そして、これら政党が政権に就けば、党首と党指導部は、首相と政権中枢部となるのである（**第１章**参照）。

次に、1990年代後半期に行われた行政機構改革（橋本行革）について。1997年12月に橋本龍太郎首相を会長とする政府の行政改革会議が、内閣機能の強化（首相のリーダーシップの強化）と省庁の統合再編案を中心に据えた最終報告を決定し、これにもとづく「中央省庁等改革基本法」が1998年６月に、その実施のための「中央省庁改革関連法」が1999年７月に成立、2001年１月から実施された（1997〜2001年の全国紙記事参照）。

これにより改正された内閣法では、それまで事実上の慣行だった、重要政策をめぐる基本方針を首相が閣議で発議できる権限を、法文上で明示した（内閣法第４条２項の改正）。また首相を支える補佐機構の充実のために、特命事項を担当する「首相補佐官」制度が置かれた（設置自体は1996年で当初は定数の上限が３人だったのを、2001年に５人とした）。さらに、各省庁の上に立って調整を図る「内閣府」が新たに設置され、そのなかに首相直属の機関として４つの戦略会議（のちに小泉首相が大いに活用する経済財政諮問会議など）が設けられた（「内閣府設置法」）（伊藤編・前掲書（本文・注25）第８章［伊藤光利］172〜173頁）。

加えて、首相を直接支える内閣官房の運営体制の充実も図られ、所属人員で見ると2000年から2014年の間で2.5倍になり（併任者を含む）、また内閣官房副長官補室（政策の企画立案・総合調整担当）の実働部隊である分室数が同期間に７室から31室に増えていた（2020年７月末には40室。内閣官房 HP）。さらに、第２次安倍政権下の2014年に首相官邸による官僚機構への統制力を強化する目的で各省庁の幹部職員人事を一元的に管理する内閣人事局が内閣官房に設置された（上神貴佳・三浦まり編『日本政治の第一歩』（有斐閣、2018年）第５章［濱本真輔］106〜107頁、第７章［上川龍之進］、143頁。内閣人事局については本書**第５章**参照）。

以上見たように1990年代以降相次いで行われた政治・行政の諸制度改革がめざしていたのは、日本政治の「多数決型／ハイ・ポリティクス中心型」政治への転換だったが、同時期に推進されてきた司法制度改革と地方分権改革もまた、この転換過程の重要な要素として位置づけられる。これらの改革は、一面では、司法と行政を国民（市民）に身近なものとし、したがって国民による監視と制御がよりいっそう行われうる、すなわち「より大きな民主化」への改革と評価できるものである（司法制度改革は「裁判員制度」導入により、その面をより強く印象づけている）が、改革の中心的な推進者は、上で述べたような日本政治全体の大きな転換過程の重要な要素としての位置づけを強調していたことを看過してはならない（森本編・前掲書（本章・注14）・序章「コラム　司法制度改革と地方分権改革」参照）。また、1990年代以降の（広い意味での）「政治改革」とその帰結を総括した待鳥聡史『政治改革再考―変貌を遂げた国家の軌跡』（新潮社、2020年）も同様に、司法制度改革と地方分権改革をこの「政治改革」の重要な構成要素と位置づけている（同書、第５章、第６章）。（司法制度改革と地方分権改革の全体については本書第９章および第10章参照。）

注

1）政治の多元化については、大嶽秀夫・鴨武彦・曽根泰教『政治学』（有斐閣、1996年）179～182頁、村松岐夫・伊藤光利・辻中豊『日本の政治〔第２版〕』（有斐閣、2001年）66～70頁参照。また佐々木毅『いま政治になにが可能か―政治的意味空間の再生のために』（中央公論社、1987年）147頁以下も参照。なお、本章の「　」による引用文中で、“……および［　］”は、それぞれ引用者による省略および補足を示す。

2）以上、村松ほか・前掲書（注１）87、89頁。

3）世界経済全体において1950年頃から始まり1973年秋のオイルショックまで持続して、歴史的にも顕著に高い成長率を示していたのが「高度経済成長」の時代である。世界全体のGDP成長率（年平均複利成長率）で見ると、1870-1913年：2.12％、1913-1950年：1.82％、1950-1973年：4.90％、1973-2003年：3.17％だった。そのなかでも、突出して高い成長率を示していたのが、日本経済であり、GDP成長率は、1870-1913年：2.44％、1913-1950年：2.21％、1950-1973年：9.29％、1973-2003年：2.62％である。これに伴い、世界経済における日本の比重も急激に高まって行った（アンガス・マディソン（公財・政治経済研究所監訳）『世界経済史概観―紀元１年-2030年』（岩波書店、2015年）付録統計）。

4）ここで、経営手法の革新というとき、1950年代の激しい労使対立を背水の陣で乗り切り、高賃金・雇用保障・企業内福祉と交換に生産性向上への協力を労組から取りつけて形成された「日本的経営」を含む意味である。

5）これに対して、金融業界が政府（行政機関）の保護（強い規制）の下に90年代まであったのは周知のことである。参照、箭内昇『メガバンクの誤算―銀行復活は可能か』（中央公論新社、2002年）。

6）参照、橋本寿朗『戦後の日本経済』（岩波書店、1995年）160～162頁。

7）「日本の成長産業と目された自動車、石油化学産業などでは企業数が過多で企業規模が過小であるため「規模の利益」を得られず、小量・高コスト生産になっていると判断した」

通産省は、合併・集約化で日本企業の国際競争力を高めることを目的に「特振法」を立案した。同法案では、銀行の融資先まで政府がコントロールできることになっていた。橋本・前掲書（注６）161頁。

8）　真渕勝『現代行政分析』（放送大学教育振興会、2004年）157～162頁。農林官僚だった佐竹五六の回想録『体験的官僚論』（有斐閣、1998年）も、「リアリスト官僚」という表現で「調整型官僚」の出現を指摘している。

9）　村松岐夫「『政治主導』の下の公務員集団の今後―３回の高級官僚インタビュー調査分析から」年報・行政研究38号（2003年５月）。同じ研究者による2001年の意識調査では、政党61％、官僚21％となって、官僚の自己評価はますます低くなってきている。村松は、のちに、55年体制下で形成された「政官スクラム型リーダーシップ」、すなわち政党（分権的構造を伴う政党）優位の下での、政党（政権党＝自民党）と官僚の密接な提携協力関係が、55年体制終焉後の1990年代に崩壊し、首相・政権党中枢部のより強力なリーダーシップ構築への強い指向が現れてきたと論じるなかで、2001年調査での数字について、このような変化が官僚の自己認識に反映したものと位置づけた（村松岐夫『政官スクラム型リーダーシップの崩壊』（東洋経済新報社、2010年）35頁）。

10）　村松ほか・前掲書（注１）258頁。

11）　政治意識の形成に対するマスメディアの効果については、本書**第11章**を参照。

12）　升味準之輔『現代政治（上）』（東京大学出版会、1985年）80頁。

13）　テレビ各局はこのパレードをテレビカメラ108台、取材班1200人の総力取材体制を取り、同日の世帯あたり平均視聴時間は実に10時間35分だった。推定視聴者数1500万人。佐々木毅ほか編『戦後史大事典〔増補縮刷版〕』（三省堂、1995年）274頁［吉見俊哉］、1071頁［今防人］。

14）　松下圭一『戦後政治の歴史と思想』（ちくま学芸文庫、1994年）第２章（大衆天皇制論、初出は59年）。民主主義体制と君主制度の関係（民主主義体制下での君主制度のあり方）という政治学の視点から日本の象徴天皇制を論ずることの重要性は言を俟たない。森本哲郎編『現代日本の政治―持続と変化』（法律文化社、2016年）序章コラム「象徴天皇制、儀礼と政治」［森本哲郎］、森本哲郎「民主主義体制と君主制度―象徴制度の政治序説」関西大学法学論集70巻６号（2021年）を参照。

15）　曽根泰教・金指正雄『ビジュアル・ゼミナール―日本の政治』（日本経済新聞社、1989年）259～260頁。

16）　上杉隆「アドリブ宰相とその演出家」論座2001年８月号。このように同じくマスメディアの動向を意識した「演出」に意を用いた代表的な２人の首相だが、小泉首相の在任が「首相の強いリーダーシップ」を制度的に保障する1990年代の制度改革以後であったのに対して、中曽根首相の在任はこれら制度改革の以前であった。この結果、中曽根首相のほうが小泉首相よりも、「強いリーダーシップ」を可能にするためにマスメディア（世論）への依存度は大きくならざるをえず、実際、より周到にマスメディア対策を施した。これに対して「小泉の世論対策はそれほど周到ではなかった」。このような評価もある（待鳥聡史『首相政治の制度分析―現代日本政治の権力基盤形成』（千倉書房、2012年）90～91頁）。適切な評価だと考える。ただ、より周到だったゆえに「わざとらしさ」が感じられた中曽根首相に対して、周到さが足りなかったがゆえに「自然さ」が感じられた小泉首相であったようにも思われる。

17）　三宅一郎・綿貫譲治・嶋澄・蒲島郁夫『平等をめぐるエリートと対抗エリート』（創文社、1985年）140頁。もちろんこれは各界リーダー（エリート）の「認識」だが、「調査対象のエリートは日本の政治過程における実際のアクターであり、身近な観察者でもある。その影響力の評価は、彼らがこれまで経験したさまざまな事例を通して得られたもの」であり、「実際の影響力と深い相関関係にある」と見て差し支えない（蒲島郁夫「マス・メディアと政治」レヴァイアサン７号（1990年））。なお、ここでの質問形式が「われわれの生活で」というもので、直接的な政策決定過程そのものでの影響力を問うという形ではないので、マスコミの影響力評価が高くなっているともいえる。直接的な政策決定過程そのものでの影響力を問うかたちでは、マスコミの影響力評価は低くなる（たとえば、（注９）の調査）。言い換えれば、狭い意味での政策決定過程を考えた場合、マスメディアの影響力は大きいとは認識されていないが、より広く政治システム全体で考えた場合、マスメディアの影響力は非常に大きいと認識されているといえよう。

18）　マスコミのリーダーが１位に置いたのは「官僚」である。これとの関連で一般市民の認識は興味深い。たとえば、「読売新聞」の世論調査（2001年５月）が実施した「今の日本の政治で最も強い力を持っているのは何か」という質問への回答（ふたつ選択）では、官僚（40％）が群を抜いて多く、首相（26％）、自民党（25％）、マスコミ、内閣（19％）、財界（16％）とつづく。ところが、1970年７月調査時の同様の質問では、自民党48％、財界27％で、官僚はわずか６％だった（「読売新聞」2001年６月12日朝刊）。実際に官僚がもっていた「政治における力」は、1970年のほうが2001年よりも有意に大きかったにもかかわらず、一般市民の認識は全く逆なのである。「官僚が最も力がある」と考え続けるマスコミ報道の影響であろうか。また、70年調査では「マスコミ」という選択肢が置かれていないのも、マスコミの自己認識を考えるうえで意味深い。

19）　中村隆英はこのような国民意識について「衣食足って礼節を知り、倉廩充ちて栄辱を知る」と巧みに表現している（同『昭和史Ⅱ』（東洋経済新報社、1993年）561頁）。正村公宏は「公害問題を大々的に扱うことが購読者を減らす心配がなく、むしろそれを増やす可能性があるという状況が生まれたときに、大新聞はようやく公害関係の記事の数を圧倒的に増加させた」と辛辣である（同『戦後史（下）』（筑摩書房、1985年）262頁）。

20）　参照、山口定「戦後日本の政治体制と政治過程」三宅一郎・山口定・村松岐夫・進藤榮一『日本政治の座標』（有斐閣、1985年）、佐藤誠三郎「新・一党優位制の開幕」中央公論1997年４月号、岩井奉信「55年体制の崩壊とマスメディア」日本政治学会編『年報政治学　55年体制の崩壊』（岩波書店、1996年）。なお、本節の一部は筆者のふたつの旧稿（「戦後日本の政党政治（試論）」奈良法学会雑誌６巻３号（1993年）、「民主主義への移行における正統性問題」奈良法学会雑誌10巻２号（1997年））に加筆し、再構成したものである。

21）　代表的な批判として、北岡伸一『国際化時代の政治指導』（中央公論社、1990年）150頁。

22）　社会党が非自民諸政党全体に占める議席占有率（衆議院）を見ると、恒常的に50％を割るようになった1976年総選挙から86年総選挙の時期で41～49％である。90年総選挙では61.5％に回復するが、93年総選挙で27％に激減した。なお、1958年総選挙から63年総選挙の時期には、非自民勢力の83～99％を占めていた。

23) たとえば、北岡・前掲書（注21)、加茂利男「現代日本型政治システムの成立」坂野潤治ほか編『シリーズ日本近現代史４』（岩波書店、1994年）。

24) 注23の文献の他、京極純一『現代民主政と政治学』（岩波書店、1969年)、京極純一『日本人と政治』(東京大学出版会、1986年)、伊藤光利「日本の政治―戦後政治のアジェンダ」川端正久・的場敏博編『現代政治』（法律文化社、1988年)、三宅一郎「世論と市民の政治参加」三宅ほか・前掲書（注20)、渡辺治「保守合同と自由民主党の結成」坂野ほか編・前掲書（注23)、宮崎隆次「時代区分論としての戦後史」日本史研究400号（1995年)、岩井・前掲論文（注20)、村松ほか・前掲書（注１)、待鳥聡史「55年体制と日本の議会政治」多胡圭一編『日本政治―過去と現在の対話』（大阪大学出版会、2005年)。

25) この項と次項については、森本哲郎「思想と利権のからみあい―政党と政党政治の変動」伊藤光利編『ポリティカル・サイエンス事始め〔第３版〕』（有斐閣、2009年）も参照されたい。

26) たとえば、保守合同直後の「毎日新聞」社説「二大政党の国会運営に望む」によると、「二大政党による政治は、国会政治の理想形態であるには違いないが、へたに運営されるとかえって闘争を激しくする恐れがあるのである。二大政党政治がもっともよく運営されているイギリスの場合は、保守、労働両党の間に外政問題において、あるいは重要な内政でも共通した国策といったものが打ちたてられている」「わが国の二大政党政治の展開にあたって、もっとも憂慮されるのはこの一点で、［中略］両党の対立が水と油のようであるならば、保守党はますます社会党に政権を渡さないようにするだろうし、二大政党の政治はそこからこわれる恐れもある」（毎日新聞1955年11月22日)。

27) 升味準之輔『戦後政治（下)』（東京大学出版会、1983年）435～445頁。

28) 鳩山と岸には相違もある。鳩山は首相就任後、日本の国際政治上の自立性を高める政策の柱として、日ソ国交回復に力を注いだ。これに対してアメリカ政府は不信の念を隠さず、日米関係は微妙なものとなった。日米同盟に対する鳩山内閣の姿勢が明確でないと受け取られたためだと北岡伸一は指摘するが、吉田路線への対抗心のため、鳩山にこの点での配慮が欠けたのであろう。日米安保条約の対等化も試みたが、アメリカ政府は一蹴している（北岡伸一『自民党―政権党の38年』（読売新聞社、1995年）65～69頁)。下斗米も「中ソがあらかじめ調整したうえで、鳩山政権と対日平和条約の交渉に乗り出したのは、日米の二国間関係を弱めようとする意図も明らかにあった」としている（下斗米伸夫『アジア冷戦史』（中央公論新社、2004年）125頁)。岸は、このような鳩山内閣の経験から学び、日米同盟堅持を明確化することで、鳩山が失敗した「日米安保条約の対等化」を成就させた（新安保条約締結)。一般に使われる用法とは少し違って「日米協調路線の維持強化をはかる勢力」を「保守本流」と定義する北岡は、吉田が敷いた日米協調路線を岸が確かなものとしたと評価し、ここに「保守本流」が確立したとする（北岡・前掲書79～92頁)。

29) 1950年代の改憲論については、渡辺治『日本国憲法「改正」史』(日本評論社、1987年）第３章参照。

30) 伊藤光利は、山口定などに依拠しつつ、自由民主主義国の政治の型を「多数派が少数派との合意がなくても重要な決定を行っていく『多数決型』」と「重要な決定を少数派の合意を確保しながらしていく『合意型』」に大別する（伊藤光利「21世紀への試練―政治改革」同編『ポリティカル・サイエンス事始め』（有斐閣、1996年）216頁、山口定『政治体制』

（東京大学出版会、1989年）232～237頁。本章でもこの分類に従う。山口は本書**第8章**でも取り上げられているレイプハルト［Lijphart, A.（1984）*Democracies: Patterns of Majoritarian and Consensus Government in Twenty-One Countries*, Yale University Press.］による類型化に依拠しており、本書では、ここでいう「合意型」と互換的に「コンセンサス型」という用語を用いる場合もある。

31） 以上について詳しくは、森本哲郎「一党優位と正統性」レヴァイアサン臨増号・特集一党優位制の崩壊？（1994年）参照。ところで、本文で述べたように社会党は「護憲と反安保」にこだわり続けて1960年代以降の国民の関心から次第に浮き上がっていったわけだが、筆者が別のところで述べたように「他方で社会党は、労働組合とくに公務員や国鉄など公共企業の労働組合の賃上げを獲得するということ、いいかえれば経済成長の成果をいかに手に入れるかということに多くのエネルギーを注ぎ、1960年代終わりにもなると『官庁労働組合の代弁者』というイメージがまつわりついてくる。／このように経済成長の恩恵にあずかりながら、その共産主義的社会主義の『思想』に災いされて社会党は、資本主義つまり『企業の自由競争を原則とする市場経済』を前提にしつつも自民党の経済成長政策とは一味違う、実現可能な経済政策のビジョンを出すことができなかった」こともまた、「社会党には政権を任せられない」というイメージが国民の間に定着した要因であった（森本・前掲論文（注25）79頁）。これに関連して、昭和戦前期の「リベラル派」政治勢力（民政党など）に「平和と自由（反戦、反ファッショ）」への強い主張はあっても「平等（社会的格差是正）」への関心が全くなかったことに注意を喚起する歴史家坂野潤治は、戦後の「革新勢力（左翼とリベラル）」にも同様の陥穽があったこと、それが今日のこれら勢力の衰退をもたらしたことを示唆する。マクロ歴史社会学的に興味深い議論である。坂野潤治『〈階級〉の日本近代史―政治的平等と社会的不平等』（講談社、2014年）はじめに、第3章～第5章参照。

32） 詳しくは、森本・前掲論文（注31）参照。実際、1994年に自民・社会・さきがけ連合政権が発足し、首相としての「責任意識」からであろう、村山富市委員長が「自衛隊合憲・日米安保体制堅持」を確認、直後の党大会もこれを追認した。森本哲郎「『戦後体制』の終焉と政党システムの変動」同編『システムと変動の政治学』（八千代出版、2005年）参照。社会党はここに一足飛びに「現実主義化」したわけだが、後から見れば、これが同党の最終的解体を促進することになったのである。

33） この点について、広瀬道貞『補助金と政権党』（朝日新聞社、1981年）、ケント・E・カルダー（淑子・カルダー訳）『自民党長期政権の研究―危機と補助金』（文藝春秋、1989年）参照。

34） 村松岐夫・伊藤光利・辻中豊『戦後日本の圧力団体』（東洋経済新報社、1986年）第4章。

35） 1963年衆院選と83年衆院選での自民党と社会党の職業別得票率は、それぞれ次のとおり（順に63年、83年。「明るい選挙推進協会」実施の調査データ）。自民党：管理職（44%、47%）・事務職（34%、31%）・労務職（35%、39%）、社会党：管理職（44%、10%）・事務職（53%、29%）・労務職（50%、21%）（荒木俊夫「投票行動と社会的属性」ジュリスト増刊総合特集38号（1985年）選挙）。

36） 経済成長による高度工業化とともに、労働の質・条件、生活スタイルの点で、戦前から1950年代まで広く見られたような、ホワイトカラーとブルーカラーの間の大きな相違が消え、両者の境界は曖昧になっていった。以後、給与生活者を総称して、しばしば「新中間層」と呼ばれるようになったのである。

37） 大嶽秀夫『日本政治の対立軸―93年以降の政界再編の中で』（中央公論新社、1999年）34～35頁。

38） 参照、村上泰亮『新中間大衆の時代』（中央公論社、1984年）。

39） 蒲島郁夫『戦後政治の軌跡―自民党システムの形成と変容』（岩波書店、2004年）第7章、三宅一郎『日本の政治と選挙』（東京大学出版会、1995年）第7章。また、森本・前掲論文（注32）202頁も参照。

40） 55年体制は政党システムという視点から見れば、当初の「二大政党制」待望論に反して、「一党優位制」すなわち「自由な政党間競争が保障されている政治体制で特定の一政党が長期間得票・議席で他党を大きく凌駕し単独または連合の中心として政権の座にあり続けている政党システム」として位置づけられる。そして、55年体制の終焉とともに、一党優位制も終わりを迎えた、と一般的に理解されている。ただ、自民党は、わずか10か月の野党生活の後、政権に復帰し、それ以後、恒常的に連立に依存せざるを得ないという点で「55年体制」時代から変質したとはいえ、2009年8月末の衆議院総選挙での惨敗とそれによる民主党への政権交代まで15年もの間、政権の中心であり続けていた。ここから、「55年体制」終焉後も「一党優位制」がある時期まで継続していたという議論もありえよう。この点について、森本編・前掲書（注14）序章コラム「55年体制と自民党一党優位制」［森本哲郎］を参照。

41） 伊藤・前掲論文（注30）219頁。

42） 累積債務の拡大はまた、日本の経済力の上昇による貿易摩擦の激化（アメリカやEC［当時］、とくにアメリカとの）とそれに伴う国際通貨環境の激変への対策として1970年代初めの佐藤政権時代に取られていた「内需拡大」政策が、第1次石油ショックからいち早く立ち直り世界第2位となった日本経済に対する米欧諸国の強い要請に押されて1970年代後半以降再び取られたこと、その財源として大規模な国債発行がなされたことにも起因している（中村・前掲書（注19）第7章6節、第8章3節、6節参照）。

43） 1992年4月に発足した「民間政治臨調」（政治改革推進協議会）の三役（主査）として「政治改革」問題に積極的に関与した政治学者の強調するところである。湾岸戦争の衝撃については、佐々木毅『政治はどこへ向かうのか』（中央公論社、1992年）第2章。選挙制度改革（中選挙区制の廃止）を不可欠とする提言について、同書第4章。また参照、佐々木毅編著『政治改革1800日の真実』（講談社、1999年）序章、第9章。

44） 本書の「はじめに」でも示唆したように、1993年の「政変」による55年体制終焉は決して「偶然」の産物ではなかった。西側（自由主義陣営）の勝利によって「冷戦」が終結した以上、自民党が「分裂しても、日本が『社会主義化』する心配など毛頭ない。自民党が政権を失うことになった1993年衆議院総選挙当時のアメリカ大統領（クリントン）も選挙結果の出ないうちから『自民党にかわる新政権への期待』を連発する始末であった（日本経済新聞1993年7月8日付）」（参照、森本・前掲論文（注25）88頁）というマクロな環境があればこそ、この「政変」は起きたのである。

45） 参照、伊藤光利「21世紀の試練―政治改革と構造改革」伊藤編・前掲書（注25）238頁以下、森本・前掲論文（注32）221～222頁、同「政党論と日本の政党―自由民主党と組

織問題」同編・前掲書（注32）20頁。その後の小沢一郎の軌跡は、ここでいう「新保守主義」から逸れていったようにも思えるが、少なくとも、彼の自由党が民主党に合流する頃（2003年９月）までは、この立場が小沢の行動の基軸だった。森本・前掲論文（注32）221～232頁参照。ところで、このような発想の根底には、「政治制度（統治制度）の改革（選挙制度改革もそのひとつ）によって政治のあり方全体を大きく変えることができる」という考え方がある。これについて筆者は旧稿で「政治工学」と呼び簡単に論じたことがある（森本編・前掲論文（注32）193～194頁）。

上で「政治工学」と表現した発想は、「憲法（統治制度）工学」とも呼ばれる。この概念を軸に比較政治（史）の視角からフランスを中心にヨーロッパ諸国の政治（史）を検討した論文として、中山洋平「比較憲法と比較政治（史）のはざま—なぜ憲法工学は日仏伊三カ国においてだけ繁茂するのか？」（辻村みよ子編集代表、山元一・只野雅人・新井誠編『政治変動と立憲主義の展開』（信山社、2017年））が鋭い分析を示している。論点を明示した箇所の一部を引くと、「93年夏の最初の自民党下野を挟んだ、90年代前半の『政治改革』以来、日本では政治運動としての『憲法（統治制度）工学』（constitutional engineering）が繁栄を保っている。…［提起される諸々の改革案の］その意匠は様々だが、統治の構造を枠付ける、憲法ないし関連の法規によって定められた制度（執政制度、選挙制度、議会制度など）の根幹部分を改変することで統治上の問題を解決し、（何らかの意味で）統治の効率を抜本的に改善しようとする点で共通している。…」「…先進国を見渡してみると、近時、憲法工学の政治運動が日本同様の成功を収めた国は、実は同じく90年代初め以降のイタリアしかない」（中山・前掲書217～218頁）。なお、上の引用で言う「成功」とは、この政治運動が反対派を制してその構想を実現している（選挙制度改革の実現など）という意味で使われている。

46）小西秀樹「モデルとしてのイギリス保守党」森本編・前掲書（注32）36頁以下参照。

47）蒲島・前掲書（注39）第14章、第15章参照。

48）また参照、武蔵勝宏「国会」森本編・前掲書（注14）187～188頁。

49）武蔵・前掲書（注48）185～186頁。

50）もちろん、その力を無視できるほど減少したわけではない。実際、自民党にとって重要な支持基盤である農政関連の団体、族議員、省庁との関係では、2015年の農協改革に見られるように、第２次安倍政権下でも、リーダーシップのあり方は微妙であった。「国会で大量造反を引き起こした郵政民営化とは異なり、農協改革は農林族の協力を得て実現された」のである（中北浩爾『自民党—「一強」の実像』（中央公論新社、2017年）120頁）。農協改革の政治過程については、**第２章**および内田龍之介「農協改革とEPA対策—農業成長産業化の政治過程」政策創造研究12号（2018年）参照。さらに、今後の大きな課題である社会保障制度改革という有権者の最大の関心事をめぐる政策分野で「強いリーダーシップ」を発揮できるのか、先送りし続けるのか注目すべき点であろう。

51）牧原出は、安倍のこの意識の奥に第１次政権時の痛切な経験があることを強調しているが、その通りであろう。「2006年９月に発足した第１次安倍政権は当初、高い内閣支持率を誇ったが、……支持率が急落し、翌年の参議院選挙で自民党は大敗した。その１年間を思い起こせば安倍首相の一連の発言の奥には、「国民の支持は一瞬にして失われる」という痛切な認識が横たわっていることは間違いないだろう。」（牧原出『「安倍一強」の謎』（朝日新聞出版、2016年）21～22頁。強調の下線は引用者による。）

52）　2005年、2009年、2012年、2014年、2017年の順に、小選挙区も含めた全体の議席率が、61.7%、24.8%、61.3%、61.1%、60.4%だったのに対して、比例区絶対得票率は、25.1%、18.1%、16.0%、17.0%、17.5%であった。（出典　2005年、2009年：石川真澄・山口二郎『戦後政治史〔第3版〕』（岩波書店、2010年）の巻末・選挙結果データ集。2012年、2014年、2017年：総務省自治行政局選挙部編・発行の各選挙年『衆議院議員総選挙・最高裁判所裁判官国民審査結果調』）

53）　有権者全体に占める後援会加入率（自民党以外の政治家の後援会も含め計算）は、1986年総選挙時には18.2%あったのが、2005年総選挙時には10.2%にまで減少している。とりわけ会費支払会員率は、1986年総選挙時は5.3%だったのが、2005年総選挙時には1.7%と激減している（中北浩爾『自民党政治の変容』（NHK 出版、2014年）216頁）。また、自民党支持者の後援会加入率で見れば、1986年総選挙時の26.5%から2005年総選挙時には13.2%と半減している（中北・前掲書（注50）256頁）。

54）　同じく『朝日新聞』世論調査（2016年3～4月、2019年3～4月）で「政権交代が今後も繰り返されるほうがよいと思いますか。そうは思いませんか。」との質問に対して、「繰り返されるほうがよい」と答えた人は、41%（2016年）、40%（2019年）、「そうは思わない」と答えた人は、51%（2016年）、53%（2019年）だった（同紙2016年5月3日朝刊、2019年5月3日朝刊）。

55）　保守党と労働党を主要二大政党とするイギリスでは、1979年の保守党サッチャー政権成立以降現在までの40年余りを見ると、1979–97（18年間）保守党政権、1997–2010（13年間）労働党政権、そして2010–2020現在まで（10年間）保守党（中心で小党との連立または閣外協力による）政権となっている。キリスト教民主同盟・社会同盟（CDU／CSU。連邦レベルでは両党をひとつの政党としてふつう論じられる）と社会民主党（SPD）を主要二大政党とするドイツ（連邦共和国）では、1969年に結党以来初めて社会民主党が政権（小党との連立による）に就いて以来現在までの50年余りを見れば、1969–82（13年間）SPD中心の連立政権、1982–98（16年間）CDU／CSU 中心の連立政権、1998–2005（7年間）SPD 中心の連立政権、2005–2020現在（15年間）は4年間（CDU／CSU 中心の連立）を除いて CDU／CSU と SPD の大連立（首相は CDU／CSU）である。データは、馬場康雄・平島健司編『ヨーロッパ政治ハンドブック〔第2版〕』（東京大学出版会、2010年）巻末の「各国基本データ」。Wikipedia（English）《List of Prime Ministers of the United Kingdom》《List of Chancellors of Germany》（2020年4月8日確認）

56）　斉藤淳『自民党長期政権の政治経済学─利益誘導政治の自己矛盾』（勁草書房、2010年）。たとえば、「高速道路と新幹線が開通した地域では自民党の得票率が落ち込む傾向が見られた」（同書、18頁）。

57）　御厨貴・芹川洋一『日本政治　ひざ打ち問答』（日本経済新聞出版社、2014年）122～123、136～137頁。

58）　特定秘密保護法、改正組織犯罪処罰法（テロ等準備罪法）、IR 実施法といった「国民の間で反対が強く、与野党の対決色が濃い法案」では公明党の要求で自民党の原案にかなりの修正がなされ、「公明党は一定の『ブレーキ役』を果たしてきた」。さらに消費増税を認める前提として生活必需品などへの軽減税率適用を公明党は強く主張し、最終的に「公明党の主張をほぼ丸のみした」税制改正が行われた。他方、安倍首相の悲願であり、与野党対決色が強いと同時に「平和の党」を党是とする公明党にとって連立の試金石とも言える集団的自衛権行使容認の閣議決定と安全保障関連法については、「集団的自衛権発動の新三要件」の導入という形できわめて微妙な妥協がなされた（中北浩爾『自公政権とは何か―「連立」にみる強さの正体』（筑摩書房、2019年）289〜299頁）。また新型コロナウイルスのパンデミックへの経済対策として考案された特別定額給付金について、当初選別主義的な「減収世帯に30万円給付」だった政府案が、公明党の強い要求で普遍主義の「一律で国民１人10万円」案に変更され、補正予算案の修正を提出直前に余儀なくされている（朝日新聞2020年４月17日朝刊）。以上から全体としていえることは、自公連立の間では、「合意型」の政治が行われているということである。

59）以下、待鳥・前掲書（注16）、174〜181頁による。なお、投票行動との関連での説明箇所は筆者の見解である（森本・前掲論文（注25）93〜94頁参照）。国会についても、本文で述べたように「多数決型」の方向への制度改革がなされたにもかかわらず、運営の実態は大きく見れば「合意型」にとどまっていることを本書**第８章**は明らかにしている。

60）自民党についていえば、その成果はさておき、党として「人材の発掘・育成」の試みを全く行っていないわけではない。森本哲郎「55年体制崩壊後の自民党の組織問題―理念の展開と実態」関西大学法学論集67巻２号（2017年）88〜90頁参照。「多数決型政治」適合的な「力量ある政治家」像については**第４章**（注42）参照。

61）この点を、竹中治堅『参議院とは何か―1947〜2010』（中央公論新社、2010年）は説得的に論じている（同書、345頁以下）。ところで、竹中は、2006年５月（小泉政権終盤期）刊行の著書において、制度改革が相次いで行われた1990年代を「新しい政治体制」（本章の言う「多数決型／ハイ・ポリティクス中心の政治体制」）の成立過程、そして2001年４月の小泉首相誕生から2005年９月総選挙までの時期をこの体制の定着過程と捉え、「2001年体制」と名づけていた（竹中治堅『首相支配―日本政治の変貌』（中央公論新社、2006年）終章）。しかし、本文でも述べたように、現在のところ、「新しい体制」は依然として「成立過程」（成立途上）にあると考えねばならない。

【森本哲郎】

第 I 部

政治の主体

第1章　政党と政党システム

1　はじめに

政党は現代の民主主義において不可欠の存在だと考えられてきた。代議制民主主義は、選挙を通じて国民から選出された代表者が政治的権力を獲得する点に最大の特徴がある。政党は社会における様々な利益や意見を集約して政策プログラムの選択肢を提示し、多数の有権者からの支持を得た政党（あるいは政党連合）が議会さらには政権の運営を担当する。そのため、政党が政権を獲得するためには、より多くの有権者からの支持を得られる政策プログラムを示す必要がある。また、政権政党が次の選挙で有権者からの支持が得られなければ、政権の座を追われることになる。こうして、政党は国民に対して応答的（accountable）になり、国民による政治権力のコントロールが可能になるのである。もし政党が存在せず、誰が政権を担当するのか、どのような政策が採用されるのかがもっぱら政治家間の調整に委ねられるのであれば、有権者が選挙を通じて政権担当者や政府の政策を選択することは難しくなるだろう。また、政府が有権者の期待を裏切った場合、誰に責任を負わせるのかは不明確にならざるをえない。

しかし今日、多くの民主主義国で政党の衰退が論じられている[1]。日本も例外ではなく、政党に対する信頼は非常に低い状態にある。なぜ、今日の代議制民主主義において中心にあるはず政党が、国民からの期待に応えることができていないと見られているのだろうか。こうした問題意識を念頭に置きながら、本章はまず、政党とはいかなる集団なのか、どのような機能が期待されているのかを確認したうえで、政党システムと呼ばれる政党間の相互作用と組織としての政党という観点から、日本の政党政治について概説していく。

2　政党の目標と機能

そもそも、政党とはどのような集団なのだろうか。まず、政党が何をめざしているのかという観点から検討していこう。ミューラーとストロムによれば、政党は３つの目標をもつという[2)]。第一の目標は、より良い政策の実現である。早くから政党政治が発達してきた西欧諸国の歴史を振り返ってみると、政党の端緒は、制限選挙の時代に政策的な志向が近い議員たちが緩やかに連携し、議会内で行動を共にしたことに求められる。その後、工業化が進行し、都市労働者が増加すると、労働条件の改善や参政権をはじめとした権利拡充を求める運動が盛んになった。その一環として、19世紀後半から20世紀にかけて労働者の代表を議会に送り込むための政党が形成された。また、（男子）普通選挙の導入後は、議会内の議員集団であった既存の政党も対抗上、自らが基盤とする社会集団を明確にしていった。さらに、1980年代以降には、脱物質主義的な価値観に立脚した環境保護政党や、政治的に疎外されていると考える人々を代表することを標榜したポピュリスト政党が台頭する。このように歴史的に見ると、政党は議会内あるいは議会外から、特定の政治的理念や社会集団の利益に合致する公共的政策を実現するために形成された組織だといえる。そして、多くの政党にとって、政策の実現が党の存在意義となっている。

ただし、めざす政策を実現できる可能性は、政権政党と野党とで大きく異なる。単独で、あるいは他の政党との連立によって政権を構成する政党は、様々な政治的決定を主導することができる。また、政権に参画することで、地域利益の配分や様々な役職の任命などの権限をもつことになる。言い換えれば、政権の座に就くことで様々な利権を手にすることができるのである。したがって、政権への参画も政党にとって重要な目標となる。

さらに、政策の実現や政権の獲得のためには、基本的に議会でできるだけ多くの議席を確保していることが望ましい。各政党に与えられる議席数は（完全に比例するわけではないが）選挙における有権者からの投票によって決まることから、政党の３つ目の目標として、有権者からの票の獲得が挙げられる。

政党の３つの目標は相互に関連しているが、同時にすべてを実現することが困難なトレード・オフの関係にある。たとえば、多くの有権者から票を得ようとすれば、有権者受けのよい政策を示す必要があることから、もともとの政策を修正する必要が生じる。あるいは、他の政党と連立政権を組むのであれば、それらの政党との関係上、政策的な妥協を強いられる。このように、すべての目標を同時に達成することは、現実的には難しいのである。

各政党がどの目標をどの程度重視するかは、結成の経緯や党組織の特性、選挙制度などの政治制度によって異なってくるが、いずれにしても、政策の実現と政権への参画の両立は困難であり、政党は政策の実現に重点を置く党と政権への参画を優先する党とに大別されることになる。中には、政治的理念に忠実で政権に参画することをほとんど考えない政党も存在するし、反対に、政権から得られる利権の確保が目的で、政策への拘りがない政党も存在する。一般的に政党と見なされている集団をすべて包含できるように政党を定義することは難しいが、民主政における政党が備えている最小限の要素に絞れば、選挙を通じて候補者を公職に就けさせることのできる政治集団で[3]、政治的決定に影響を及ぼそうとする団体と定義できるだろう。

では、代議制民主主義の下で、政党にはどのような役割があるのだろうか。政党は選挙に際して、社会に存在する様々な利益や意見を集約して政策プログラムをまとめ、有権者に公約として提示している。そして選挙後には、政府や議会においてそれらを政治的決定へと反映させようとする。こうした政党の活動は、それぞれ「利益集約機能」、「利益表出機能」を担うとされる。また、選挙で有権者の多数から支持を得た政党は、政府を形成してその運営に当たる。こうした活動は、「政府形成機能」と呼ばれる。他方で、政権を担当しない政党は、自らの立場から政府の活動を監視し、批判する役割を担う。こうして展開される政党間の論戦を通じて、今、政治的に何が問題となっているのかが国民に伝えられていく「コミュニケーション機能」も、政党のもつ機能の1つである。また、ほとんどの政治家は政党に所属して選挙を戦い、政党を単位とした活動を通じて政治的なリーダーが選抜されていく。政党は政治の世界に携わる人材を発掘する「政治的リクルートメント機能」や、政治的なリーダーを育成する「政治的指導者の育成機能」も担っているのである。

3　政党システムの形成と変容

戦後日本の政党システム

現代の代議制民主政では政党が中心となって選挙戦が展開され、政党によって政府が形成される。そのため、ある国でどのような政党政治が展開されているかは、その国の代議制民主主義のあり方を端的に示すことになる。政党は、それぞれ異なる政治的目標をもっており、基本的に競争関係にあるが、政権の獲得や政策の実現、議席の拡大のために政党同士が協力することも珍しくない。いくつの政党が、何をめぐってどのように競争したり協力したりしているのかといった政党間の相互作用のパターンを政党システムという。

政党システムの分類としては、政党数と政党間のイデオロギー距離を基準としたサルトーリによるものが代表的である[4)]。サルトーリは競合的な政治体制の下での政党システムを、競争的な選挙が実施されながらも特定の政党が政権を維持し続ける一党優位制、2つの政党（あるいは政党ブロック）が政権をめぐって競争を展開する二党制、政党間のイデオロギー的距離が比較的近い3～5党によって構成される穏健な多党制、政党数がさらに多く、イデオロギー的に極端な立場をとる有力な反体制政党が存在する分極的多党制に分類している。

では、日本の政党システムはどのように捉えられるだろうか。日本の政党政治は大きく3ないし4つの時期に区分できる（図表1―1、1―2、序章も参照）。第1期は、1945年から55年までの政党政治の再建期とでも呼べる時期である。第二次世界大戦後、戦前の政党政治や社会運動の系譜を一定程度引き継ぎつつ、様々な政党が結成された。これらの政党は離合集散を繰り返したが、1950年代初めには、概ね自由主義系（自由党など）、修正資本主義系（日本民主党など）、社会主義系（社会党など）政党による多党制となっていった。この時期には、社会党と修正資本主義系の民主党が連立政権を組んだこともあったが、冷戦の激化などを背景として徐々に保守―革新という形で政党間の対立の構図が固まり、保守陣営の自民党と革新陣営の社会党による対立を基軸とした「55年体制」の成立へと至る。

第2期は1955年から93年までの、自民党一党優位体制が形成され、定着して

図表１—１　戦後日本における政党の変遷

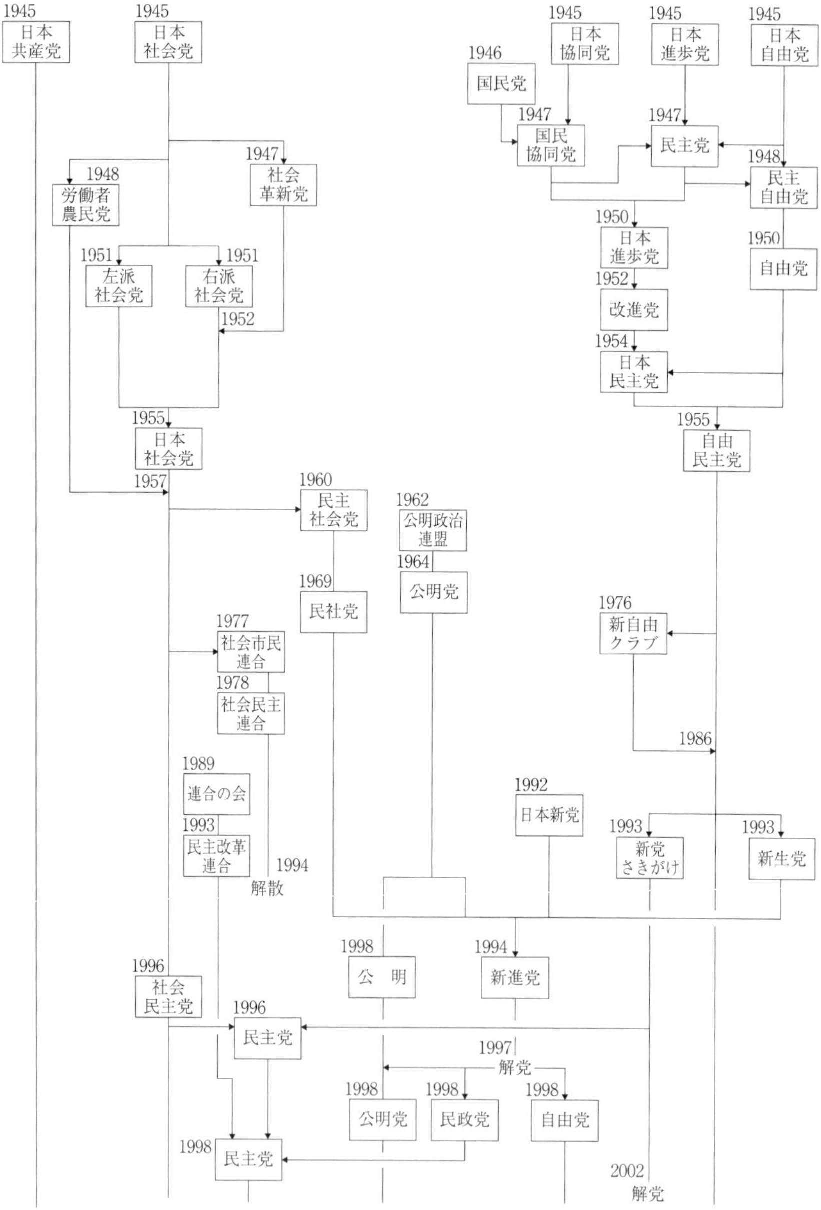

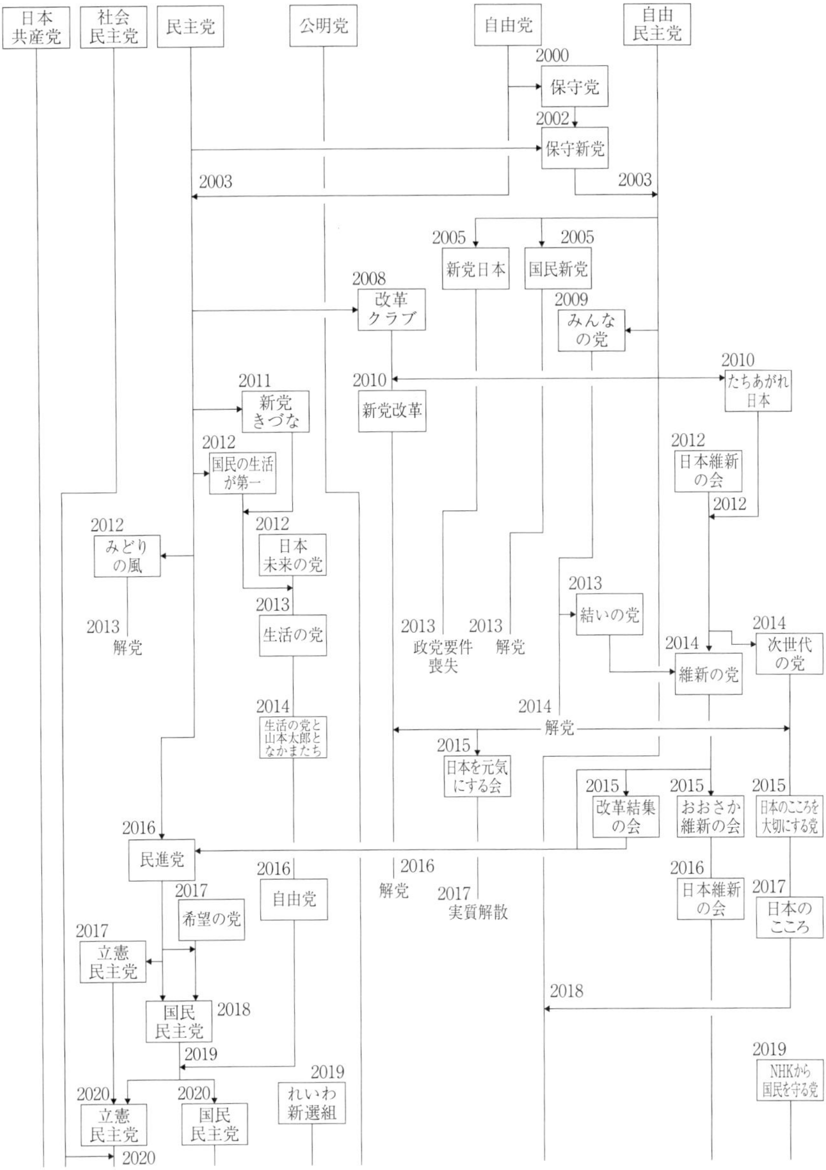
日本共産党
社会民主党
民主党
公明党
自由党
自由民主党
2000
保守党
2002
保守新党
2003
2003
2005
2005
新党日本
国民新党
2008
改革クラブ
2009
みんなの党
2010
たちあがれ日本
2011
新党きづな
2010
新党改革
2012
国民の生活が第一
2012
日本維新の会
2012
2012
みどりの風
2012
日本未来の党
2013
結いの党
2013
解党
2013
生活の党
2013
政党要件喪失
2013
解党
2014
次世代の党
2014
維新の党
2014
生活の党と山本太郎となかまたち
2014
解党
2015
日本を元気にする会
2015
改革結集の会
2015
おおさか維新の会
2015
日本のこころを大切にする党
2016
民進党
2016
自由党
2016
解党
2016
日本維新の会
2017
希望の党
2017
実質解散
2017
日本のこころ
2017
立憲民主党
国民民主党
2018
2018
2019
2019
れいわ新選組
2019
NHKから国民を守る党
2020
立憲民主党
2020
国民民主党
2020

出所：筆者作成。

図表１―２　各時期の衆院選における政党別議席率

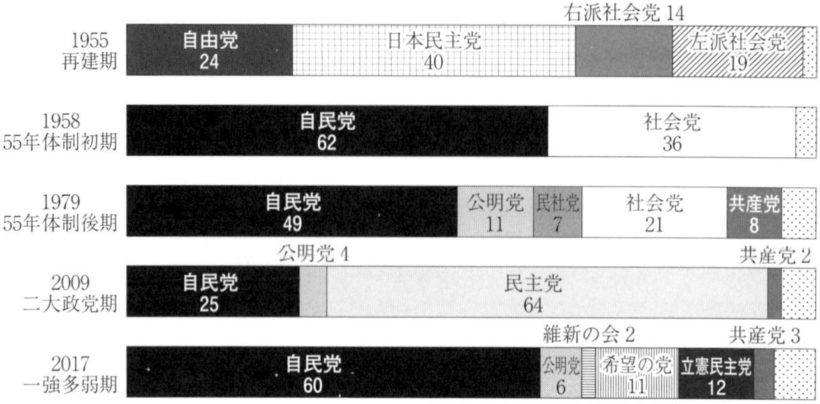

出所：筆者作成。

いった時期である。保革対立を背景に自民党と社会党が対峙する55年体制は1960年の安保闘争でピークに達し、その後、政党政治の中心的課題は経済的な利益の配分へと移行していった。また、自民党に対抗するはずであった社会党の勢力は伸び悩み、代わって民社党や公明党、共産党が伸長して、野党の多党化が進んだ。こうして自民党の一党優位体制が確立したが、1980年代に「保守回帰」が生じるまでは、自民党も長期低落傾向にあった。

55年体制は、大規模な分裂を経験した自民党が1993年総選挙後に下野したことで崩壊する。自民党は社会党などと連立を組んですぐに政権に復帰し、2009年まで政権を維持し続けたが、これ以降、連立政権が常態化することになった。また、1990年代半ばから2000年代初めにかけては、新党の結成や政党の分裂、合併が相次いだが、2003年には非自民陣営は民主党へとほぼ一本化されていった。こうして、自民党・公明党連合に民主党が対抗する二大政党化が進み、2009年には民主党への政権交代が実現する。しかしながら、民主党政権は国民の期待に応えることができず、約３年で政権を失う。大量の離党者が出たこともあって民主党の勢力は大幅に後退し、代わって日本維新の会などの第三極が台頭したことで、「一強多弱」と揶揄される状態が出現した。さらに、（民主党の後継政党の）民進党が2017年に希望の党（後に国民民主党）と立憲民主党に分裂したことで、「一強多弱」の様相はいっそう鮮明になった。2020年に両党は再び合流したが、自民党・公明党連合との勢力差は大きく、二大政党制が復活したとは言い難いだろう。

政党間の対立軸：保革イデオロギー

ここまでに見てきたように、特に55年体制期において日本の政党政治の主要な対立軸となっていたのは、「保守」と「革新」というイデオロギー的な対立であった。その意味するところは、序章でも述べられているとおり、戦後の民主化に対する評価と冷戦下での安全保障や対外政策をめぐる立場の違いにあった。保守陣営の自民党は戦後の民主化を「行き過ぎ」と捉え、伝統的な価値観に基づいて是正しようとしたが、近代的な価値観に立脚する社会党や共産党などの革新陣営は、これを維持・発展させることを目指した。また、保守陣営が日米安保条約の下、西側陣営の一員としてアメリカとの関係を重視したのに対し、革新陣営は憲法9条に定められた戦力の不保持を重視し、日米安保条約の解消や非武装中立を訴えた。

保革イデオロギーは、55年体制期を通じて政党と有権者を結びつける媒介であり続けたが[5]、1960年の安保闘争以降は経済的利益の配分が主要な政治課題となり、自民党が憲法改正を実質的に棚上げするなど、現実政治において保革対立が前面に出ることはなかった。1980年代末に冷戦が終結したことで、政党政治における保革イデオロギーの重要性は次第に低下し、1995年に自民党と社会党が連立政権を組んだことで、それは決定的となった。小政党へと転落した社会党に代わって自民党に対抗した民主党は、自民党に比べれば「革新」的な立場をとっていたものの、自衛隊や日米安保体制の存在を前提視し、憲法改正にも柔軟な姿勢を示していた。

しかし、2010年代に入ると、憲法改正や安全保障政策が政治的な争点として再び顕在化する。2012年に政権を奪還した自民党の安倍晋三首相は、在任中の憲法改正を目標に掲げるとともに、従来の憲法解釈を変更して集団的自衛権の行使容認に踏み切った。自民党は、野党時代の2012年に国防軍の保持や家族の尊重を明記した保守色の強い憲法改正草案を作成するなど、理念の「右傾化」が進み[6]、個々の議員レベルでも2010年代から保守色が強まっていることが指摘されている[7]。これに対して民主党（2016年以降は民進党）は、安倍の進める憲法改正や集団的自衛権の行使容認に強い反対姿勢をとった。また、2017年衆院選を前に民進党は分裂するが、このとき、相対的に「保守」的な候補者は希望の党に合流した一方、「革新」的な候補者は新たに結成された立憲民主党に参加した。両党は2020年に再び合流したが、低迷していた国民民主党ではなく立憲民主党が主導権を握ったことで、自民党と野党第一党の保革の立場の違いは（55年体制期ほどではないものの）明確化することになった。

政党間の対立軸：富の再分配

ところで、西欧諸国では、各国が歴史的に経験してきた大きな政治的、社会経済的変動によって生じた社会的亀裂が、政党間の対立軸を形成してきた。特に産業革命によって生じた資本家―労働者という階級対立は、今日でも多くの国々で政党間競争の主要な対立軸となっている[8]。こうした階級対立は、政府による経済介入と富の再分配を通じた格差の是正を目指す「左」の立場と、（細部は国によって異なるが）政府による経済への介入に否定的な「右」の立場との、経済や社会保障をめぐる政策的な対立軸を形成した。

日本でも55年体制が成立した時期には、自民党が経済界や農林漁業従事者、商工業者といった旧中間階級を代表し、社会党が労働者階級を代表するという関係があった。しかしながら、こうした関係は必ずしも定着しなかった。労働者に占める社会党支持者の割合は次第に低下し、他方で、自民党は旧中間階級からの支持をいっそう強めると同時に、労働者からの支持も増加させていった[9]。また、日本では、西欧諸国のような富の再分配をめぐる左右対立は、必ずしも政党間の主要な対立軸とはならなかった。労働者の側に立つ社会党は、社会主義的な路線をとっていた労働組合の日本労働組合総評議会（総評）に集票や資金を依存していたこともあり、資本主義の枠内での漸進的な社会保障の拡充を、自民党に対抗する基軸として打ち出すことには消極的であった[10]。

他方で自民党は、再分配的な性格をもつ政策を様々な形で推進していった[11]。1970年代には、高度経済成長に伴う人口移動によって農村部の伝統的な支持基盤が縮小したことに対応するために、高齢者医療費の無料化や年金の増額など、それまで地方レベルで革新勢力が推進してきた福祉拡充政策を取り込んだ。また、自民党議員たちは、支持者の拡大をめざす過程で、公共事業や補助金、規制の維持・強化などを通じて特定の業界や地域の利益を守る一方、その見返りとして支持を得るという「票と利益の交換関係」を形成していった[12]。こうした地域利益の保護は経済的に脆弱な地域で需要が高いが、自民党政権はこうした地域に仕事を提供したり雇用を守ったりすることで生活を保障し、地域間の格差是正をしてきたと言える[13]。

2000年代に入ると、自民党政権は小泉純一郎首相の下、公共事業を縮小し、市場メカニズムを重視する新自由主義にもとづいて、様々な分野で民営化や規制緩和を推進した。こうして、自民党の経済政策上の立場は「右」にシフトしたように見えたが、小泉政権末期から格差拡大が指摘されるようになると、再び政府による財政出動に積極的な姿勢をとるようになった。また、2012年の政権復帰後は、経済界に賃金の引き上げを要請したり、女性を中心に就労環境の整備を進めたりしている。対する民主党は、2000年代前半から子ども手当や最低保障年金制度など普遍主義的な社会保障を提唱してきたが、こうした立場を鮮明にしたのは2006年に小沢一郎が代表に就任した後であり、それまでは自民党との「改革競争」に重点が置かれていた[14]。両党の間には、自民党が経済活動を活性化し、その成果を国民に還元しようとする一方、民主党やその後継政党は直接給付型の社会保障を志向する点で違いがある。しかし、手段は違えども、国民生活を保障するために政府が経済に介入することに積極的である点は、両党に共通している。また、両党ともその時々の経済状況などに応じて主張を変化させてきており、長期的な経済政策に関しては、両党議員のスタンスに大きな違いはないとの指摘もある[15]。その結果、有権者レベルでも、経済や社会保障に関する争点が独立した対立次元を形成しているわけではないとされている[16]。

選挙制度と政党システム

政党システムの形成においては、有権者の投票を各政党の議席へと変換する選挙制度も重要な役割を果たすことが知られている。デュヴェルジェの法則と呼ばれるが、（重要な例外は存在するものの）小選挙区制は二大政党制を、比例代表制は多党制の形成を促進するとされている[17]。小選挙区制では選挙区で最も票を集めた政党の候補者しか当選できないため、小政党が議席を得ることは難しい。また、こうした小選挙区制の特性を念頭に置けば、有権者は自らの票を無駄にしないために、ベストではなくても当選可能性がより高い候補者へと戦略投票を行い、政治家をめざす人たちも、小政党からではなく大政党からの立候補を望むと考えられる。前者は機械的効果、後者は心理的効果と呼ばれるが、この２つの効果によって、政党数は最終的に２へと収斂していくと考えられる。他方で、比例代表制では小政党も得票に応じた議席が得られるため、政党数を減少させる機械的効果や心理的効果は働きにくい。

日本では、選挙制度はどのように政党システムに影響を及ぼしてきたのだろうか。戦後最初の総選挙を除き、衆院選では1993年まで、有権者が１人の候補に投票し、各選挙区で（一部例外はあったが）３～５人を選出する単記非移譲式の中選挙区制が用いられてきた。理論上、中選挙区制が一党優位制を生み出すわけではないが、野党の多党化は中選挙区制が可能にした面がある[18]。定数が３～５の中選挙区制では当選に必要な得票率が比較的低かったため、小政党も一定の議席を獲得することが可能であった。小政党が結集する動機を与えないという点に注目すれば、中選挙区制は間接的に自民党の一党優位を支えたと言えるだろう。また、中選挙区制の下では、候補者数が実質的に定数＋１人へと収斂することが理論上また経験上、知られている。これはM＋１の法則と呼ばれるが、中選挙区の定数が３～５であったことにより、著しい多党化は生じなかったと考えることができる[19]。

1996年衆院選から小選挙区比例代表並立制（以下、並立制）が導入されたことで、日本の政党システムは大きく変化することになった。日本の並立制は１選挙区から１人が当選する小選挙区で289議席を選出し、11のブロックごとに各党の得票割合に応じて計176議席を配分する拘束名簿式の比例代表制を組み合わせた選挙制度である（選出議席数は2017年衆院選時点）。デュヴェルジェの法則は、小選挙区制下での二大政党制と比例代表制下での多党制を予測するが、両者を組み合わせた並立制が政党システムにもたらす帰結には、複数のシナリオが考えられる[20]。

１つは有権者や政党・政治家が小選挙区制を重視した場合で、二大政党制に近づくパターンである。日本の並立制は小選挙区制のウェイトが高いこともあって、並立制導入後、政党や有権者は基本的に小選挙区制を重視した行動をとり、徐々に二大政党化が進んでいった。並立制の導入が決まった1994年には、新生党や公明党、民社党などが合併して新進党が結成され、1997年末に新進党が解党した後には、同党に所属した議員の多くが民主党へと合流した。こうした動きは、小政党や個々の議員が小選挙区制の下での生き残りを図ったために生じたと理解できる。2003年から2009年にかけては、ほとんどの小選挙区で自民党と民主党（および各党と選挙協力を行った政党）が議席を争い、比例代表区も自民党と民主党の二党で約８割の議席が占められることとなった。また、2012年前後から民主党は分裂を繰り返したが、その都度、数年のうちに再び合流することになっている。これも、小選挙区制の効果を念頭に置いた政党・議員の行動と理解できよう。

別のシナリオとして、比例代表制の特性が発揮され、一定の規模をもつ政党が３つ以上存在する多党制になることも予想できる。並立制においては、小選挙区で候補者を擁立することで、比例代表区における政党の得票が増えるという連動効果（contamination effect）が存在するとされる[21]。小政党がこうした効果を狙って小選挙区でも候補者擁立を進めれば、政党同士の糾合や連携は起こりにくくなる。また、全選出議員の約４割が比例代表制で選出されることから、有権者が比例代表区で小政党に票を投じれば、小政党も生き残ることが可能である。実際、2003年頃までは一定数の小政党が存在していたほか、2012年衆院選ではみんなの党や日本維新の会、未来の党といった「第三極」が躍進した。また、2017年衆院選でも、民進党が希望の党と立憲民主党に分裂し、両党がほぼ同じ水準の議席を獲得する結果となっている。

４節で詳述するが、小選挙区を有利に戦うために様々な議員が集まって大規模な政党を形成、維持しようとすれば、政策などで妥協を強いられる議員が少なからず存在することになる。そうした妥協に見合うだけの見返りがあれば、議員たちは大政党を形成しようとするだろう。しかし、小政党にも生き残りの道がある選挙制度の下では、妥協を強いられる議員たちにとって、小政党にとどまることや大政党から離脱することも、有力な選択肢となりうると考えられる。

4　組織としての政党

政党組織モデルから見た日本の政党

ここまでは、政党を１つの単位と見なして政党間の関係に焦点を当ててきたが、政党は様々な部門から構成され、様々なメンバーが参加して成立している組織である。カッツとメアーは、政党は政府や議会で活動する議員から成る「公職としての政党」、党本部の幹部と職員による「党本部における政党」、地方における党活動家や一般党員さらには支援者といった「地方における政党」という３つの要素から構成されるとしている[22)]。そして、各構成要素間の関係やその内部におけるアクターの権力関係などから、各政党の組織的性格を読み取ることができる。

政党の組織に着目した代表的な政党モデルとして、デュヴェルジェによる幹部政党と大衆政党の区別が挙げられる[23)]。幹部政党は、制限選挙の時代に議員が議会内で緩やかに連携したことにルーツを持つ政党で、各議員は地域の名望家によって構成される地方幹部会を基盤としていた。独立した基盤を有する議員の連合体という性格が強く、一般党員の影響力は限定的で、議員の自律性が高い政党である。これに対して大衆政党は、19世紀の終わりから20世紀初めにかけて労働者の権利拡充を求める運動を展開した政党によって考案された組織形態である。大衆政党は明確な政治理念の下、多数の一般党員によって組織され、集権的で議会外の政党組織の影響力が強い点や、一般党員が支部の党活動に広く参画する点に特徴がある。

こうした政党組織モデルに照らして見ると、自民党や民主党及びその後継政党（以下、民主党系の政党とする）は幹部政党、より正確には、国会議員を中心とした議員政党としての性格が強い。自民党のルーツは、地方の名士に支えられていた戦前の制限選挙時代の政党に遡ることができるが、今日でも党員は議員の個人後援会の会員である場合が多く、党の重要な決定は国会議員を中心として行われている。また、民主党系の政党も、党員数は約24万人（2017年の民進党）にとどまるなど議会外の党組織は脆弱で、国会議員を中心とした組織運営がなされている[24)]。他方で、大衆政党として位置づけられるのが共産党である。

共産党は議員ではない活動家を多数含む集権的な中央組織をもち、2018年時点で自民党の2.7倍となる約266万人の党員を抱え、選挙での集票や資金調達などの面で一般党員に多くを負っている。また、公明党も（支持母体である宗教団体への加入者を中心としているが）集票や資金調達、候補者リクルートメントなどにおいて党員の果たす役割が大きい点で、大衆政党としての性格をもつ。

ところで、大衆政党は労働者階級を、幹部政党は資本家階級を代表する政党の組織モデルと捉えられるが、産業構造の高度化などによって階級の境目が曖昧になっていった結果、これらの政党は社会の幅広い層から支持獲得をめざす包括政党へと変化していった[25]。日本では、自民党が包括政党としての性格をもつと考えられる。農村部における伝統的な支持基盤の縮小に直面した自民党は、1960年代から70年代にかけて、都市部での支持拡大のために福祉拡充や公害対策に取り組み、個々の議員レベルで様々な業界団体との関係を築くことで、支持者の幅を広げていった。特定の社会集団や団体に支持を依存しないという意味では、民主党系の政党も包括政党に分類できるだろう。民主党系の政党は日本で最大の労働組合である日本労働組合総連合会（連合）からの支持を受けてきたが、かつての社会党のように候補者のリクルートや選挙運動、資金調達を労働組合に依存していたわけではなく、2000年代半ばには、むしろ連合と距離を置こうとした時期もあった。

幅広い層からの支持獲得をめざす包括政党にとっては、以前からの支持者を固めることもさることながら、浮動層からの支持を得ることが重要となる。そのため近年の政党は、マーケティングの手法を駆使して浮動層の動向を探り、マスメディアやインターネットを活用した洗練された選挙運動を展開している（**第11章**も参照）。その結果、党内における選挙戦略を立案し実行する部門の重要性が高まり、一般党員や個々の議員の役割は相対的に低下することになった。このように選挙での得票を重視した組織構造を持つ政党は、選挙プロフェッショナル政党と呼ばれる[26]。日本ではテレビでの政党CMの解禁が1996年、インターネットを用いた選挙運動が認められたのが2013年と諸外国と比べると遅かったこともあり、今日でも伝統的な選挙運動の重要性は失われていない。しかし、新しい選挙運動手法の活用が進みつつあることも確かである。特に積極的なのが自民党で、広告代理店の協力を得て選挙戦略を立てたり、SNSへの投稿を分析して、各候補者の選挙運動に反映させたりしている[27]。

自民党の政党組織とその変容

ここからは、自民党の政党組織に焦点を当て、その特徴と変化について検討していく。前項でも触れたように、55年体制期の自民党は議員中心の政党であり、党首をはじめとした党幹部の影響力は限定的で、代わりに党内の議員集団である派閥や一般議員の主体性、自律性が高い点に特徴があった。今日でもこうした特徴はある程度、受け継がれているものの、2000年代から自民党の党組織は大きく変化したと考えられている[28]。

55年体制期の自民党は、派閥連合体という性格が強かった。派閥は、自民党の党首である総裁をめざす議員（領袖）が自分を支持する議員（陣笠議員）を囲い込んだ議員集団で、領袖が陣笠議員に対して政治資金の提供や選挙での支援、政府や党の役職の斡旋を行うことで強い結束を保ってきた。派閥は総裁選出の際に激しい合従連衡を繰り広げ、1970年代までは、総裁選後も主流派（総裁支持派）と反主流派（総裁不支持派）の間に強い緊張関係が存在した。また、派閥は閣僚や党の役職の配分に対して強い影響力をもっていた。本来、首相・総裁の権限である役職配分には、派閥からの推薦の尊重や派閥均衡人事（派閥の規模に応じた役職配分）といった慣行があった。このように、総裁や党幹部たちは派閥の意向を踏まえた党運営を行わなくてはならなかったのである。

また、党内の政策的な意思決定においては、各政策分野で高い専門性と幅広いネットワークをもつ族議員が強い影響力を発揮してきた。自民党政権下では、内閣が国会に法案を提出する際に、あらかじめ自民党の了承を得る事前審査と呼ばれる手続きがとられ、そこではまず、自民党の政策審議機関である政務調査会に省庁に対応して設置されている部会での了承を必要とした。つまり、党首でもある首相が何らかの政策を実現しようとすれば、政府入りしていない議員から成る「与党」の了解を得なくてはならず、さらに、その政策分野で影響力をもち、政務調査会の部会を活躍の場としていた族議員の意向を尊重しなくてはならなかったのである。

しかし2000年代に入ると党首や幹部の影響力が強まり、一般議員や派閥の自律性は低下したと考えられている。2001年に首相に就任した小泉純一郎は、自民党の伝統的な支持者の利益に反するとして党内で反対が強かった、郵政民営化などの新自由主義的な「構造改革」を推進した。また、2012年に再び首相に就いた安倍晋三も、自民党の主要な支持者である農業従事者への影響が不可避なTPP（環太平洋パートナーシップ協定）の締結や農業協同組合の中央組織の改革を行っている[29]。小泉以降の首相が常に政策決定を主導できたわけではないが、全般的には党首の意向が優先されやすくなったと考えられる（**第4章**も参照）。

また、派閥の影響力も大幅に低下している。派閥は基本的に総裁をめざす有力政治家を支える議員集団であり、55年体制下の自民党総裁は、何人かの例外を除いて派閥の領袖であった。しかし、小泉が総裁に選出されて以降、派閥の領袖でない議員が総裁となることは珍しくなくなっている。また、総裁選において同じ派閥から複数の議員が立候補したり、他派閥の総裁候補を公然と支持する議員が出たりするなど、派閥の結束力は低下し、総裁の選出基盤としての役割は小さくなっている。さらに、閣僚や党の役職配分においても首相・総裁の意向が優先されるようになり、派閥推薦や派閥均衡といった慣行に囚われない人事が行われるようになった。

政治制度の改革と自民党組織の変容

こうした自民党の組織的性格とその変化は、選挙制度をはじめとした様々な政治制度から強く影響を受けていると考えられている。55年体制期に用いられていた、各選挙区で３～５人を選出する中選挙区制の下では、自民党のように単独で過半数の議席確保をめざす政党は、各選挙区に複数の候補者を擁立する必要があった。他方で有権者は１人の候補者にしか投票できなかったことから、自民党の候補者同士で議席を争う「同士討ち」が発生した。自民党の候補者たちは同じ自民党のライバルに勝つために、個人後援会を組織して自身の支持者を固めるとともに、派閥から公認獲得や政治資金、役職配分等で支援を受けてきた。同士討ちを制するためには政党からの支援では不十分であり、派閥からの支援が不可欠であったのである。他方で、中選挙区制は当選に必要な得票率が比較的低かったことから、同じ選挙区の候補者たちは過度の競争を避けるために、地盤や専門とする政策分野の棲み分けを行っていた。こうして、特定の政策分野での活動に注力する族議員が台頭したと考えられている[30]。

しかし、1996年衆院選から中選挙区制に代わって小選挙区比例代表並立制が導入されて以降、自民党では党首や幹部の主導性が強まり、派閥や一般議員の影響力は低下することになった[31)]。その背景には、党の公認候補となることの選挙上の重要性が高まったことがある。公認候補の最終的な決定者である党首は、党の方針に反旗を翻した議員を公認せず、党の方針に忠実な候補者を擁立することで、反党首派の議員を排除することができる。しかし、中選挙区制期には公認漏れした候補者が無所属で立候補し、（中選挙区制では当選ラインが相対的に低いことから）個人後援会や派閥の力によって公認候補を上回る票を得て当選することは決して珍しくなかったため、こうした手段の有効性は低かった。他方で、各党で１人しか候補者が公認されない小選挙区制では、公認候補だけが選挙区内で党の名前を使用し、党からの資金や選挙運動の支援を受けることができる。また、小選挙区制では有権者が（同一政党内で候補者を選ぶ必要がないため）政党を基準に投票する傾向が強くなるが[32)]、そうした有権者の票の多くは、政党名を名乗ることができる公認候補が得ることになると考えられる（第６章も参照）。このように、小選挙区制の導入によって党の公認を得ることの重要性が高まり、その結果、公認権をもつ党首の主導性が強まることになった。2005年衆院選で、小泉首相の推進した郵政民営化法案に反対した議員を自民党が公認せず、「刺客候補」を送り込んで自民党の大勝に繋げ、同選挙後に郵政民営化法案を可決・成立させたことは、その象徴的な事例と言えよう[33)]。

また、並立制の導入は、族議員や派閥の衰退ももたらしたと考えられる。小選挙区制は中選挙区制に比べて当選に必要な得票率が高いため、選挙区内の一部の有権者から支持を集めても十分でなく、幅広い層からの支持を集められる政策を訴えていく必要が生じた[34)]。こうして、特定の有権者集団からの支持に依存する族議員であることの選挙における有効性は低下することになった。また、小選挙区制の導入によって同士討ちが解消されたことで、各候補者が他の自民党候補より多くの票を得るために派閥からの支援に頼る必要性も低下した。さらに、並立制の導入と同時に政治資金規正が強化されて派閥の領袖による資金調達力が衰え、その一方で、政党助成制度が導入されて党本部が潤沢な資金を抱えるようになったことも、派閥の求心力低下を後押しすることになった。こうした派閥の地位の低下は、総裁が派閥の意向から比較的自由に役職配分を行うことを可能にした。総裁は役職の配分を梃子に一般議員を統制できるようになった一方、役職配分への影響力を弱めた派閥は、求心力をいっそう低下させることになったのである。

自民党の総裁選出に関する制度の変化も、派閥の地位の低下や総裁のリーダーシップ強化と深く結びついていると考えられる。かつての自民党は、国会議員を中心として総裁を選出していたが、2000年代以降の総裁選では党員投票が行われることが一般的になっている[35]。総裁選出における党員投票のウェイトは徐々に高められ、近年では国会議員票と党員投票が同じ割合でカウントされる仕組みが採用されている。そのため、今日の総裁選では、自身の派閥をまとめ、他派閥と連携して国会議員からの支持を固めるだけでは当選は難しくなり、一般の有権者と選好が近い一般党員からの支持を集められることが、総裁の座に就くための条件の1つとなっている。一般有権者からの支持が高い総裁の存在は党への支持を高め、ひいては個々の議員の選挙での当選可能性を高めることに繋がることから、総裁の立場が強まり、政策形成などにおける主導性を高めることになったと考えられる[36]。

政党の一体性と集権性・凝集性

ここまで、自民党を対象として、政党組織の集権化が進んでいることを概観してきた。しかし、並立制導入後、常に党首ら党指導部が派閥や一般議員を抑え、リーダーシップを発揮できたわけではない[37]。2007年参院選に大敗した後に総裁・首相に就任した福田康夫や麻生太郎は政権運営に苦心し、自民党内での求心力も低かった。また、2009年に政権交代を実現した民主党では、菅直人や野田佳彦が推進した消費税率の引き上げをめぐって党内対立が激化し、多数の離党者を出すに至っている。小選挙区制を中心とした選挙制度の下でも、状況によってはむしろ、党首や党幹部の立場が弱まるような場合もある。小選挙区制では党首への評価が有権者の投票基準となりやすく、党首への有権者の評価が高ければ、一般議員が党首に対抗することは得策ではない。しかし、党首が有権者からの支持を失えば、個々の議員が議席を失う可能性が高まることになるから、党内における党首の地位は不安定になる。党内に党首に不満を抱く勢力がいるとき、党首はその権限を行使して一般議員を規律づけるか、反対派議員の意見を取り入れるかを選択しなくてはならないが、党首や政党に対する支持が低いときに前者を選択すると、反対派はより不満を高めて党内対立が激化し、造反の頻発や離党者の発生に繋がりかねないのである[38]。

ところで、政党が一体性を保つうえでは、必ずしも党首や幹部による規律づけに頼る必要はない。もし、党の凝集性が高ければ、すなわち、党内で政策的理念や利益が一致していれば、そもそも党内対立が生じる可能性は低く、対立があったとしても党が割れるほどの激しい対立にはなるとは考えにくい[39]。2012年に政権に復帰して以降、自民党は目立った党内対立を経験していないが、これは、自民党の党首である首相に対する有権者からの安定的な支持があったこともさることながら、安全保障政策や家族政策などの社会問題において、自民党議員の凝集性が（保守化を強める方向で）高まっている[40]ことが寄与しているとも考えられる。

こうした観点から捉えると、民主党とその後継政党が分裂と合流を繰り返しているのは、規律と凝集性のバランスに問題があったためだと理解できる[41]。民主党は並立制導入後の1996年に、社民党とさきがけの一部の議員を中心として結成され、その後、自民党や日本新党、民社党などにルーツをもつ議員が合流することで二大政党の一翼という地位を確立した。こうした経緯から、民主党内には様々な立場をとる勢力が混在し、しばしば「寄り合い所帯」と揶揄されてきた。他方で民主党は、事前審査を経ずに内閣が政策的な意思を決定できる政府・与党の一元化を志向するなど、党首や幹部の意向が反映されやすい組織となっていた。つまり、民主党は政策などで凝集性が低い一方で、党首や幹部が規律を行使できる組織になっていたと言える。ただし、凝集性の低さが常に問題になったわけではない。2009年まで民主党は二大政党制の確立と政権交代の必要性を訴えてきたが、政権交代が第一の目標として党内で共有され、それが実現する可能性が相応にある場合は、寄り合い所帯であることの弊害は露呈しなかった[42]。しかし、政権交代後の政権運営が混乱したことで、また政権を失った後に「一強多弱」となり、政権獲得の可能性が遠のいたことで、凝集性の低さの問題が顕在化することになったと考えられる。民主党に限らず、小選挙区制の下で自民党に対抗するために党の規模を拡大しようとすれば、党内に多様なメンバーを抱えることになる。凝集性が低いなかで党の一体性をいかに確保

✐コラム　政党と党員・支持団体

55年体制期の自民党は、各種の業界団体を介した票と利益の交換関係によって支持者たちと結びついていた。こうした関係は衆院選の中選挙区制によって促進された面があり、並立制導入後は衰退傾向にあるが、選挙制度だけが衰退の要因というわけではない。財政赤字の拡大や経済のグローバル化は、従来のように公共事業や補助金、規制を集票の手段として用いることを難しくした。また、各種の業界団体などへの加入者は1990年代から一貫して減少傾向にあり、55年体制期に比べると、選挙での集票力が大幅に低下していることは否めない（中北浩爾『自民党—「一強」の実像』（中央公論新社、2017年）第５章）。

しかしながら、「風」に左右されない固定層を繋ぎ止めておくことの重要性が失われたわけではない。2012年の政権復帰後に安倍首相が推進したアベノミクスの「三本の矢」のうちの一本は「機動的な財政政策」であり、「国土強靭化」などのために大規模な公共事業投資が行われた。また、自民党の党員数は減少傾向にあるが、それでも2018年末時点で約97万人と、他の政党と比較すれば多くの党員を抱えている。本文でも触れたように、近年の自民党の総裁選では党員投票の実施が定着し、党員票のウェイトが高められているが、これは一般党員に党運営に参画する権利を付与することで、党に繋ぎ止めようとする取り組みだと理解できる（上神貴佳『政党政治と不均一な選挙制度—国政・地方政治・党首選出過程』（東京大学出版会、2013年）第５章）。

加えて、経済的な利益に代わってイデオロギーによる固定層の確立をめざす動きが進んだことも指摘できる。自民党では、2009年に政権を失い、予算配分などの権限を手放した後、伝統的な価値観を色濃く反映した憲法草案を作成するなど、保守政党としてのアイデンティティを確立しようとする動きが活発になった。こうした取り組みが新規党員の獲得などに効果があったかは疑問だが、自民党の右傾化は「草の根保守」を動員するための試みだと理解できよう（中北浩爾『自民党政治の変容』（NHK 出版、2014年）226～241頁）。

するかが、こうした政党に課された課題だと言えよう。

5　政党の今後

今日、有権者と政党を日常的に結びつける媒介は不明確になり、多くの有権者は、選挙の際に党首への評価や政策への態度などを通じて政党と一時的な結びつきをもつに過ぎなくなっているとされる。選挙における競争が政党政治に占めるウェイトが高まり、今日の日本の政党政治を（選挙における支持獲得をめぐる）「市場競争型デモクラシー」と捉える見方もある[43]。また、少子高齢化や経済のグローバル化は政党が提示できる政策的な選択肢の幅を狭め、有権者が選択できるのは「誰が管理者として相応しいか」にとどまっているとも言える。かつて政党の役割は社会と国家を橋渡しする点に見出されていたが、今日、政党は国家の一部という性格を強め、既成政党は国からの政党助成に頼りつつ、談合して新たな政党の参入を拒み、相互に共存を図っているとする見方（カルテル政党モデル）や、民間企業のように政治「市場」（有権者）の需要にあわせてリーダーのイメージや政策を「開発」し、それを売ることで「シェア」（議会での議席率）の拡大をめざしているとする見方（企業政党モデル）もある[44]。

とはいえ、社会に多様な利益や考え方が存在している限り、政治的な決定を行うためには、それらを集約して具体的な政策へと変換していく作業が必要になる。また、誰かが社会における利益や価値観を代表して、それらをめぐる競争や調整を行わなくてはならない。政党のかたちは今後、さらに変化していくであろうが、結局のところ、政党が果たしてきた役割を担う組織は今後も存続せざるをえないと考えられる。今日、政党への懐疑が強いことは否めないが、こうした点もふまえて、わたしたちは政党との向き合い方を考えていく必要があるだろう。

注

1）　たとえば、Dalton, Russell J. and Martin P. Wattenberg（eds.）（2000）*Parties without Partisans: Political Change in Advanced Industrial Democracies*, Oxford University Press を参照。

2）　Müller, Wolfgang C. and Kaare Strøm（1999）*Policy, Office, or Votes?: How Political Parties in Western Europe Make Hard Decisions*, Cambridge University Press.

3）　ジョヴァンニ・サルトーリ（岡沢憲芙・川野秀之訳）『現代政党学―政党システム論の分析枠組み〔普及版〕』（早稲田大学出版部、2009年）、111頁。

4）　サルトーリ・前掲書（注３）。

5）　蒲島郁夫・竹中佳彦『イデオロギー』（東京大学出版会、2012年）第３章。なお、保革イデオロギーは1970年代には福祉・参加・平等といった要素が「革新」に、1980年代には新自由主義的な要素が「保守」に加わったとされる。

6）　中北浩爾『自民党政治の変容』（NHK 出版、2014年）226～241頁。

7）　谷口将紀『現代日本の代表制民主主義―有権者と政治家』（東京大学出版会、2020年）

第３章。

８） セイモア・リプセット／スタイン・ロッカン（白鳥浩・加藤秀治郎訳）「クリヴィッジ構造、政党制、有権者の連携関係」加藤秀治郎・岩渕美克編『政党社会学〔第４版〕』（一藝社、2009年）189～280頁。

９） 三宅一郎『投票行動』（東京大学出版会、1988年）86～89頁。

10） 新川敏光『幻想のなかの社会民主主義―『戦後日本政治と社会民主主義』増補改題』（法律文化社、2007年）第２章。

11） もともと自民党には、政府による経済介入や社会保障の拡充に積極的な勢力（旧日本民主党系）が含まれており、1959年には国民皆年金を、1961年には国民皆保険を実現させていた。

12） 広瀬道貞『補助金と政権党』（朝日新聞社、1981年）、猪口孝・岩井奉信『族議員の研究』（日本経済新聞社、1987年）、小林良彰『現代日本の政治過程―日本型民主主義の計量分析』（東京大学出版会、1997年）などを参照。

13） 宮本太郎『福祉政治―日本の生活保障とデモクラシー』（有斐閣、2008年）第３章。

14） 堤英敬・上神貴佳「民主党の政策―継続性と変化」上神貴佳・堤英敬編『民主党の組織と政策―結党から政権交代まで』（東洋経済新報社、2011年）225～253頁。

15） 谷口・前掲書（注７）第５章。

16） 平野や蒲島・竹中の分析によれば、小さな政府への志向は、保革次元上の保守的な立場の一部に位置づけられるという（平野浩『変容する日本の社会と投票行動』（木鐸社、2007年）第10章、蒲島・竹中・前掲書（注５）終章）。

17） モーリス・デュベルジェ（岡野加穂留訳）『政党社会学―現代政党の組織と活動』（潮出版社、1970年）。ただし、デュヴェルジェの法則は正確には選挙区レベルで成り立つものであり、全国的に２つの政党へと収斂するとは限らない。特に、特定の地域で強い支持を集める政党がある場合は多党制になりやすい。日本では、日本維新の会が大阪を中心とした関西圏で高い支持を得ており、少なくない議席を小選挙区で獲得している。

18） 選挙制度と一党優位制との関係については、Ｔ・Ｊ・ペンペル・村松岐夫・森本哲郎「一党優位制の形成と崩壊」レヴァイアサン臨時増刊号（1994年）13～15頁を参照。

19） 中選挙区制下で候補者が定数＋１人へと収斂する論理は、デュヴェルジェの法則と同様である。なお中選挙区制の場合、当選確実と判断された候補の支持者が、当落線上にいる次善の候補者へと票を移すことも想定される（Cox, Gary（1997）*Making Votes Count: Strategic Coordination in the World's Electoral Systems,* Cambridge University Press.）。

20） 川人貞史・吉野孝・平野浩・加藤淳子『現代の政党と選挙〔新版〕』（有斐閣、2011年）143～147頁。

21） Ferrara, Federico, Erik S, Herron, and Misa Nishikawa.（2005）*Mixed Electoral Systems: Contamination and Its Consequences,* Palgrave Macmillan.

22） Katz, Richard S. and Peter Mair（1993）"The Evolution of party organizations in Europe: the three faces of party organization," *American Review of Politics,* 14, pp. 593–617.

23） デュベルジェ・前掲書（注17）。

24） 各党の党員数は、政治資金収支報告書に記載された党費・会費を納入した人数にもとづく。

25) Kirchheimer, Otto (1966) "The Transformation of West European Party Systems" in Joseph LaPalombara and Myron Weiner (eds.) *Political Parties and Political Development*, Princeton University Press, pp. 177-200.

26) アンジェロ・パーネビアンコ（村上信一郎訳）『政党—組織と権力』（ミネルヴァ書房、2005年）。

27) 西田亮介『メディアと自民党』（KADOKAWA、2015年）。

28) 1955年体制期の自民党組織の特徴に関しては、野中尚人『自民党政治の終わり』（筑摩書房、2008年）第３章や佐藤誠三郎・松崎哲久『自民党政権』（中央公論社、1986年）を、近年の自民党組織の変容と持続性については、中北浩爾『自民党—「一強」の実像』（中央公論新社、2017年）を参照。

29) ただし、「与党」との関係については両者で違いが見られる。小泉が構造改革を推進した際は、経済財政諮問会議など内閣府に設置される重要政策会議を活用し、自民党の事前審査では「与党」と対決的な姿勢をとったが、安倍の場合、党の政務調査会の下に重要課題を検討する総裁直属の機関を多数設置し、党内の議論をリードするスタイルをとった（中北・前掲書（注28）第３章）。

30) 建林正彦『議員行動の政治経済学』（有斐閣、2004年）。

31) こうした議論については、竹中治堅『首相支配—日本政治の変貌』（中央公論新社、2006年）、待鳥聡史『首相政治の制度分析—現代日本政治の権力基盤』（千倉書房、2012年）などを参照。

32) 平野浩「選挙・投票行動—政策本位に変われるか」佐々木毅・清水真人編著『ゼミナール現代日本政治』（日本経済新聞社、2011年）421～469頁。

33) 公認候補の決定に関しては、1990年代後半から主要政党の間で（自民党でも2000年代半ばから）公募方式が広く採用されていることも注目に値する。候補者公募制度については、森本哲郎編『現代日本の政治—持続と変化』（法律文化社、2016年）46頁を参照されたい。

34) Catalinac, Amy (2016) "From Pork to Policy: The Rise of Programmatic Campaigning in Japanese Elections," *The Journal of Politics*, 78 (1) pp. 1-18.

35) 上神貴佳『政党政治と不均一な選挙制度—国政・地方政治・党首選出過程』（東京大学出版会、2013年）第５章。

36) ただし、国会議員票と党員投票の合計で過半数を獲得した候補がいない場合、国会議員による決選投票を行うことになっている。また、党則上、緊急時には党員投票を行わず、国会議員だけで総裁を選出することもできる。2012年の総裁選では、国会議員票と党員投票の合計では２位だった安倍が、国会議員による決選投票で石破茂を逆転して当選している。また、2020年に安倍が辞任した後の総裁選では、国会議員票のウェイトが高い選出方法が用いられ、多くの派閥からの支持を得た菅義偉が新総裁に選出された。このように、総裁選出における派閥の役割は依然として小さくないことには留意する必要がある。

37) 参院議員や党地方組織が、党首や幹部の主導性を制限しているとの議論もある。参院議員や地方議員は、党内での候補者間競争を生じさせ、政党への投票より候補者個人への投票が重要となる選挙制度で選出されており、党指導部から自律的に振る舞おうとする傾向があるとされる（建林正彦『政党政治の制度分析　マルチレベルの政治競争における政党組織』（千倉書房、2017年））。

38）　濱本真輔『現代日本の政党政治—選挙制度改革は何をもたらしたのか』（有斐閣、2018年）第２章。

39）　建林正彦ほか『比較政治制度論』（有斐閣、2008年）153～155頁。

40）　谷口・前掲書（注７）第３章。

41）　民主党の組織のあり方と問題については、『現代日本の政治』2016年、45～47頁を参照されたい。また、民主党政権期の党内ガバナンスを論じたものとして、前田幸男・濱本真輔「政権と政党組織—民主党と党内統治」前田幸男・堤英敬編『統治の条件—民主党に見る政権運営と党内統治』（千倉書房、2015年）３～34頁。

42）　山本健太郎『政党間移動と政党システム—日本における「政界再編」の研究』（木鐸社、2010年）第７章。

43）　中北浩爾『現代日本のデモクラシー』（岩波書店、2012年）を参照のこと。

44）　カルテル政党モデルについては、Katz, Richard S. and Peter Mair（1995）"Changing Models of Party Organization and Party Democracy: The Emergence of the Cartel Party," *Party Politics,* 1, pp. 5-28を、企業政党モデルについては、Hopkin, Jonathan and Caterina Paolucci（1999）"The Business Firm Model of Party Organisation: Cases from Spain and Italy," *European Journal of Political Research,* 35, pp. 307-339を参照。

【堤　英敬】

第2章　利益団体

1　はじめに

現代の大衆社会は、日常生活と政府権力が深く結びついた政治化の時代である。産業化で人々の役割と利益は多様化し、個別利益の実現をめざす多様な利益団体が政治過程に登場した。政府は、それら多様な社会的利益を調整する必要に迫られた[1)]。大衆社会における政治過程は、立法、行政などの公的制度作用というよりも、実質的な「政策形成の過程、いいかえると、上昇過程が社会集団の底辺にまで拡大され、政治権力と社会意志の媒介、社会集団の政治的指向」[2)]の過程となったのである。共通の利益をもつ人々が実際どのように団体を形成するのか、オルソン（Mancur Olson）はフリーライダー論で分析する。すなわち、合理的に自己利益を追求する人間は、他の人々との共通の利益を認識しても、集団活動に参加することなく便益を受けようとする（集合行為問題）。このフリーライダーの存在を防ぐため、利益団体は、強制的な団体加入の仕組み、団体加入者のみへの便益配分の仕組みを用意しなければならない[3)]。いずれにせよ、利益団体の意義は、投票行動とは異なる日常的な政治参加の機会を大衆に与えた点にあり、利益団体研究は「集団・団体を通じての民衆・企業・職能の政治参加や関与を扱うことから、民主主義の視覚を有している」[4)]。

利益団体の主な台頭理由には３つある[5)]。第１は、産業化による社会構造の変化で、特に職業の専門分化で利益競合が激しくなった。血縁、地縁にもとづく伝統的な基礎社会（コミュニティ）の機能が衰退し、目的的結社（アソシエーション）が競合する多元的社会になったのである。第２は、社会構造の多元化による政党政治の機能衰退である。選挙区という特定地域を基盤とする議員、政党政治のみでは、選挙区を超えた利益を代表することが困難になった。地域的代表を通じては包摂されにくい利益の表出を図るアクターとして、利益団体の活動が必要とされたのである。政党にとっても、大衆の組織化、支持拡大を図るうえで、利益団体の利益表出活動に対処することは有用である。何より利益団体のもつ資源（票、資金、動員力など）は魅力的である。20世紀後半には都市問題や環境問題が深刻化し、消費者団体や環境団体などの活動は、既成政党によっては包摂されにくい利益の表出機能を担っている。第３は、福祉国家化、行政国家化により、経済、社会への政府介入が強化されたことで、利益団体にとって政府政策は重大な関心事となった。利益団体は、政府に直接働きかけるようになり、行政官僚にとっても利益団体との接触は、社会の実情を把握し、政策遂行を容易にするうえで有用である。

2　大衆社会と利益団体

利益団体の機能と戦術

利益団体の主要機能には４つある。第１に利益団体は、社会の利益表出機能を果たすことで、政党や議員の地域代表機能を補完している。第２に利益団体は、社会状況に関する情報を政治的決定者に提供する機能を果たしている。これら機能に関連し、第３に利益団体は、公共政策の形成と実施に携わる場合がある。利益団体は、政府の審議会や政党の政策決定機関に参加するなど、自己利益に関係する分野を軸に、広く政策の形成と実施に関与する。NPOと自治体の協働なども含め、利益団体が公共サービスの一翼を担っていることは、利益団体研究の新しい展開を促す。すなわち「各種のボランティア活動、消費者運動、地方自治への住民参加など、既成の政党政治の枠を超えて、利益の表出・集約、情報の相互伝達の機能を果たすネットワーキング型組織の活動や行政参画運動が展開されているが、これらの運動は政治への新しい参入形態を生み[6)]」、ポスト産業社会における政治過程の変容を示している。第４に利益団体は、構成員数や資金力を背景とする示威行動、あるいはマス・メディアを通じ、社会意識にも影響を及ぼしている。利益団体は、自らの意見を「世論」と位置づけ、政治的決定に影響力を行使する[7)]。メディア政治の時代、利益団体にとって、自己の利益が「世論の支持を得ている」と政治的決定者に認識させることは重要である。

利益団体の政治的影響力は、構成員数や資金力、幹部の能力や人脈、世論の支持といった資源のほか、政府との距離、すなわち政策形成過程に直接関与できる「内部（インサイダー）集団」か、そのような立場にはない「外部（アウトサイダー）集団」であるかによって異なる[8)]。

利益団体政治の分析

利益団体の活動には、民主主義の観点から賛否両論がある[9)]。擁護論は、利益団体の国民代表機能を評価する。政府には、利益団体が表出する諸利益の調整が期待される。選挙とは異なり、利益団体活動は日常的である。国民は、利益団体を通じて要求を伝達し、政府権力に影響を与えうる。利益団体の活動は民主主義の充実と安定を促す、というのが擁護論である。批判論は、まさに健全な民主主義を歪めるものとして利益団体活動を把握する。利益団体は、国民全体に責任を負う立場にはないにもかかわらず、個別利益追求のために政治的影響力を行使する。利益団体は政治参加の手段として評価されているが、実際には教育、所得水準が高く、時間的余裕をもつ人々が団体活動に参加する傾向にある。利益団体は社会的エリートが政治過程に参加する手段にすぎない、という批判である。

擁護論には多元主義的観点が看取される。多元主義理論は、社会における権力の分散という点に着目し、国民が政治的決定に影響力を行使しうることを強調する。すなわち、中間集団が実質的に排除され、エリートが独占的に権力を掌握しているという観点を批判する。利益団体活動は、社会における権力の分散を保障する重要な機能を果たしている[10)]。多元主義理論は、広く社会集団の政治的機能を評価し、「普遍性、共同性の観念にまつわる国家の神秘化、他方では法制度、機構論に内在する国家中性化の論理の虚構性を剔抉して国家を集団闘争の政治的ダイナミズムの中へと引き戻しえた[11)]」のである。

20世紀後半、注目を集めたのがコーポラティズム（団体協調主義）理論である。行政国家化で利益団体は政府への圧力活動を強め、特に巨大利益団体は政府の審議会に参加するなど、影響力拡大に努めるようになった。さらに、経済的、財政的危機を克服するため、政府、経営者団体、労働者団体の３者協調体制による重要政策の協議を試みる国も現れた。コーポラティズムとは、巨大利益団体と政府の協議によって重要政策の決定が行われている仕組みをいう。シュミッター（Philippe Schmitter）によれば、その「構成単位は、単一性、義務的加入、非競争性、階統的秩序、そして職能別の分化といった属性をもつ、一定数のカテゴリーに組織されており、国家によって（創設されるのでないとしても）許可され承認され、さらに自己の指導者の選出や要求や支持の表明に対する一定の統制を認めることと交換に、個々のカテゴリー内での協議相手としての独占的代表権を与えられる」[12]。コーポラティズムは、多様な利益団体が競合し、政治的決定者に影響を与える状況とは異なり、特定団体と政府の協議を軸に政治を秩序化する状況をいう。協議には、経営や労働などの頂上団体から代表者が参加する。政府にとって、組織力と集権的構造をもつ頂上団体が協議相手であることは、効果的な政策の決定と実施をめざすうえで都合がよい。協議参加を認められた利益団体は、利益表出の優越的立場を獲得する一方で、政策の確実な遂行を下部団体に徹底するよう、政府から期待される。特に経済的危機の克服、賃金政策の観点からは、労働者団体の協力が重要になった[13]。この利益団体政治の動向をふまえ、従来の多元主義的理解を批判する形でコーポラティズム理論が登場したのである。

3　戦後日本政治と利益団体

利益団体政治の特徴

戦後日本においては、自由民主主義体制への転換と政党政治の復活、経済復興と高度経済成長のなか、利益団体の活動が促された[14]。まずは占領期の民主化、冷戦と講和独立問題をめぐり、経営者団体が保守陣営を、労働者団体が革新陣営を形成した。保革対立の構図は、左右社会党統一と保守合同（自民党結成）を通じ、55年体制期の政治過程を特徴づけた。「革新勢力が安保体制を容認しない以上、自民党政権を死守することは、アメリカ政府とともに日本の財界や官界も含めた保守勢力の絶対的要請であり、それは55年体制の中で自己目的化していった」[15]。内政面では、官民協調型の経済成長路線、自民党政権の長期化とその積極財政路線は、文字どおり政権に要望して現実的利益の獲得をめざすという意味で、利益団体の政治化を促した。利益団体が「積極的に政治過程に進出し政党や官僚に働きかけ『分け前』を奪い取る土俵が設定され」[16]、族議員、官僚、利益団体3者による利益配分政治が展開されることになった。労働者団体も、政府への政策・制度要求、自民党と野党の国対政治を通じ、生活向上をめざした。「本来は革新政党によるべき社会民主主義的政策が戦後の日本においては経済官僚たちによって担われることとなり、経済成長の再配分を求めて革新勢力に結集するべきセクターが行政の裁量のなかで調整されてしまった」[17]。55年体制期の政治過程は保革両陣営のアクターがイデオロギー的に対立しながら、「成長の果実」を求めて競い合うという特徴を示し、実質的には後者の利益配分政治が前者のイデオロギー対立の政治よりも意味をもったのである[18]。

日本の利益団体の特徴については従来、以下の点が指摘されてきた[19]。第1に利益団体は、既存集団を基礎として組織される傾向にある。すなわち、人々が自発的に参加するというよりも、地域社会を母体として農業生産者を組織化した農協や、企業ごとに労働者を組織化し、企業別組合の形態をとる労働組合のように、既存集団の構成員を丸抱えしている。構成員の参加意識が乏しい団体では組織の寡頭制化、すなわち構成員からの統制が指導者に及ばない状況が生じる。第2に利益団体は、保革両陣営の形成に見られるように、政党別に系列化される傾向にある。経済団体連合会（経団連）や業界団体、そして日本医師会や全国農業協同組合中央会（JA 全中）は自民党を支持した。他方、日本労働組合総評議会（総評）は社会党を、全日本労働総同盟（同盟）は民社党を支持した。第3に利益団体は、立法部よりも行政官僚を重要な圧力対象にしている。官僚への圧力活動は、与党と政府が結合する議院内閣制という制度的条件だけでなく、官僚が政策形成を主導してきた明治以降の歴史的条件の所産でもある。官民協調による経済成長の追求という戦後の国家的目標も関係する。55年体制初期、いまだ政党の政策形成機能が弱いこともあり、利益団体は官僚への働きかけを強化した。利益団体は、たとえば天下りの役職を用意することで、官僚との密接な関係構築に専念している。

以上の説明には主として多元主義理論から批判が加えられてきた。「既存集団丸抱え」論はサンプルが少なく、利益団体の全体を捕捉していない。構成員の非自発性は日本に限られた傾向ではない。圧力対象については、官僚だけでなく政党に向けられている点こそ重要である。55年体制期、「政党は行政官僚と同等に圧力活動の対象となっていること、しかも、政策過程への参加拡大を期待する団体（福祉団体、労働者団体、市民団体）はむしろ政党に行く傾向[20]」が実証されている。「既存集団丸抱え」による利益団体の寡頭制化と、政策決定における官僚主導を強調するエリート論的な日本政治の理解を、多元主義理論は批判しているのである。

日本における利益団体の特徴については、自民党１党優位という55年体制の実質を考慮しなければならない。自民党政権の長期化は自民党による利益団体包括化の過程であり、60年代以降、与党事前審査制を軸とする政策決定システムが定着すると、利益団体は自民党の政務調査会、族議員にも積極的に陳情を行うようになった。後援会を通じた議員の地元活動、自民党派閥間の競争も含め、族議員と官僚の活動は、利益団体に多様な利益表出の機会を保障してきたのである。経済界においては、企業や業界団体が独自に族議員や官僚との関係を構築し、経団連は頂上団体としての統合機能を必ずしも果たしてこなかった[21]。経済界は一枚岩ではなく、高度経済成長を経て、業種間や経営者団体間の関係は複雑化した。戦後日本の政治過程は、エリートが一元的に影響力を行使するのではなく、多元性を示してきた。問題は、どのような利益団体が多元的競争に参加しているかである。政権維持をめざす自民党、その資金源、票田である利益団体、関係領域で許認可権限を行使する官僚という３者は「密接で長期安定的な共生関係を築き上げており、標準的なアメリカ型多元主義モデルが想定するよりも、はるかに非競争的・協調的[22]」であった。他方、野党と結びついて革新陣営を形成してきた労働者団体や市民団体は、政府の各種審議会に代表を送りながらも、その影響力は自民党支持団体と比較すれば限定的であった。したがって、日本政治を多元主義理論から理解するにしても、特定の政策領域ごとに自民党、官僚、利益団体の３者が密接な関係を形成していることを考慮しなければならない。

こうして基本的には多元主義理論に立脚しつつ、「パターン化された多元主義」（村松岐夫・クラウス）、「官僚主導大衆包括型多元主義」（猪口孝）、「自民＝官庁混合体によって枠づけられた仕切られた多元主義」（佐藤誠三郎・松崎哲久）など、多元的競争が限定的であることを示すモデルが提起されてきた。また、「小さな政府」をめざす民間大企業労使連合と、「大きな政府」維持を求める政策受益団体の対立に注目した「民間大企業労使連合優位」の多元主義モデル（村松岐夫・伊藤光利・辻中豊）がある。コーポラティズム化を取り上げ、政治過程における労働者団体の影響力の弱さを強調する「労働なきコーポラティズム」論（ペンペル・恒川）、あるいは「デュアリズム」論（新川敏光）なども提起されている。[23)]

経営者団体

以下では経営、労働、農業の領域を中心に、具体的な巨大利益団体について概観する。[24)]

戦後、経営者の全国団体として活動してきたのが「経済（財界）4団体」、すなわち経団連、日本経営者団体連盟（日経連）、日本商工会議所（日商）、経済同友会（同友会）である。いち早く活動を開始したのは、修正資本主義的指向をもつ経営者らが1946年に結成した同友会であったが、その労使対等的な路線の試みは、冷戦や労働運動の分裂によって破綻した。同友会は経営者が個人として参加し、「一企業や特定業種の利害を超えた幅広い先見的な視野」（同友会HP）に立つ活動を謳っている。一方、同友会と同年に結成されながら、当初はGHQ／SCAPの占領政策に配慮する必要があったのが経団連である。「財界の総本山」と称された経団連は大企業や業界団体を組織し、「財界総理」との異名をとった会長職も、歴代その多くを製造業種の経営者が務めてきた。造船疑獄と吉田茂内閣退陣で政界が揺れるなか、経団連は55年1月に企業献金の窓口として経済再建懇談会（のちに国民政治協会）を設立し、同年11月に実現する保守合同を支えた。経団連は、企業や業界から自民党への政治資金のパイプを構築し、影響力の強化を図ったのである。経団連は企業の生産性向上をめざして70年代以降、経済自由化路線、行政改革を自民党政権に要求した。81年、鈴木善幸内閣が設置した第2次臨時行政調査会の会長には土光敏夫経団連名誉会長（石川島播磨重工業）が就任した。[25)] 自民党政権は、79年衆院選で一般消費税導入構想をめぐって敗北したこともあり、歳出削減を先行させる本格的な行革に着手せざるをえなかったのである。この「増税なき財政再建」路線は鈴木内閣、つづく中曽根康弘内閣において推進され、3公社の民営化などが行われた。日経連は48年に「経営者よ正しく強かれ」という有名な宣言を示して発足し、労働運動対策を主目的としていたことから「財界労務部」と呼ばれた。日経連は冷戦を背景に、革新陣営に最前線で対抗する役割を果たしつつ、製造業部門における生産性向上運動など、企業経営の自由を基礎とする労使協調路線を定着させた。経団連、日経連、同友会が大企業の利益を代表する傾向があるのに対し、地域における中小企業や商業の利益代表を期待されているのが日商である。日商の起源は明治期に遡る。戦後、経団連の傘下におさまったが、大企業利益を指向する経団連と対立し、52年に独立した。

2002年、経団連と日経連が統合され、日本経済団体連合会（日本経団連。初代会長は奥田碩トヨタ自動車会長）が発足した。この団体再編には90年代以降の諸変化が関係する[26)]。第1は、バブル景気崩壊後の不況で企業収益が悪化し、財界活動への出費が負担となり、第2は、労使協調路線の定着と冷戦の終焉によって、両団体が分立している意義が薄れた。第3は、歴代政権による構造改革が本格化するなか、財界としても統一的に政策提言を行う必要性が高まったのである。日本経団連は、経団連時代から引き続き「日本の代表的な企業」（日本経団連 HP）や業界団体、地方別経済団体から構成され、税制、社会保障、防衛産業などの政策委員会を設置している。奥田の後任会長には06年、経団連時代も含めIT 業界からは初となる御手洗冨士夫（キヤノン）が就任した。近年は会長選出が難航し、本命候補の辞退がつづいているという[27)]。

労働者団体

戦後、労働のナショナルセンターとしては、総評（1950年結成）と、総評から脱退した右派勢力の同盟（64年結成）が競合した。官公労が主流派の総評は社会党・総評ブロックを形成し、春闘や政治闘争を指導して革新陣営の中核を担った。同盟は民間労組が主流派となり、反共産主義、賃金の経済整合性の路線を推進し、民社党・同盟ブロックを形成した。民間労組は経済低成長期、企業の生産性維持のために強硬な賃金引き上げ要求を抑え、官公労の政治闘争への批判を強めた。一方、75年の「スト権スト」などを展開し、世論の批判も受けた総評は、民間労組主導による労働運動統一の動きに抗しきれなくなった。全体として労働運動は穏健化し、民間労組は経済実態に見合う現実的利益の享受を求め、政府に対する政策・制度要求に力を入れるようになった。与野党関係としての国対政治は、国会制度や70年代の与野党伯仲という条件だけでなく、社会党や民社党の支持基盤である労働運動の変化からも把握できよう。

80年代には民社党、同盟が行革に協力するが、これは、自民党政権による公社民営化、特に国鉄の分割民営化が社会党、総評の基盤を弱めるものだったからである。官公労は「左翼的なスローガンにもかかわらず、階級的利益の代表であるどころか、狭い自己の既得権を擁護しようとする集団とみなされ[28]」、政権や財界、民間労組やマス・メディアから批判された。82年、総評と同盟などに分属する民間労組が全日本民間労働組合協議会（全民労協）を結成した。87年には同盟と全国中立労働組合連絡会議（中立労連）が解散して全日本民間労働組合連合会（民間連合）が結成され、89年11月、ついに総評が解散してその多くが民間連合に合流し、日本労働組合総連合会（連合）が誕生した。その初代会長の山岸章は全国電気通信労働組合（全電通）の出身である。冷戦が終結し、政治改革問題や竹下派の内紛で自民党政権が動揺してくると、山岸会長は自民党の小沢一郎元幹事長らと接触し、連合が支持しうる連立政権樹立に向けて動いた。連合にとって、55年体制の動揺と崩壊は政治的影響力拡大の好機であったが、総評系と同盟系の諸労組混成という組織的な特徴は、現在も連合の活動を制約しつづけている。

連合の傘下には、全国繊維化学食品流通サービス一般労働組合同盟（UA ゼンセン）、全日本自治団体労働組合（自治労）、全日本自動車産業労働組合総連合会（自動車総連）といった産別組織などがあり、加盟組合員数は約700万人である（20年。連合 HP）。しかし、この組合員数は雇用労働者の約12％で、他のナショナルセンターである全国労働組合総連合（全労連）、全国労働組合連絡協議会（全労協）も含めると、労組全体の推定組織率は約16.7％である（厚生労働省19年調査）。49年の推定組織率は約55.8％であったが、83年には約29.7％で3割を切り、2003年には2割を切って約19.6％となった。影響力の基本的リソースは組織力であるが、連合は現在、この約12％という数値への対応を迫られているのである。

農業者団体

頂上団体としては、土地改良区系の全国土地改良事業団体連合会、農業委員会系の全国農業会議所が挙げられる。特に事業領域や構成員数などの観点からは、農業協同組合（JA）が最大規模の団体である。農協は1947年公布の農業協同組合法を根拠とするが、戦前の産業組合や農会を統合した農業会を引き継いだ組織である。[29] 農協は多様な事業を全国、都道府県、地域の系統組織で展開してきた。主な事業としては、農産物販売や資材流通などの経済事業を全国農業協同組合連合会（JA 全農）、銀行業にあたる信用事業を農林中央金庫（農林中金）、保険業にあたる共済事業を全国共済農業協同組合連合会（JA 共済連）が担っている。地域を事業エリアとする農協のうち、信用事業を兼営するものを総合農協という。50年代には１万以上あった総合農協は次第に合併されていった。

54年の法改正により全国農業協同組合中央会（JA 全中）が系統組織を指導、代表することとなった。農業の近代化や所得増大を目的とした農業基本法のもと、農協は事業規模を伸ばし、地方自治体とともに関連施策を展開した。生産者数や生産額の割合が高かった米については、政府や自民党に生産者米価の引き上げを求めて実現し、高度経済成長期における農村への所得再分配機能を担った。「鉄とコメの同盟」のもと、政権党たる自民党に対して農業者団体は多数の票を提供し、さらに政府審議会に参加して有利な農業政策を誘導することができたのである。[30]

生産調整（減反）が実施されながらも米価の維持を重視し、また輸入自由化に反対する農協に対して、財界やマス・メディアは批判を続けた。自民党内にも財政再建や貿易自由化を考慮する農林族が現れる。ただし、55年体制下では基本的に、農協コーポラティズムや農政トライアングルと捉えられるJA、自民党農林族、農林水産省との相互関係をもとに、多数の小規模兼業農家を意識した保護策が講じられ、抜本的な政策変更は進まなかった。[31]

4　政権交代と利益団体

政権交代を迎えるなかでの利益団体の政党への関与、政府方針への対応を概観する。日本経団連と JA 全中に着目するが、民主党政権期は連合の動向も考察する。

55年体制崩壊

自民党との関係が深い利益団体は、93年に細川護熙内閣が発足し、対応の見直しに直面した。このなかで経団連は、細川内閣の方針に協力する。平岩外四経団連会長（東京電力）は首相の私的諮問会議である経済改革研究会に参加し、福祉、労働、農業など多分野の規制緩和を提唱した。また、財界には従来の自民党支持から転じることへの反発もあったが、93年９月には政治献金の斡旋中止を表明した。[32)]

94年に村山富市内閣が発足し、経団連は規制緩和等を要望した。橋本龍太郎内閣においても六大改革の策定に加わったが、再び与党の座を占めた自民党との関係修復が課題であった。経団連は95年、自民党の献金再開の求めに応じる形で、93年衆院選の借金返済の分割を受容した。98年参院選では比例区に財界出身候補の擁立を課せられる。結果的に当選したが、献金斡旋の再開には至らなかった。

農政では、細川内閣期に関税及び貿易に関する一般協定（GATT）交渉が合意され、米のミニマム・アクセスを受入れた。食糧管理法に代わる95年施行の食糧法では米の流通規制が緩和され、99年の食料・農業・農村基本法制定により「旧農業基本法で条文中に明記されていた農協の役割は完全に姿を消し、農協を他の農業団体と同等に扱う姿勢が明確になった[33)]」。ただし、94年には村山内閣のもと約６兆円のウルグアイ・ラウンド対策が決定されており、農業団体を重視する側面は残されていた。

90年代半ばには、住宅専門金融会社に融資していた金融機関がバブル崩壊によって不良債権を抱えたが、住専７社への貸付割合のうち約４割をJAグループが占めていた。JA側に約１兆円の負担を求める処理策が政府内で検討された。一方、選挙を意識した自民党農林族が大蔵省に減額を要求したこともあり、95年12月、JAの信用事業を念頭に6850億円の公的資金導入が閣議決定され、負担が軽減されることとなった。[34)]

構造改革

小泉純一郎内閣は、構造改革を掲げ、新自由主義的政策の推進を企図した。その司令塔に位置する経済財政諮問会議には４人の民間有識者が参加し、財界からは奥田碩日経連会長（トヨタ自動車）と牛尾治朗前同友会代表幹事（ウシオ電機）が加わった。2002年の日本経団連への統合後も奥田がメンバーに名を連ねる。

日本経団連は03年1月の「活力と魅力溢れる日本をめざして」にて、さらなる経済構造改革や東アジア諸国との連携などを提唱した。また、改革の推進と実現に向けて政治献金斡旋再開を方針とし、04年から再開された。日本経団連が各党の重要政策を5段階で評価し、企業や業界団体は評価を参考に献金する。図表2―1では会長職企業と主な業界団体による献金額を示している。自民党の政策評価が民主党よりも高く、08年度までの加盟企業の献金額は自民党が20億円台、民主党が1億円台で推移した[35]。小泉内閣の看板政策である郵政民営化について、日本経団連は積極的に支持した。05年衆院選を経て、新会社が07年10月に5社体制で発足している。他方、小泉内閣と財界首脳との意見衝突も見受けられた。たとえば、04年の年金改革において、日本経団連は消費増税による対応を提言したが、採用されなかった。また、首相の靖国神社への参拝など近隣諸国問題をめぐって意見の相違もあった。

農政分野では、米の生産調整に関する多額な補助金が問題視され、食糧庁で

図表2―1　国民政治協会への献金額推移（2001～09年）

	01年	02年	03年	04年	05年	06年	07年	08年	09年
新日本製鐵	4000	2500	2000	2500	2500	2800	4000	3000	2000
トヨタ自動車	6440	6440	6440	6440	6440	6440	6440	6440	6440
キヤノン	―	―	―	―	―	4000	5000	5000	5000
日本自動車工業会	8040	8040	8040	8040	8040	8040	8040	8040	8040
日本鉄鋼連盟	9000	8000	8000	8000	8000	8000	8000	8000	8000
日本電機工業会	7000	7000	7000	7700	7700	7700	7700	7700	7500
団体寄付額	30.8	25.5	26.3	27.0	26.9	27.9	30.8	28.8	22.5
政党交付金総額	145.3	151.6	153.9	155.3	157.7	168.4	165.9	158.4	139.8

出所：各年分の「政治資金収支報告書の要旨」、「政党交付金使途等報告の概要」、総務省HP（https://www.soumu.go.jp/senkyo/seiji_s/index.html）をもとに内田作成。
注1：企業、業界団体の献金額は万円単位、国民政治協会の団体寄付額と自民党への政党交付金総額は億円単位。
注2：国民政治協会は自民党の政治資金団体であり、55年に財界によって設立された経済再建懇談会を前身とする。61年の国民協会を経て、75年に現名称となった。企業・団体献金については、中北浩爾『自民党―「一強」の実像』（中央公論新社、2017年）181-227頁も参照。

の議論を経て、02年12月に米政策改革大綱が決定された。具体的に大綱では、国（農水省）が生産調整の配分を主導していたのを、08年度に農業者と農業団体を主体とすることなどが示された。JA 全中は､生産調整が不徹底となること、過剰生産による米価下落を懸念し、国の配分廃止に反対した。国が需給見通しを示すことになったが、いずれにせよ、農政にも構造改革が反映されつつあったのである。

JA グループの政治組織である全国農業者農政運動組織連盟（全国農政連）は参議院比例区に候補を擁立する。ただし、04年には組織候補が落選した。80年参院選全国区における大河原太一郎（元農水官僚）の約113万票での当選を考えると、集票力の衰えが目立つ。利益団体の組織票の減少には、小選挙区制の導入に加えて次の要因が考えられる[36)]。第1に都市化の進行と共同体の崩壊である。JA については農家の高齢化や減少、兼業農家と専業農家間の意見相違があり、組織動員が困難になった。第2に行財政改革の進行であり、00年代に公共事業が削減され、それに依存していた兼業農家からの支持獲得が難しくなりつつあった。

小泉内閣以後、日本経団連からは、第1次安倍晋三内閣と福田康夫内閣にて御手洗冨士夫会長（キヤノン）、麻生太郎内閣にて副会長の張富士夫（トヨタ自動車）と三村明夫（新日本製鐵）が経済財政諮問会議に選ばれた。日本経団連は07年1月の「希望の国、日本」にて経済連携協定（EPA）の拡大や道州制の推進などの方針を示している。しかし、格差拡大といった改革の弊害が指摘されるようになり、労働政策では財界が求めていたホワイトカラー・エグゼンプ

図表2―2　参院選比例区における全国農政連推薦候補

	01年	04年	07年	10年	13年	16年	19年
候補者	福島啓史郎	日出英輔	山田俊男	―	山田俊男	藤木眞也	山田俊男
得票・結果	16.6万 当	11.8万 落	44.9万 当	―	33.8万 当	23.6万 当	21.7万 当
正組合員数	520万	504万	487万	470万	454万	434万	―
准組合員数	379万	401万	446万	489万	550万	599万	―
総合 JA 数	1347	952	867	754	738	691	649

出所：農林水産省「総合農協統計表」、「農業協同組合等現在数統計」、『読売新聞』をもとに内田作成。

ションの導入が見送られた。[37]

農政について、07年に導入された品目横断的経営安定対策は、補償対象を一定規模以上の農家などに限定した。一方、07年参院選で民主党が掲げた戸別所得補償制度は規模要件を設けず、参加希望の販売農家を対象とし、一人区での議席拡大に貢献した。[38] 参院選での自民党敗北と米価下落を受けて、政府米の買入増加、品目横断的経営安定対策の規模要件の緩和、生産調整への行政の関与継続といった方針転換がなされたのである。全国農政連は比例区に官僚OBではなく、前JA全中専務理事の山田俊男を擁立した。獲得票数は回復したが、第一次産業就業者の自民党への得票率低下が分析されている。[39]

民主党政権

連合は1993年の細川内閣に参画するも、90年代後半、支持政党は新進党、社会党（社民党）、旧民主党と複数に及んでいた。98年に新たに民主党が結成され、連合はその民主党を基軸に支持するようになる。参議院比例区には産別組織が候補を立て、2001年以降、官公労では自治労や日本教職員組合（日教組）、民間では自動車総連や全国電力関連産業労働組合総連合（電力総連）の組織候補が連続当選している。

連合は90年代、自民党政権下の行政改革にも参画していたが、[40] 民主党政権誕生によって首相や官房長官と定期的に会談し、国家戦略室に新成長戦略実現会議が設置されると委員に就くことになった。傘下の労組においては各省の政務三役や官僚との接触が増えたほか、審議会への参加頻度も高まった。三浦まりによると、連合が求めた政策のうち実現したものに、均衡待遇の推進や非正規労働者の雇用保険の適用拡大、最低賃金引上げといった労働政策が挙げられる。[41] その他、高校授業料無償化といった教育、子育て政策や東日本大震災への対応が成果として示されている。

一方、日本経団連は鳩山内閣期、新成長戦略実現会議の委員から排除された。政治献金については、09年10月に政策評価の中止を宣言し、10年３月には斡旋を取りやめた。もともと民主党への献金は少額であったうえに、民主党は企業・団体献金の廃止を掲げており、献金を通じた政策実現が期待できなかったのである。

民主党は09年４月提出の農協法等改正案で農業・漁業団体の政治的中立性を遵守させようした。「自民党の選挙基盤として作用する農協組織を解体し、農政改革の障害となりうるものをとりのぞくことに狙いを定めた」のである[42]。農林予算が削減されたほか、JA 全中と農水相との初会談が10年９月であったように時間を要した。10年参院選にて全国農政連は、比例区に自民党から立候補予定だった組織候補の推薦を取り消し、選挙区での対応を地方組織の判断に委ねた。河村和徳は業界団体の自主投票方針に関して、「二大政党時代の先行きが見えないことへの対応であるとともに、組織内の亀裂を顕在化させない１つの方策であったとみなすことができる[43]」と分析する。

連合が課題とする政策として、11年の公務員制度改革では、国家公務員の給与を平均7.8％削減するのと同時に、協約締結権の回復を目指す予定であった。しかし、給与関連法案のみの成立に終わっている。東日本大震災後、政府は脱原発を掲げ、連合も賛成した。ただし、電力総連は原発建設を推進してきた経緯があり、連合内での意見一致には至らなかったのである。連合は民主党支持を堅持しながらも、政策方針の相違や次第に増す民主党内の対立に苦言を呈するようになる。

日本経団連では、10年５月に米倉弘昌（住友化学）が旧財閥系企業でありながら会長となり、菅直人内閣の新成長戦略実現会議と野田佳彦内閣の国家戦略会議に加わった。日本経団連が評価、期待する政策としては、法人減税や社会保障と税の一体改革、環太平洋経済連携協定（TPP）への加入検討などがある。一方、六重苦と表現される、円高、重い法人税・社会保険料負担、TPP の遅れ、柔軟性に欠ける労働市場、行き過ぎた温暖化対策、電力供給不足が財界にとっての課題であった[44]。

TPP は交渉分野が関税や保険制度など横断的であったことから、JA グループや日本医師会、一部の生協組織などが共同して反対集会を開催した。JA 全中は11年10月、首相官邸に約1167万人分の署名を提出している。民主党内でも意見が調整されるも、農林議員を中心に反対意見が表明され、政府は参加を延期した。しかし、民主党政権が交渉に前向きであったことは、12年衆院選での自民党勝利の要因になったと考察されている[45]。

自公政権復帰

第２次以降の安倍内閣は内閣府の諮問機関を積極的に活用した。経済財政諮問会議に長谷川閑史同友会代表幹事（武田薬品工業）と佐々木則夫日本経団連副会長（東芝）、産業競争力会議に新経済連盟（新経連）から三木谷浩史会長（楽天）が参加したが、米倉会長は選ばれなかった。米倉は政権復帰前に安倍の金融緩和策やアジア認識を問題視し、関係が悪化していたという[46]。14年６月には会長職企業としては規模が大きくないものの、榊原定征（東レ）が日本経団連会長に就任し、14年９月の政治献金への関与再開決定、経済財政諮問会議への参加がなされた。18年５月就任の中西宏明会長（日立製作所）は未来投資会議の議員も務めた。ただし、企業にとって負担となる献金については財界内で消極意見があるほか、自民党にとっては政党交付金の比重が圧倒的に高い。資金源としての財界の重要性は低減しつつあるといえよう。

JA は参院選で山田の再選、JA かみましき前組合長の藤木眞也の当選を導いた。農政連組織による自民党農林幹部への献金も行われている[47]。しかし、JA 出身議員は TPP や JA 改革に際して、取りまとめを担う農林幹部に該当していなかった。参院選では、獲得票数が減少傾向にある。このような集票機能の弱体化は、政府や自民党における JA の存在感を薄めさせ、農政改革が推進される要因に位置づけられよう。

利益団体の政策対応について、日本経団連は19年10月の「主要政党評価」に

図表２―３　国民政治協会への献金額推移（2010～18年）

	10年	11年	12年	13年	14年	15年	16年	17年	18年
住友化学	2000	2000	2500	3600	3600	3600	3600	3600	3600
東レ	―	―	―	―	4000	5000	5000	5000	3000
日立製作所	1400	1400	1400	2850	2850	2850	2850	2850	5000
日本自動車工業会	6030	6030	6030	8040	8040	8040	8040	8040	8040
日本鉄鋼連盟	4000	4000	4000	6000	6000	8000	8000	8000	8000
日本電機工業会	5000	5000	5000	7700	7700	7700	7700	7700	7700
団体寄付額	13.8	13.2	13.7	19.5	22.1	22.9	23.2	23.9	24.5
政党交付金総額	102.6	101.1	101.5	150.5	157.8	170.4	174.3	176.0	174.8

出所：図表２―１に同じ。

て、安定的な長期政権や政策推進を高く評価した。実際、EPAが進展し、原発稼働も継続している。ただし、労働政策では課題が残った。[48] 日本経団連と日商は16年8月に働き方改革実現会議に参加し、裁量労働制の拡大や脱時間給制度といった規制緩和を求めた。実現会議には神津里季生連合会長（基幹労連）も加わり、残業時間の上限規制、同一労働同一賃金といった規制強化を要望していた。

18年6月成立の働き方改革関連法では、脱時間給制度が条件付きで年収1075万円以上の一部専門職に19年4月から、同一労働同一賃金が20年4月から導入される。残業時間については、年間720時間、繁忙月100時間未満の上限で決着された。一方、裁量労働制は見送られ、日本経団連は早期導入を求めている。連合では、逢見直人事務局長（UAゼンセン）が政府と脱時間給制度を協議し、17年7月に条件付きで容認した。最終的に反対に転じ、神津会長が混乱の責任から辞意を表明したが（後に続投）、官邸が労働政策を主導するなか、連合の政権との距離のとり方は定まらなかったのである。

農政改革も推進された。[49] 13年に産業競争力会議は米政策の見直しを提言し、18年度から生産調整への国の関与がなくなり、農業団体による自主的調整に移行した。[50] 13年からはJA改革も議論された。規制改革会議は14年5月に中央会制度の廃止を提言し、自民党農林幹部、政府、JA全中の協議で、中央会制度の自律的な移行を目指す与党案が集約された。さらに規制改革会議は11月、法改正による中央会廃止と監査機能是正を求めた。准組合員の利用規制は見送られたが、19年5月までのJA全中の一般社団法人化、監査部門の分離、都道府県中央会の連合会への移行が15年2月に決定した。[51] 16年にはJA全農改革が焦点となる。規制改革推進会議では11月、1年以内の事業転換や改革未達成の場合の新組織設立が意見された。ここでも急進案は回避されたが、JA全農が19年5月までに事業転換を進め、それを政府と与党が定期検討するという農業競争力強化プログラムが決定された。

決定過程に関しては農政トライアングルによるJAの意向重視と関係性の希薄化が考察されている。JA全中改革についてマルガンは、三者協議で自律的な改革策が決定されたことから、JAの主張が取り入れられたとみる。一方、農林族には改革や官邸との協調を図る幹部が増え、農水省も官邸に従属し、

✐コラム　JA のアウトサイド戦術

利益団体のロビイング活動は二分類される。「インサイド戦術とは政治的アクターに働きかけるものであり」、「政党や議員を対象とする政治・立法ルートと、官僚や行政職員を対象とする行政ルートに分けられる」。一方、「アウトサイド戦術は世論一般やマスメディアといった政治体外のアクターに働きかけるもの」で、「一般に周囲の目をひくものが多い」（山本英弘「利益団体のロビイング―3つのルートと政治的機会構造」辻中豊・森裕城編『現代社会集団の政治機能―利益団体と市民社会』（木鐸社、2010年）217頁）。

JA 全中は、自民党や農水省との関係からインサイド戦術に特化していると考えられるが、積極的に世論にもアピールしてきた。GATT 交渉が本格化すると、91年に東京ドームで5万人、翌年には国技館で1万人規模の集会を開催し、米の市場開放阻止を訴えた。TPP 問題においても、11年秋の JA 全中と9団体の集会に6000人が参加し、機関誌（日本農業新聞）で出席議員の発言が紹介された（Mulgan, Aurelia George (2015) "To TPP or Not TPP : Interest Groups and Trade Policy", in Aurelia George Mulgan and Masayoshi Honma (eds.) *The Political Economy of Japanese Trade Policy*, Palgrave Macmillan）。自公政権復帰後も集会のほか、与党議員に慎重派議員連盟への加入を促したが、強硬な反対運動は交渉の調整を図る自民党農林幹部の反発を買い、JA 改革推進のきっかけになったという（日本経済新聞2014年6月12日朝刊を参照）。

萬歳章（JA 新潟中央会）会長の辞任後、15年8月に選出された奥野は集会に否定的で、改革派との雑誌対談などを含め、政策対話を重視した。しかし、JA 全農改革の集約段階で急進案が提示されると撤回するべく、16年11月、二階俊博自民党幹事長ら与党幹部を招いた緊急集会を開催した。出席者数は90年代より少ない1500人であり、集会でも「奥野はあくまで対話にこだわった」（読売新聞経済部『ルポ　農業新時代』（中央公論新社、2017年）71頁）というが、狙いを定めた集会開催によって最終内容が定まった。アウトサイド戦術は構成員への情報周知にも有効だが、方法によってはコストを要し、新型コロナウイルスの影響で大規模運動には困難も予想される。

JA の主張が重視されなくなった。[52] JA 全農改革では非農林族の小泉進次郎が農林部会長を務め、農水省では改革派の奥原正明経営局長が事務次官に着任した。JA 全中の奥野長衛会長（JA 三重中央会）が改革派と向き合うなか、JA 全農の中野吉實会長（JA 佐賀中央会）が政府案に反発したように、グループ内での方針の違いがみられた。その後、農林部会長は JA 鹿児島中央会出身の野村哲郎が務め、JA 自己改革も一定の評価を受けている[53]。

第２次以降の安倍内閣は長期間に及んだが、それにより利益団体の行動や政策対応が55年体制期のようにパターン化したのではない。自民党政権でありながら、官邸主導体制のもと、官邸に近い閣僚や官僚を中心とした重要政策の形成が顕著となった。同時に、政策の論議や質については不十分さも指摘される[54]。本章で扱った団体に限っても、会員の多様化や減少、政治運動の見直しなど取り組むべき課題がある[55]。とはいえ、変動が著しい政治、経済、社会環境のなかであるからこそ、利益団体には各界を代表し、洗練された政策へと転換していく役割が求められるだろう。

注

1） Wilson, G. K. (1990) *Interest Groups*, Basil Blackwell, pp. 1 -37, 上林良一『圧力団体論』（有斐閣、1976年）、内田満『アメリカ圧力団体の研究』（三一書房、1980年）、同『内田満政治学論集２　政党・圧力団体・議会』（早稲田大学出版部、2000年）、三宅一郎・山口定・村松岐夫・進藤榮一『日本政治の座標』（有斐閣、1985年）212頁、山川雄巳『政治学概論〔第２版〕』（有斐閣、1994年）378～393頁、辻中豊編『現代世界の市民社会・利益団体研究叢書Ｉ　現代日本の市民社会・利益団体』（木鐸社、2002年）16～27頁、久米郁男・川出良枝・古城佳子・田中愛治・真渕勝『政治学』（有斐閣、2011年）469～471頁、佐藤俊一『政治行政学講義』（成文堂、2004年）65～80頁、小西秀樹「政治過程の諸相」大塚桂編『政治学へのいざない〔第２版〕』（成文堂、2008年）参照。

2） 上林・前掲書（注１）106頁。

3） マンサー・オルソン（依田博・森脇俊雅訳）『集合行為論―公共財と集団理論』（ミネルヴァ書房、1983年）、森脇俊雅『社会科学の理論とモデル６　集団・組織』（東京大学出版会、2000年）を参照。

4） 辻中豊『現代政治学叢書14　利益集団』（東京大学出版会、1988年）４頁。

5） 石田雄「わが国における圧力団体発生の歴史的条件とその特質」日本政治学会編『年報政治学　日本の圧力団体』（岩波書店、1960年）、上林・前掲書（注１）８～34頁を参照。

6） 間場寿一「日本政治へのプレリュード」同編『講座社会学９　政治』（東京大学出版会、2000年）６頁。中間集団については、佐々木毅・金泰昌編『公共哲学７　中間集団が開く公共性』（東京大学出版会、2002年）を参照。

7） 岡田直之『世論の政治社会学』（東京大学出版会、2001年）３～45頁を参照。

8） 大嶽秀夫『現代日本の政治権力経済権力』（三一書房、1979年）169～201頁、村松岐夫・伊藤光利・辻中豊『戦後日本の圧力団体』（東洋経済新報社、1986年）26～41頁を参照。

9） 山川・前掲書（注１）384-386頁、佐藤・前掲書（注１）71-73頁を参照。なお、批判論としてのロウィによる「利益集団自由主義」については、森本哲郎編『現代日本の政治―持続と変化』（法律文化社、2016年）、第２章「コラム　利益団体と民主主義」を参照されたい。

10) 村松岐夫・伊藤光利・辻中豊『日本の政治〔第２版〕』（有斐閣、2001年）第４章を参照。しかし、社会に分散している権力が競争的であるか否か、「団体競争の性質と範囲というものは、当該政策領域で変わるし、政策形成者自身の態度とリソースで変わるだろう」（Ａ・ボラン／Ｆ・ミラード（宮下輝雄監訳）『圧力団体政治』（三嶺書房、1997年）10～11頁）。多元主義理論は集団利益の重要性を説くが、コーポラティズム理論も「国家とのパートナーシップに組み込まれた職能的利益が、ともかく最も重要な利益であるという暗黙の価値判断に基礎を置いている」（ボラン／ミラード・前掲書、28頁）。

11) 中野実『現代国家と集団の理論』（早稲田大学出版部、1984年）378頁。

12) Ｐ・シュミッター／Ｇ・レームブルッフ（山口定監訳）『現代コーポラティズムⅠ』（木鐸社、1984年）34頁。コーポラティズムについては、村松ほか前掲書（注10）第４章、山口定『現代政治学叢書３　政治体制』（東京大学出版会、1989年）238～269頁、石田徹『自由民主主義体制分析―多元主義・コーポラティズム・デュアリズム』（法律文化社、1992年）の主として39～63頁を参照。

13) イギリスにおける三者協議制については、小西秀樹「マクミラン保守党政権と労働組合」法学論集45巻６号（1996年）、同「『トーリー・デモクラシー』と労働組合―ヴォランタリズムと『三者協議制』」法学論集49巻５号（1999年）を参照。

14) 片桐新自「政治過程における組織と運動」間場編・前掲書（注６）を参照。村松らは、日本における利益団体の台頭について、政治的イシューの循環の観点から説明する。①セクター団体の復活と形成は国家の基本制度的政策（防衛と治安、経済政策、労働問題）が争点となった60年までの時期に対応する。②60年代には政府は、経済成長によるパイの配分をめぐって政策受益団体（農業、中小企業）の意向を受け入れ、分配、規制政策に乗り出した。③70年代、都市部有権者の支持獲得をめぐって与野党の競争が激しくなり、所得再配分政策（福祉政策、環境政策）が政治的イシューとなった。これに対応して福祉団体が増加した（村松ほか・前掲書（注８）278～279頁）。

15) 鵜飼孝造「ナショナル・ポリティクスの構造変動」間場編・前掲書（注６）237頁。

16) 辻中・前掲書（注４）62頁。

17) 鵜飼・前掲論文（注15）234頁。

18) この点は自民党の包括政党化をめぐる問題でもある（小林久高「政治意識と政治参加の動態」間場編・前掲書（注６）を参照）。「巨大な社会変動に応じて叢生する多様な利益集団を吸引し支持団体に編入することに、自民党がかなりの程度成功し」（佐藤誠三郎・松崎哲久『自民党政権』（中央公論社、1985年）108頁）、70年代前半まで友好団体を増加させつづけた。自民党政権下、省庁の許認可行政などで保護された組織利益は「既得権」として機能した。利益団体の「既得権」維持指向は、必然的に現体制の維持へと作用した。この状況は、利益団体活動が多元的政治過程を保障するという多元主義理論の妥当性をめぐる議論に関係する。自民党と業界、中小企業の関係については渡部純『企業家の論理と体制の構図』（木鐸社、2000年）を参照。

19) 石田・前掲論文（注５）を参照。

20) 三宅ほか・前掲書（注１）217～218頁。

21) 大嶽・前掲書（注８）を参照。

22）　佐藤・松崎・前掲書（注18）165頁。

23）　Muramatsu, M. and E. Krauss（1987）“The Conservative Policy Line and the Development of Patterned Pluralism,” in K. Yamamura and Y. Yasuba（eds.）*The Political Economy of Japan*, Vol. 1, Stanford University Press, 1987.　猪口孝『現代日本政治経済の構図』（東洋経済新報社、1983年）、佐藤・松崎・前掲書（注18）153～172頁、村松ほか前掲書（注８）、T・J・ペンペル／恒川恵市「労働なきコーポラティズムか」シュミッター／レームブルッフ・前掲書（注12）、新川敏光『日本型福祉の政治経済学』（三一書房、1993年）を参照。

24）　各団体のプロフィールは当該団体の公式 HP を参照。経営については、古賀純一郎『経団連』（新潮社、2000年）、菊池信輝『財界とは何か』（平凡社、2005年）、安西巧『経団連』（新潮社、2014年）、労働については、五十嵐仁『政党政治と労働組合運動』（御茶の水書房、1998年）、法政大学大原社会問題研究所編『日本の労働組合100年』（旬報社、1999年）を参照。労働運動における官民対立などについては、久米郁男『日本型労使関係の成功』（有斐閣、1998年）、同『労働政治』（中央公論新社、2005年）を参照。農業については、戦後日本の食料・農業・農村編集委員会編『農業団体史・農民運動史』（農林統計協会、2014年）を参照。

25）　経済界における自由主義、行政改革と経団連の関係については大嶽秀夫『行革の発想』（TBS ブリタニカ、1997年）27～50頁を参照。

26）　読売新聞2000年４月20日朝刊（「財界リストラ時代　経団連と日経連、高まる統合機運」）を参照。なお、1990年代以降、2009年の政権交代までの経営者団体および労働者団体の動向については、森本編・前掲書（注９）62-66頁も参照されたい。

27）　日本経済新聞2010年１月24日朝刊（「異例ずくめ、遅れた人選」）、2014年１月26日朝刊（「財界地殻変動１　疎まれる『総理』のイス」）を参照。

28）　大嶽・前掲書（注25）230頁。

29）　農協の組織化は、石田・前掲論文（注５）を参照。近年の研究として、佐々田博教『農業保護政策の起源―近代日本の農政　1874～1945』（勁草書房、2018年）。

30）　フランシス・ローゼンブルース／マイケル・ティース（徳川家広訳）『日本政治の大転換―「鉄とコメの同盟」から日本型自由主義へ』（勁草書房、2012年）75～104頁を参照。

31）　田代洋一『農業・食料問題入門』（大月書店、2012年）、山下一仁『農協の大罪』（宝島社、2010年）を参照。

32）　この期の経団連については、菊池・前掲書（注24）、古賀・前掲書（注24）を参照。

33）　増田佳昭「農協の多面的性格と農協の進路」同編『制度環境の変化と農協の未来像』（昭和堂、2019年）43頁。

34）　佐伯直美『住専と農協』（農林統計協会、1997年）、朝日新聞1996年２月15日朝刊、読売新聞1996年９月10日朝刊を参照。

35）　日本経済新聞2010年３月10日朝刊を参照。

36）　Maclachlan, Patricial L.（2014）“The Electoral Power of Japanese Interest Groups : An Organizational Perspective,” *Journal of Asian Studies*, Vol.14, No.3, pp. 441–443.

37）　五十嵐仁『労働再規制』（筑摩書房、2008年）を参照。ホワイトカラー・エグゼンプション制度は、年収900万円以上の一部事務職（企画や調査など）を対象とした。労働時間の規制から外し、成果重視の働き方の定着を目指したが、超過勤務の懸念や休日勤務の場合でも手当てが出ないことから、「残業代ゼロ法案」との批判を受け、政府は導入を断念した。

38) 磯田宏・品川優『政権交代と水田農業―米政策改革から戸別所得補償政策へ』(筑波書房、2011年) 12～28頁を参照。

39) 今井亮佑・蒲島郁夫「なぜ自民党は一人区で惨敗したのか」中央公論2007年10月号を参照。

40) 久米・前掲書 (注24)『労働政治』を参照。

41) 連合の成果と課題は、三浦まり「民主党政権下における連合」伊藤光利・宮本太郎編『民主党政権の挑戦と挫折』(日本経済評論社、2014年) を参照。

42) オーレリア・ジョージ・マルガン (龍和子訳)「農業利益団体」猪口孝編『現代の日本政治』(原書房、2013年) 167頁。

43) 河村和徳「利益団体内の動態と政権交代」日本政治学会編『年報政治学　政権交代期の「選挙区政治」』(木鐸社、2011年) 36頁。

44) 菊池信輝『日本型新自由主義とは何か』(岩波書店、2016年) 201頁を参照。

45) Mulgan, Aurelia George (2013) "Farmers, Agricultural Politics, and the Election," in Robert Pekkanen, Steven R. Reed and Ethan Scheiner (eds.) *Japan Decides 2012*, Palgrave Macmillan.

46) 安西・前掲書 (注24) 34～43頁を参照。

47) 城下賢一「農協の政治運動と政界再編・構造改革・自由化――一九八〇年以後の農協農政運動団体の活動分析」宮本太郎・山口二郎編『リアル・デモクラシー―ポスト「日本型利益政治」の構想』(岩波書店、2016年)、同「規制改革の政治力学―自民党農政と対農協関係」阪野智一・近藤正基編『刷新する保守―保守政党の国際比較』(弘文堂、2017年) を参照。

48) 働き方改革については、菊池信輝「安倍政権の社会・労働政策と経営者団体」、大原社会問題研究所雑誌715号 (2018年)、澤路毅彦・千葉卓朗・贄川俊『ドキュメント「働き方改革」』(旬報社、2019年) を参照。

49) この期の農政改革については、内田龍之介「農協改革とEPA対策―農業成長産業化の政治過程」政策創造研究12号 (2018年)。

50) 政権交代前後の米政策と決定過程については、濱本真輔「農業政策―政権交代がもたらす非連続的な米政策」竹中治堅編『二つの政権交代―政策は変わったか』(勁草書房、2017年) を参照。

51) 指導、監査制度の見直しにより賦課金が徴収できなくなり、中央会の運動スタイルの変容が想定された。ただし、農協法の付則でJA全中の代表、総合調整機能が規定された。また、「都道府県の中央会は、依然として強制的に賦課金を徴収できる法律上の権限を持つ。都道府県の中央会は全中の会員なので、都道府県の中央会が集めた賦課金は従来通り、全中に流れていく」(山下一仁『TPPが日本農業を強くする』(日本経済新聞社、2016年) 278頁) と考察される。

52) Mulgan, Aurelia George (2016) "Loosening the Ties that Bind : Japan's Agricultural Policy Triangle and Reform of Cooperatives (JA)," *Journal of Japanese Studies*, Vol.42, No.2.

53） 農水省は19年９月、自己改革を評価した（農水省 HP「農協改革の進捗状況について」を参照）。中家徹 JA 全中会長（JA 和歌山中央会）は20年７月に再選し、自己改革の継続や農業所得増大に注力する意向を示している。

54） 飯尾潤「政策の質と官僚制の役割―安倍内閣における『官邸主導』を例にして」日本行政学会編『年報行政研究　政策論議の健全性向上を目指して』（ぎょうせい、2019年）、Mulgan, Aurelia George（2018）*The Abe Administration and the Rise of the Prime Ministerial Executive*, Routledge.

55） 日本経団連には巨大 IT 企業が加入し、また、ベンチャー企業の参加を想定する。中西会長は「経団連が各業界の利益を代表する形で政府への政策提言をまとめることは、もう意味がない」（読売新聞経済部『検証　財界』（中央公論新社、2020年）42頁）と述べるように、産業構造変化のなかでの指導力を模索する。JA に関しては、総合 JA の合併が進み、組合長には金融事業に詳しい実務精通者が増えた。代わりに、選挙や農政運動に熱心な政治家タイプの幹部が減っているという（吉田忠則『逆転の農業』（日本経済新聞社、2019年）16～29頁を参照）。連合では加入率減少や非正社員増加といった課題がある（非組合員向けの取り組みについては、篠田徹「ソーシャル・ガバナンスと連合労働運動」宮本・山口編・前掲書（注47）を参照）。支持政党は17年衆院選前の民進党分裂で一本化できなくなった。19年参院選では立憲民主党、国民民主党から分かれて組織候補を擁立した。

【小西秀樹・内田龍之介】

第3章 「新しい政治」からカウンターデモクラシーへ

1 はじめに

「新しい政治」の登場と変容

政治学における「新しい政治」には明確な定義がない。それは、経済問題へ主な関心を抱く旧来の政治の「否定」から生じた概念ゆえの曖昧性である[1]。だが「新しい政治」を語る場合、多くはイングルハートが指摘した脱物質主義にもとづく政党の台頭と市民運動を念頭に置く[2]。貧困と大戦の体験にもとづく物質主義の主張とは、経済成長と国防強化である。他方、経済成長と冷戦の体験にもとづく脱物質主義の主な主張とは、環境保全・男女同権・反戦・反核・自由権である。イングルハートの研究対象は主に欧米だが、一部に日本など東アジアを含む。マズローの心理学、そして各国での長期的な世論調査にもとづく実証を備えた研究は、1990年出版の続編とともに現在なお「新しい政治」を語るうえで示唆に富む[3]。そこで、2節ではイングルハートの議論を検討する。

他方、現在の市民運動を語るうえでイングルハートの議論は3点の限界がある。第1は、運動の理念と主体、および方法と関わる。すなわち、その議論は**第1章**が扱う保守・革新のイデオロギーと「新しい政治」の関係、およびイデオロギーを帯びる政党と「新しい政治」の関係に偏る。この結果、投票以外の政治参加や政党不信に根ざす市民運動、およびイデオロギーや政党と無関係の市民運動の検討が不十分である。したがって、投票以外の場で政治エリートに異議申し立てを行う「カウンターデモクラシー」と呼ばれる政治参加、および政治運動との境界が曖昧な市民運動については、社会運動論を含む考察を要する。

第2は、運動の争点と関わる。現在、経済・国防・人権に関してイングルハートの前提とした社会状況が損なわれつつある。当然、この変化に備えた政策の多くは経済・国防に関わる点で物質主義と直結する。すると、政策に反対する市民運動も物質主義が争点となる。同時に、脱物質主義の争点とされてきた人権に関しても物質主義との関係が生じる。たとえば、国防を目的として人権を制約する有事対策法制は、物質主義と脱物質主義の争点をともに含む。

第3は、運動の契機と関わる。イングルハートが想定する「新しい政治」の下での市民運動は、脱工業社会の到来に伴う問題の解決に消極的な政府への批判を契機とした。だが近年は、継続的な政策の負の側面が突発的な事件を機に表面化する、または政策が一線を越えた際に負の側面も表面化することで運動を招く場合が多い。つまり現在の運動の多くは、イングルハートが前提とした社会状況を積極的に損なおうとするかに見える政府への反発とも言える。

社会運動論から見た「新しい政治」のなかの市民運動

翻って、市民に対する政府の弾圧や原発事故など突発的な要因を除き、脱物質主義にもとづく市民運動を促す要因としてイングルハートが挙げる点は、現在の市民運動についても妥当する。その外的要因とは、メディアの発達と組織への所属である。また心理的要因とは、政治に対する知識や有力感である。ただし、メディアの発達と心理的要因については情報と教育の環境の改善が運動に必要な政治への理解を招くと考えられる一方、組織への所属については評価が分かれる。ここで組織とは、政党・労働組合・宗教団体のほか各種の市民団体を含む雑多な概念である。組織は構成員を効率的かつ継続的に動員する点で運動を促す一方、組織を越えた運動の発展や新しい価値意識の表出を導きがたい。

組織への所属が市民運動に与える複合的な影響に関してイングルハートは考察が不足するほか、メディアの発達が与える影響についても詳しい言及がない。他方、心理的影響については世論調査にもとづき紙幅を割いており、イングルハートが重視する実証上の独立変数は、価値観を中心とする政治意識と言える。

後述するオルソンの著作をはじめ、運動における組織の機能を扱う分野は社会運動論である。同時に社会運動論は、運動に携わる組織の内外での意思疎通や運動参加者層の拡大におけるメディアの機能に大きな関心を抱く。したがって、現在のカウンターデモクラシーを論じる際は、社会運動論の知見を要する。

そこで、3節ではロザンヴァロンが唱えるカウンターデモクラシーの概念と社会運動論の系譜を検討する。組織の長短をめぐる3節の議論を経て、4節では組織の運用とも関わるメディアの機能を検討する。5節では、近年の日本における「新しい政治」のなかの市民運動を概観する。

2 「静かなる革命」

自己実現理論と政策選好

マズローの「自己実現理論」によると、人間の欲求は生存に最低限必要な生理的内容から始まり、自身のめざす姿を実現するまで5段階を順次発展していく[4)]。その際、前段階の欲求を充足してはじめて次の段階の欲求が生じる。同理論にもとづき、イングルハートは市民の価値観の指標を開発した。具体的には、12点の政策から重要な政策を順に2点、および最も重要でない政策1点を世論調査で問う。その政策とは、「経済成長の維持」・「物価上昇の回避」・「経済の安定」・「防衛力の確保」・「国内秩序の維持」・「犯罪の取締まり」・「政府に対する市民の発言権の拡大」・「職場と地域社会における市民の発言権の拡大」・「人格を尊重する社会の実現」・「言論の自由の保護」・「金銭よりも思想を重視する社会への発展」・「自身が住む町や故郷の環境の美化」である。以上を順に3点ずつ区分したうえ、各々を「生存と関わる欲求」・「安全と関わる欲求」・「集団に属する欲求、および集団における自身の尊重を願う欲求」・「知的好奇心と美的感覚の欲求」と位置づける。この4点の区分は低次から高次の欲求へ序列化され、さらに前二者の欲求を自己実現理論での「生理的欲求」、後二者の欲求を「社会的欲求と自己実現的欲求」へ区分する。同時に、生理的欲求は物質主義、他方で社会的欲求と自己実現的欲求は脱物質主義にもとづく欲求と考えた。

脱物質主義の台頭

イングルハートの調査によると、1970年代の欧米諸国の国民にとって物質主義はなお重要である。一方、若年世代では脱物質主義を重んじる傾向が現れた。同時にイングルハートは、この価値観の変化、および政治参加に必要な知識・関心の増進や政治不信の増大に伴い生じた政治参加形態の変化を指摘する。つまり、政党・労組・宗教団体など寡頭支配型の既存組織がエリートへの市民の支持を動員する「エリート指導型」から、市民自身が政策決定において積極的な役割を果たそうとする「エリート対抗型」への変化である。

社会の根底で徐々に進行するこの価値観と政治参加の変化を、イングルハートは「静かなる革命」と呼ぶ。この革命の要因として、イングルハートは5点を挙げる。第1は、工業従事者が過半を占める工業化社会からサービス業従事者が過半を占める脱工業社会への移行という、ベルが指摘した産業構造の変化である。ベルによると、この変化に伴い理論的知識を重視する新型のエリートが所属組織を越えた普遍的な利益をめざす[5)]。イングルハートは、この新たな価値観を脱物質主義と捉えた。第2は経済成長である。所得と福祉の向上が「生存と関わる欲求」を満たしたので、より高次の欲求が現れると考える[6)]。第3は平和の実現である。大戦を経験しない世代は「安全と関わる欲求」を満たしたので、より高次の欲求が現れると考える。第4は、第1・第2の変化と関連した高等教育の普及である。この影響は複雑であり、政治参加に必要な関心と能力の涵養、権威・教条・自国第一主義から自由な価値観の涵養、および高位の社会経済的地位にもとづく交流関係という複数の内容を含む。第5は、技術革新に伴うマスコミの発達である[7)]。この結果、旧世代の価値観は不変のまま次世代に継承されがたくなるとともに、政府にとって不都合な情報が流布する[8)]。

脱物質主義は、階級とイデオロギーにもとづく伝統的な政党政治にどのような影響を与えるか。前段に記す要因から、脱物質主義を抱く年代は若年層であり、また年齢層にかかわらず豊かな階層に偏る。すると、従来は保守政党を支持した高所得者層のなかに革新政党の支持層が生じる。また、脱物質主義に反発する労働者層が物質主義の主張を再確認するために保守政党を支持するなどの反作用が生じる。つまり、脱物質主義は階級にもとづく政治対立を弱化させる[9)]。

翻って、2つの主義を区別できる欧米の傾向は日本に妥当しない。1976年の日本での調査に鑑み、1990年の続編でイングルハートは西欧との差異を指摘する。日本の場合、「経済の安定」を重視する割合が最も高い一方、「経済の成長」を重視しない。また、「経済の安定」に続き「調和のとれた人間関係」を重視する一方、「職場での人々の声の反映」を重視しない。むしろ、「調和のとれた人間関係」に続き「自分たちの町や村の環境保全」を重視する。イングルハートの分析によると、日本では戦争による貧困の記憶が残る一方、絶対的な給与水準よりも退職まで働ける安定した職場環境が重視される[10]。また、「職場での声の反映」は総意を重んじる伝統的な規範に基づき既に達成されている一方、同じく日本的な規範に基づく「調和のとれた人間関係」は常に重視されるという。つまり、日本人は西洋人と比べて物質主義が弱く見えるが、これは脱物質主義の台頭ではなく前工業化社会の名残と言える。

3　政治参加と市民運動

イングルハートの政治参加論

イングルハートによると、階級対立の弱化と既存の権威への疑念を伴う脱物質主義の台頭、高等教育の普及とマスコミの発達が招く政治的な知識・関心の増進、そして政治不信の増大が、物質主義にもとづく政党・労組・宗教団体など旧来の組織の動員力を奪う。その結果、「エリート対抗型」政治参加が増す[11]。「エリート対抗型」政治参加の例として、イングルハートは署名・デモ・不買運動・交通妨害・建物占拠などを挙げる。これらの行動に対する是認または参加の意図、そして脱物質主義の傾向を測る調査が1974年に欧米４か国で行われた後、同一対象者に対して行われた1980・1981年の調査の結果、「エリート対抗型」政治参加に対する是認または参加の意図が強いほど、また脱物質主義の傾向が強いほど、最近10年間に複数の「エリート対抗型」政治参加を経験していた。そして西ドイツ・オランダと比べ、アメリカでは脱物質主義の傾向が比較的弱い場合にも「エリート対抗型」政治参加の傾向が現れている。この事情につきイングルハートは、公民権運動やヴェトナム反戦運動を通じた抗議経験の普及を挙げる。その後、80年代の同国で抗議運動が低調な理由として戦争に比肩しうる政治的な出来事の不在を挙げる点は、後述の社会運動論における政治的機会構造論に沿う[12]。そしてイングルハートが想定する「エリート対抗型」政治参加の主体は、旧来の組織と比べて階層性が弱く、かつ特定争点へ関心を集中するために一時的に形成される集団である。

カウンターデモクラシー

階級対立の弱化、旧来の組織が備える動員力の低下、そしてマスコミの発達が「エリート対抗型」政治参加を導くという指摘は、カウンターデモクラシーを語るうえで現在あらためて注目される。ロザンヴァロンは、議会外の抗議活動を招いた先進国の民主主義の問題点を２点指摘した[13)]。約20年前に現れたという問題点の第１は、階層や社会集団への帰属を通して捉えられぬ個人の増加を背景に、政党が労働者・商工業者など特定の社会集団の利益を代表できなくなった点、第２は議会が熟議の場でなく政府への賛否を論じる場と化した点である。その結果、与党は政府を支持すべき理由を、野党は政府に反対すべき理由を社会に説明するのみなので、市民は政党が社会の利益を代表するという感覚を失う。そこでロザンヴァロンは、NGO やメディアによる政府の監視、およびデモなど選挙以外の手段による政府への牽制をカウンターデモクラシーと呼び、代議制の補完としての必要性を訴えた。そして、選挙は代表としての正統性を政治体制に与える一方、カウンターデモクラシーは政府の実践に関する正統性への不信を通じて政治体制を試す点で両者は民主主義の両輪だと指摘する。他方、この20年間の西洋政治を論じるダルグレンによると、グローバル化に伴い中央・地方政府ともに可能な政策の幅が限定されたので、民主主義の下に達成可能な事項も厳しく制約されるようになった[14)]。この結果、政治への有効性感覚や信頼を失った市民に担われたNGO 活動や社会運動が台頭した。

本章は、公的制度の内外を問わず投票以外で市民の意見を政治へ反映させようとする活動のうち、陳情・献金など政治過程への個別の接触を除く活動であり、かつエリートへ異議を申し立てる活動をカウンターデモクラシーと呼ぶ。この定義は、イングルハートにおける「エリート対抗型」政治参加に該当する。イングルハートの政治参加論は、階級対立の弱化と価値観の変化が投票以外の政治参加へ与える影響を量的調査にもとづき論じる点に希少な価値がある。投票以外の政治参加を量的に把握する研究として、ヴァーバらは1966～1971年に７ヵ国で政治参加に関する世論調査を試みた。参加の形態に関する因子分析の結果、投票、選挙活動、地域活動、私的な問題をめぐる政治関係者への個別接触という４次元が析出した[15)]。また、日本での1987年の調査にもとづく同様の因子分析では、投票、選挙運動、地域・住民運動という３次元が析出した[16)]。このうち、カウンターデモクラシーは地域活動や住民運動の範疇に属す。

政治参加の類型論を除けば、政治学でのカウンターデモクラシーの研究は理論と実証の両面で近年に至るまで低調であった。その背景として山田は、「政治過程への影響が限定的である」・「非制度的な参加の測定は難しい」・「世論調査を行える国が限られる」との点を挙げる[17]。この結果、非制度的な活動は政治学ではなく社会運動論の対象とされた。また山田は、社会運動の非合理性や情動性が政治学において民主主義を脅かすと思われていた事情を挙げる。山田は、環境保護運動やフェミニズム運動が政治参加と社会運動の両方の性格をもつと認めつつ差異も指摘する。つまり、後者が現状の変革を企図する一方、前者は必ずしも変革を意図しない。したがって、カウンターデモクラシーを論じるためには社会運動論の知見を要する。

4　社会運動論

組織と環境

ロザンヴァロンが指摘した階層や社会集団にもとづく結束の弱化を前提とすれば、この結束にもとづくカウンターデモクラシーへの動員も困難が伴う。すると、オルソンの指摘した問題が生じる[18]。つまり、活動成功時の利益が公共財ならば、合理的かつ利己的な個人は金銭や時間など活動参加の費用を負担せず利益のみ得ようとする。この結果、皆が参加すれば成功する活動であっても、成功に必要な規模の参加者を得られず失敗する。

鈴木によると、オルソンの指摘した問題に対する1970年代以降の社会運動論の応答は３点の系譜をもつ[19]。第１に、資源動員論は資金や労力など活動に必要な資源を提供する個人の動機に着目する。そして、活動組織との連帯感や活動目的への共感にもとづき自発的に参加する個人への着目は組織の重要性へつながる点で、専ら個人を分析単位とする従来の説に修正を迫った。第２に、政治的機会構造論は活動を促す組織外の状況を重視する。政治制度や政治主体の布置状況など長期的状況と、政党制の変化や政府の弾圧など短期的状況が念頭に置かれ、史実にもとづく政治環境への考慮を特徴とする。第３に、「新しい社会運動」論は女性・障碍者など弱者の権利保護や、環境保護など生活に即す活動へ着目する。活動を通じた価値観の普及、および参加者自身の自我関与の確立をめざす点でオルソンの主張における合理性を超越する。脱物質主義と重なる主張を掲げる点にも特徴があり、経済成長を遂げた平和な社会で残された課題への幅広い市民の共鳴を期待する。

組織外の環境に注目する政治的機会構造論に対して、組織内の参加者の動向に注目する残り2つの理論は、組織の利点にもとづきオルソンの指摘した問題を克服する方向性で一致する。参加費用の低下、自我関与の共有、抗議活動の通知を含む参加者間の通信費用の低下、リーダーの存在などが組織の利点である。またローゼンストーンらによると、家族や知人が組織に加わる場合、賞罰の両面で参加への圧力が増す[20]。つまり、参加に必要な情報を得る費用が減る一方、参加を怠る費用が増す。この結果、一般人にとって日常生活と関連の薄い政治知識をあえて得ようとしない合理的無知を克服する。同時に、必要な時間的・経済的負担および政治知識の量が嵩むために参加者が社会経済的地位の高位者に偏るとされるデモや請願などの活動について、その負担が組織への所属により減るので社会経済的地位が高位でなくても参加が可能となる。

運動の日常化

他方で運動参加者の増加は、参加者間の異質性の増大や意思疎通の不足を招く。この問題に対処する概念として、ハンフレアらの提起した「ライフスタイル運動」を挙げられる[21]。同運動は、「社会変化の一手段としてのライフスタイルの選択」・「自我関与の重視」・「拡散的な運動の構造」の３点を特徴とする。同運動は、菜食・スローフード・リサイクル・フェアトレードなど個人的なライフスタイルの普及が文化的な規範に関する社会変化を招くと考える。つまり、国家・社会への政治的・組織的・一時的・直接的な異議申し立てではなく、緩やかな紐帯で結ばれた個人の文化的な価値観の継続的な表明を内容とする。ただし、社会変化を目指す点で単なる自己表現の希求と異なる。

ライフスタイル運動は組織や抗議活動を中心としない点で強力な動員を欠くが、組織の維持費用を要しない。また政治的機会を捉えた隆盛を欠くが、状況に左右されない。自発性と日常性に基づき運動は無理なく継続される。そして理念に共鳴した家族や友人の参加を通じ、運動は新たなアイデアと援助を得る。

この非公式のネットワークが組織に代わる運動の構造を与える。

特定のライフスタイル運動の理念と重なるカウンターデモクラシーに対してライフスタイル運動の参加者を動員できれば、動員の拡大を見込める。たとえば、ライフスタイルとしてのフェミニズムや環境保護を支持する者は女性解放運動や反核運動の抗議活動に参加しうる。またカウンターデモクラシーの停滞期には、それらの参加者の逃避地となる。つまり融通性に富むライフスタイル運動は、カウンターデモクラシーにとって運動エネルギーの貯水池となる。

運動の非日常性

オルソンと異なる前提に基づき、運動への参加の動機を考察した政治学の研究もある。カムは、アメリカでの抗議活動や請願について「一定数の参加者を得れば目標の利益を実現できる」ではなく「参加しても政治変化の生じる確率はとても低い」という前提の下、活動の参加理由を世論調査から解明した[22)]。この際、先進国での活動参加に伴う危険性は金銭・時間・心理に関する内容に限られるという前提の下、新奇性や興奮を求める態度が参加を導くと仮定した。そして、日ごろ成功のために危険を冒す程度にもとづき危険選好度を測り、各種の政治参加の履歴と将来の予想を尋ねた。すると、危険を好むほど投票・寄付を除くすべての政治参加に関する将来の参加可能性が高く、また政治集会への参加履歴を有しやすい。ただしカムは、動機が行動を導く際の資源・機会の必要性を指摘する点で危険選好度にもとづく将来の参加予想の限界を認める。

平和安全法制についての抗議活動が活発化した日本に関して、飯田はカムと同様の前提でデモの有効性についての有権者の認識へ与える危険選好度の影響を論じた[23)]。2016年1月の世論調査によると、「虎穴に入らずんば虎子を得ず」という諺への同意が強い有権者ほどデモの有効性を高く評価した。

カムは、先進国の抗議活動と請願に限定したうえで参加要因として危険選好という心理的変数を設けた。活動目的の実現性にかかわらず参加する理由を動機に求める点で、この危険選好は「新しい社会運動」論での自我関与と役割が似る。だが、カムの説での動機が危険を冒す行為自体に伴う満足感である一方、「新しい社会運動」論での動機は価値観の社会への普及である。この結果、資源・機会の制約から動機が実現を阻まれるとのカムの説と、資源・機会の制約を動機により超克する「新しい社会運動」論の差異が生じる。

5　ソーシャルメディア（SM）の活用とカウンターデモクラシー

マスコミの限界

マスコミ報道は、後続する抗議活動への影響を通じて活動の展開を左右する。1960〜1970年代の都市暴動や公民権運動の拡大に対するテレビの普及の影響が例である[24)]。またイングルハートの指摘どおり、マスコミは政治参加に必要な知識のみならず政府に不利な内容も含め情報を伝えるのでカウンターデモクラシーを準備する。ただし、受け手の人数でインターネットを凌ぐマスコミだが、影響に限界も伴う。第1に、報道に中立性を求める公的規制がある場合である[25)]。第2に、自身に不利な報道を行うマスコミに対し、エリートが取材拒否などの私的制裁を科す場合である[26)]。第3に、政府がマスメディアを統制する場合である。民主主義国家の場合も、政権の意に沿わぬ公営放送局へ予算や人事を通じた介入がありうる。第4に、マスコミが自身の経営資源と報道基準に制約される場合である[27)]。2004・2005年にノースカロライナ州の環境保護団体と地方紙を分析した研究によると、「活発な広報活動」・「大きな動員力」・「地方経済との関連」・「活動を正当化する専門性と道徳性」・「マスコミの社屋との地理的な近接性」などをもつ組織・運動が記事として扱われやすい[28)]。

第1から第3の場合、カウンターデモクラシーの圧力を免れたいエリートによる監視が、扱う事実の選択と解釈の自由をマスコミから奪う。第4の場合、一定の規模をもち、マスコミの志向に沿う活動でなくては報道対象より外れる。ロングらは、中国政府の腐敗、台湾独立などの争点に対する香港のマスコミの自己検閲の程度などを2013年に香港市民へ尋ねた。その結果、自己検閲を認識する程度が大きなほど民主主義を重視するウェブニュースの閲覧頻度が増す点、またウェブニュースの閲覧頻度が増すほど中国・香港政府への抗議デモへの参加頻度が増す点を発見した。マスコミが市民の求める情報を報道しない場合、市民がインターネットでの情報入手へ向かう結果、SMが市民の行動へ影響する可能性も増す[29)]。

SMの特徴

マスコミとの比較において、カウンターデモクラシーと関わるSMの特徴を7点挙げられる。第1に、関心ある情報を検索できる。第2に、Twitter（TW）でのフォロワーやFacebook（FB）での友達など日常的な交流にもとづき情報への信頼が生じる。第3に、情報を送受信できるので、周囲の目を恐れる個人が対面での不満表明に自己検閲を課す結果としての多元的無知を克服する。第4に、情報を即座に送受信できる。第5に、情報の保存・転送が容易なので情報が広範囲に伝播しやすい。第6に、音声・動画など多様なメディアを扱えるので用途に応じた形態を選べるうえ、印刷物と比べて送信時の経済性が高い。第7に、情報量にかかわらず送受信可能なので時間・紙幅に制約されない[30)]。

以上の特徴を勘案すると、マスコミにないSMの最大の機能として使用者同士の交流にもとづく意見の形成作用を挙げられる。つまり、マスコミが扱わぬ内容をも含む争点や意見の提起と議論にもとづき、使用者が自身の意見を強化するのみならず変更する可能性も生じる。

カウンターデモクラシーにおけるSMの利用

SMの特徴の複合的な作用が、オルソンの指摘した問題を解く理論の実現を促す。資源動員論と「新しい社会運動」論の双方について、組織内での意思疎通や情報収集の費用を減じる。また、SMでの長期的な交流にもとづき連帯感や理念への共感が養われる。さらにライフスタイル運動に関して、SMでのライフスタイルの発信はメディア上の知人を通じた運動の普及のみならず、発信者の自我関与を増す[31)]。そして運動に適した政治環境が生じた際、状況を逐一伝達するとともに適宜行動を呼びかけるSMが政治的機会構造論の実現を促す。加えて、SMは運動への資金援助を促す。

殊にカウンターデモクラシーの主体となる社会集団の弱化を前提とした研究は、SMの役割を評価する。ベネットによると、社会集団の弱化により個人主体へ変化した抗議活動をSMが集団化へ導く[32)]。ベネットは、「多様な視点や争点を含む寛容な包括性」・「一体感を得やすい包括的なフレーミング」・「SM上の個人的ネットワークを介した運動」という3条件にもとづく政治を「個人化された政治」と呼ぶ。そして指導者や組織がない場合も、「個人化された政治」

にもとづく密なネットワークが新たな組織形成や各自の意見表明を可能にするという。ただし既存組織に依存しない場合も、通常は大規模な抗議活動の際に主催者が存在する。伊藤によると、SM を通じた「デモの主催者による計画の提案」・「参加者の意見に基づく計画の修正」・「参加者によるデモ情報の発信」を通じて参加者の自我関与が増す。[33)]

組織に属さぬ個人のカウンターデモクラシーへの参加は、SM が伝える他者の行動に触発された場合の研究が進んでおり、しばしば SM の拡散性に伴う「情報カスケード」に注目する。情報カスケードとは、他者の下す決定の観察が可能な状況で各人が連続的に決定を下していく様子を指す。つまり、抗議活動の展開に関する情報の伝播に基づき活動への参加が連続的に生じる。福祉削減への反対から2011年にスペインで生じた M15運動、そしてウォール街占拠を対象とする研究では TW と FB への投稿数と街頭活動の参加者数の間に経時的な関係が見られ、情報カスケードにもとづく参加が生じていた。[34)]

SM の限界

組織が前提の資源動員論では、SM の機能自体ではなく機能を十全に利用する組織力こそ評価される。実際、組織に依存しないカウンターデモクラシーへの SM を通じた参加、あるいは組織の SM を通じた勧誘にもとづく組織内外からの動員を論じる際、動員の継続性と確実性、また活動に対する自我関与の形成に関して SM の副次的な役割のみ認める研究も多い。

SM による動員の有効性を疑う理由として、参加に伴う危険に鑑みた議論が多い。マーセアは、インターネットにもとづく社会運動の支持基盤の多様化と複雑化により運動組織の境界が不明瞭となり、一時的な参加者を含む組織へ変容する現象に注目した。[35)] 活動参加に伴う危険が組織外からの参加の有無に関わるとの仮説を掲げるマーセアは、危険性が低い運動としてルーマニアでの2007年の環境保護フェスタを、危険性が高い運動としてイギリスでの2008年の地球温暖化阻止キャンプを対象に調査を行った。[36)] その結果、フェスタとキャンプの参加者の各々10%・87%が活動組織の構成員であった。これまで環境問題と無縁な幅広い層の参加をめざすフェスタではインターネットを通じた構成員の勧誘にもとづく組織外からの参加が主であり、インターネットは主催者と参加者を結ぶ中心的な役割を果たした。他方、キャンプの参加者のFB利用率は１％未満に過ぎず、構成員はインターネットで知人を勧誘したにとどまる。つまり、いずれも既存の運動家ネットワークを通じた動員をインターネットが強化していた。また、いずれもインターネットを通じて組織外から参加した者は環境運動家の自覚を形成しなかった。したがって、インターネットを通じた参加のみで自我関与を得る可能性は低い。組織形態に関して、フェスタでは組織外の参加者も抗議活動のブログに書き込みが可能であり、またキャンプでは組織外からの動員のためにFBを設けた。だが、いずれも活動の意思決定に対する組織外からの参加をめざす内容ではなく、上意下達での組織運営の域を出なかった。

6　日本の現状と課題

反原発運動からSEALDsへ

オルソンの問題提起に基づく事例の検討を通じて浮上するのは、活動が組織にもとづくか否かにかかわらずSMが動員手段として働くカウンターデモクラシーの姿である。特に、情報カスケードを導くSMの機能は動員に効果的である。2012年６・７月の首相官邸前における反原発デモの参加者に参加の契機を尋ねると、70〜80％がSMおよびSMにもとづく「口コミ」であった。これを津田は、組織の動員ではないインターネットを通じた新たな抗議活動の姿と捉えた。[37]

反原発デモを機に形成された人的ネットワークは、特定秘密保護法への反対運動を経て2015年のSEALDs（Students Emergency Action for Liberal Democracy-s：自由と民主主義のための学生緊急行動）結成に結実する。平和安全法制への反対運動で注目されたSEALDsは、前身組織も含め集会・デモへの動員にSMを活用する。だがSEALDsは、自らの政治集団化を防ぐために既存組織との合流、および全国組織化を意識的に避けるとともに、2016年参院選後の解散を予定していた。[38] この点で、イングルハートが想定した脱物質主義にもとづく「エリート対抗型」政治参加の方法と一致する。結局、SMの組織的運用が試みられぬまま、福島県での原発事故以降のデモはSEALDsも含め現実の政策過程へ影響しなかった。[39] 持続的な組織の形成を避けた点でSEALDsは政治的機会のみに依存した運動体であり、資源動員論や「新しい社会運動」論が適合する組織的な労働運動や市民運動と大きく異なる。

SM上の紐帯にもとづく活動は、組織の運営費用が低廉、かつ各自の主体性が損なわれぬ点で長期的な活動の継続に適する。他方、近日中の政策の実現を目指す活動の場合、参加者を増しつつ効率的な情報提供と動員を実現する組織を要する。組織がSM上で参加者の交流の場と正確かつ必要な情報を提供するとともに、リーダーを中心として活動方針を策定する活動は、資源動員論が想定する状況と重なる。だが、組織との連帯感や自我関与を保持するためにはSMが上意下達の手段であってはならない。政策の変更を求めたSEALDsは組織化を避けたために参加者の自我関与を維持しえた反面、参加者の規模を活かす活動方針を示せなかったため、法案の成立という政治的機会の消滅を機に目的を達成しないまま活動を停止した。[40)]

民主主義国におけるカウンターデモクラシーの可能性

参加民主主義の逆理を克服するだけの費用を負担する組織ならば、政治的機会に乗じたSMでの動員だとしても抗議活動の長期化・大規模化を通じた目的達成の可能性は高まる。だが、SMが軽減する以外の費用を実際に負担できる組織は稀である。組織や自我関与にもとづかぬ抗議活動は容易に参加費用の限界を迎えるほか、法案の可決や警官の取締り、またはマスコミでの報道量の減少など政治的機会の消滅により終息する。この場合、自我関与を有しつつ組織に属さぬ参加者は次回の政治的機会までSMのネットワークを通じて個人的な運動を継続するだろう。他方、組織に属さず自我関与も欠けた者が活動に参加する理由は参加自体に伴う高揚感に過ぎず、ロザンヴァロンが期待するカウンターデモクラシーと大きく異なる。[41)] したがって、民主主義国のカウンターデモクラシーを実現する際の展望は2点である。

第1に、政党・労組・市民団体など既存組織が主体の場合である。この場合、SMが軽減できない参加費用の問題を度外視しても、参加者の脱落を防ぐためには自我関与を増さねばならない。参加費用を抑えつつ自我関与を育むためには、伊藤の指摘どおりSMを通じた組織の意思決定への参与を要する。ウォール街占拠の参加者は情報共有や議論においてSMを活用する一方、直接民主制と似た手法の合議と採決で運動方針を決定した。ウォール街占拠の主催者は、指導者と綱領の意図的な不在により参加者の自我関与を増す方法をM15運動から学んだ。[42] だがマーセアの事例のとおり、既存組織においてSMは単なる勧誘や連絡の手段となりやすい。すると、「使用者同士の交流を通じた意見の形成作用」というSMの特徴は消失する。この背景として、参加者の増加に伴いSMを通じた意思疎通の費用の低下が限界に達する点も挙げられる。

第2に、継続的な組織ではない主催者が抗議活動を提起し、個人が主体となる場合である。[43] ライフスタイル運動に関して先述のとおり、政治的機会に臨んで主催者がライフスタイル運動の参加者の関心を政治的課題として提起できれば、強い自我関与にもとづく「個人化された政治」がカウンターデモクラシーとして顕現する。また、自我関与よりも高揚感や一体感に基づき活動へ参加する場合も、これを機にSMが維持する運動のコミュニティを通じて自我関与を育むならば「個人化された政治」のネットワークへ統合される。

本章は、発生以降のカウンターデモクラシーと関わるSMの役割を論じた。だが、組織と個人のいずれが主体の場合も、意見の形成作用というSMの特徴は使用者同士の長期的な意思疎通により十全に実現する。したがって、大半の実証研究が抗議活動の顕現に注目する現在、政治的機会の実現時のカウンターデモクラシーを準備する組織と個人の日常的なSMの利用実態の解明を要する。

カウンターデモクラシーへの認識と参加

2019年参院選に関して、筆者は市場調査会社のマクロミルにインターネットでの全国世論調査を委託した。登録モニタのうちCookie情報の提供に同意した18歳以上の男女各々273,638・483,417名が母集団であり、ここから2017年総選挙時の有権者情報にもとづき男女比を48.3対51.7の割合で抽出する。公示日の12日前の6月22日に調査票を配信し、4,121人の回答を得た6月29日に調査を終えた。調査票はカウンターデモクラシーに関する3点の質問を含むので、その内容を結果とともに以下に記す。

まず「投票に加え、大規模なデモによって日本の政治を変えようとする考え方」への意見について、「デモは実際に政治を変える力がある。だから、投票では表明できない意思をデモによって表明する行為は民主主義にとって意義深

✐コラム　エコロジーとジェンダーの政治

イングルハートが脱物質主義の主張として挙げたエコロジーとジェンダーに関わる日本での運動を概観する。エコロジーの関連領域は互いに重複しつつ、気候変動と再生可能エネルギー、リサイクル、原発、公害、自然と景観の保護などを含む。本章に記す1970年代後半の調査のとおり、日本人にとって自然や景観を保護する価値観は重要であった。自然と景観の保護に関わる日本での運動として「ナショナル・トラスト運動」や里山の保全が知られる。19世紀末のイギリスで始まった前者は、市民が募金にもとづき自然や景観のすぐれた土地・建造物を買収・管理する。世界自然遺産に登録された知床半島や、埼玉県の「トトロの森」が著名である。里山の保全は、自然の破壊や搾取ではなく放置による山林の荒廃を防ぐ（高橋知花「里山保全をめざす運動─都市住民たちの実践」長谷川公一編『社会運動の現在─市民社会の声』（有斐閣、2020年）75～93頁）。そのために、伐採・水路整備などの作業への参加者に対する薪・キノコなどの提供、あるいは啓蒙活動を通じた寄付やボランティア参加の呼びかけという形式で運動の輪を広げている。自然と景観を保護する運動は、政府の推進するエコツーリズム政策の後援を得て発展する場合もあるが、同時に観光客の増加が環境悪化を招く観光公害も懸念される。

ジェンダーの領域も拡大しており、労働条件の性差、および家事・育児・介護負担者の性差という互いに関わりある伝統的な話題から、現在では家庭内暴力（DV）・夫婦別姓・ジェンダークオータのほか、性的少数者・同性婚など、必ずしも女性の権利・地位の向上ばかりに関わらない話題も重要である（女性議員の当選枠を設けるジェンダークオータについては、山口の著作が要点を伝える。山口裕司「新しい政治のなかの市民運動」森本哲郎編『現代日本の政治─持続と変化』（法律文化社、2016年）73～91頁）。女性の権利・地位の向上に関する1980年代以降の市民運動の概略を回顧すると、1995年の世界女性会議の時期までが運動の高揚期である。殊に、1979年に国連が採択した女性差別撤廃条約への参加をめぐる外圧が強く働いて運動を助け、女性差別撤廃条約の締結と同条約批准の前提となる男女雇用機会均等法の制定が1985年に実現した。その後、1995年の世界女性会議（北京会議）への参加に向けて官民の活動が活発化するが、橋本政権以降は少子高齢化へ対処するための女性政策が自民党政権によって積極的に推進されるに至り、徐々に運動は後景へ退く。その政策上の成果が、男女共同参画社会基本法の制定（1999年）である。他方、国連やアメリカでは1970年代から注目されていたDVについて日本の取り組みは遅く、海外の状況を知った有識者によって北京会議を機に議論が活発化する。本件については政府・議員一般の関心が低い一方、議会外の運動が立法に積極的な女性議員を助け、「配偶者からの暴力の防止及び被害者の保護等に関する法律」の制定（2001年）に至る（辻由希『家族主義福祉レジームの再編とジェンダー政治』（ミネルヴァ書房、2012年）。大嶽秀夫『フェミニストたちの政治史─参政権、リブ、平等法』（東京大学出版会、2017年））。

一般に、エコロジーやジェンダーと関わる市民運動はNGOが主体となる（NGOと市民運動の関係については、再生可能エネルギーを扱う山口の著作が詳しい。他方、2018年にスウェーデンでグレタ・トゥーンベリが始めた温暖化防止運動などを扱う長谷川の著作は、NGOの役割を限定的に捉える。山口・前掲論文、73〜91頁。長谷川公一「社会運動の現在」長谷川編・前掲書、1〜28頁）。ただし女性の権利・地位をめぐる日本のNGOの活動は、DV禁止や雇用機会の均等といった物質主義の要求を達成後、性別にもとづく役割分担意識の改革や夫婦別姓など脱物質主義と関わる目標を未達のまま長く低迷している。主な理由として、運動の担い手が一定の社会経済的地位のある女性に偏るために、女性全体としてのアイデンティティが喪失した点を挙げられる（大嶽・前掲書。三浦まり「ジェンダー平等の担い手論」ジェンダー法学会編『ジェンダー法学が切り拓く展望（講座 ジェンダーと法）』（日本加除出版株式会社、2012年）171〜184頁。三浦まり「日本におけるクオータ制成立の政治的条件」三浦まり・衛藤幹子編『ジェンダー・クオータ―世界の女性議員はなぜ増えたのか』（明石書店、2014年）235〜258頁）。

い（19.8%）」・「デモは実際に政治を変える力がある。だが、投票で示された民意に基づき社会が運営されるべきなので、民主主義におけるデモの意義は小さい（12.8%）」・「デモは実際に政治を変える力を持たない。だが、投票では表明できない意思をデモによって表明する行為は民主主義にとって意義深い（26.2%）」・「デモは実際に政治を変える力がない。だから、民主主義におけるデモの意義は小さい（13.8%）」・「わからない（27%）」であった。次に、「最近10年間の『原子力発電所に反対するデモ、あるいは各種の法案に反対するデモに参加した経験』または『地域に関する要望を役所や政党・政治家に伝えた経験』」について、「両者あり（1.7%）」「前者のみ（3%）」・「後者のみ（6.2%）」「両者なし（89%）」であった。最後に、「最近10年間の国または地域に関する要望を伝えるための署名経験（インターネットを含む）」について、「両者あり（9.2%）」「前者のみ（5.4%）」・「後者のみ（11.1%）」「両者なし（74.2%）」であった。

デモより参加費用が低い署名への参加経験が多い点は予想どおりだが、特に地域の要望に関する署名機会が多い。理由として、「地方自治法に基づく法的効力がある」・「国よりも地方の政府・議員に対して住民の要望を届けやすい」・「地域への要望自体が日常的である」などが考えられる。他方、内容を限定したとは言え５％弱しか経験者のないデモだが、その実際の影響力を30％以上、また意義を47％程度の回答者が認めるので、参加費用次第では署名と並ぶ程度に日常的な政治参加として定着する展望も開けよう。

注

1） 丸山仁「『静かな革命』の彼方に」賀来健輔・丸山仁編『ニュー・ポリティクスの政治学』（ミネルヴァ書房、2000年） 1～6頁。

2） ロナルド・イングルハート（三宅一郎・金丸輝男・富沢克訳）『静かなる革命―政治意識と行動様式の変化』（東洋経済新報社、1978年）。

3） ロナルド・イングルハート（村山皓・富沢克・武重雅文訳）『カルチャーシフトと政治変動』（東洋経済新報社、1993年）。

4） エイブラハム H・マズロー（小口忠彦訳）『人間性の心理学―モチベーションとパーソナリティ〔改訂新版〕』（産能大学出版部、1987年）。

5） ダニエル・ベル（内田忠夫ほか訳）『脱工業社会の到来―社会予測の一つの試み（上）（下）』（ダイヤモンド社、1975年）。

6） 1970～1988年の西欧７か国での調査にもとづく1990年の続編では、２度の石油危機における全世代での物質主義の増加が報告される。この点に鑑み、２つの主義がともに物質的な満足にもとづく事実をイングルハートは皮肉と捉えた。

7） 70年代までの各国の政治変動を調査したヴァーバらによると、政治的組織に代わるマスメディアの情報が政治参加を促す情報を提供する結果、欧米での政党帰属意識や階級投票の弱化、および市民運動など投票以外の政治参加の増加を招いた。シドニー・ヴァーバ／ノーマン・H・ナイ／ジェイ-オン・キム（三宅一郎・蒲島郁夫・小田健訳）『政治参加と平等―比較政治学的分析』（東京大学出版会、1981年）。

8） 脱物質主義を抱く若年層は既存の組織や共同体への統合が十分でなく、また習慣的な要素をもつ投票など「エリート指導型」政治参加の経験が不十分なので、「エリート対抗型」政治参加を志向するのかも知れない。この「ライフサイクル効果」の可能性を1977年の著作で指摘したイングルハートだが、その後の継続調査の結果、1990年の続編では脱物質主義を抱く割合につきライフサイクル効果を大きく凌ぐ世代効果を確認した。

9） 実際、60年代以降の欧米では階級にもとづく投票の割合が低下していく。

10） 正規雇用・年功序列という日本型の雇用慣行が念頭に置かれている。

11） ただし注７に記すヴァーバらの研究によると、政治的組織への帰属が参加を促す効果は選挙運動・投票・地域活動の順に低下する。つまり、脱物質主義の台頭にかかわらず政治的組織への帰属が「エリート指導型」政治参加を促す効果は持続していた。

12） 他方で80年代初頭の西欧では、中距離核戦力の配備に反対する大規模な運動が生じた。

13） ピエール・ロザンヴァロン「熟議できない議会代表制民主主義に松葉杖が必要だ」（朝日新聞朝刊、2015年４月１日）。

14） Dahlgren, Peter (2012) "Social Media and Counter-Democracy: The Contingences of Participation," *Lecture Notes in Computer Science*, 7444, pp. 1–12.

法律

レクチャー法哲学〔αブックス〕
那須耕介・平井亮輔 編　3200円

子どもの道徳的・法的地位と正義論
●新・子どもの権利論序説　大江 洋　4500円

法思想史を読み解く
●古典／現代からの接近　2900円
戒能通弘・神原和宏・鈴木康文

日本近代家族法史論　村上一博　2900円

憲法を楽しむ　2700円
憲法を楽しむ研究会 編

リーガルリテラシー法学・憲法入門　2100円
浅川千尋

戦後日本憲政史講義　5900円
●もうひとつの戦後史
駒村圭吾・吉見俊哉 編著

憲法入門！ 市民講座　2200円
大久保卓治・小林直三・奈須祐治・大江一平・守谷賢輔 編

精神障害と人権　横藤田 誠　2700円
●社会のレジリエンスが試される

リベラル・ナショナリズム憲法学　6800円
●日本のナショナリズムと文化的少数者の権利
栗田佳泰

行政法ガールⅡ　大島義則　2300円

現代税法と納税者の権利　7800円
●三木義一先生古稀記念論文集
三木義一先生古稀記念論文集編集委員会 編

地方自治法と住民　2500円
●判例と政策
白藤博行・榊原秀訓・徳田博人・本多滝夫 編著

これからの消費者法　2400円
●社会と未来をつなぐ消費者教育
谷本圭子・坂東俊矢・カライスコス アントニオス

不公正な取引方法と私法理論　5200円
●EU法との比較法的考察　カライスコス アントニオス

民法改正と売買における契約不適合給付
古谷貴之　7800円

ハーグ条約の理論と実務　5200円
●国境を越えた子の奪い合い紛争の解決のために
大谷美紀子・西谷祐子 編著

改正債権法コンメンタール　7000円
松岡久和・松本恒雄・鹿野菜穂子・中井康之 編

傷害保険の約款構造　吉澤卓哉　5800円
●原因事故の捉え方と2種類の偶然性を中心に

職場のメンタルヘルスと法　5800円
●比較法的・学際的アプローチ　三柴丈典

障害法の基礎理論　5400円
●新たな法理念への転換と構想　河野正輝

—社会の事象を検証する—

◆法学の視点から

入門 憲法学　2000円
憲法原理から日本社会を考える
京都憲法会議 監修／
木藤伸一朗・倉田原志・奥野恒久 編

日本国憲法の基本原理・価値を確認しながら、リアルな憲法状況を考察し、問題にいかに向き合うかを明示する。

◆政治学の視点から

ポリティカル・サイエンス入門　坂本治也・石橋章市朗 編
2400円

政治にまつわる世間一般の俗説・神話を破壊し、政治を分析する際の視座を提示する政治学の入門書。コラムやおススメ文献ガイドも収録。

◆平和学の

戦争と平
NHKドキ
日本平和学会

15） ヴァーバほか・前掲書（注７）。

16） 蒲島郁夫『政治参加』（東京大学出版会、1988年）。

17） 山田真裕『政治参加』（東京大学出版会、2016年）。

18） マンサー・オルソン（依田博・森脇俊雅訳）『集合行為論―公共財と集団理論』（ミネルヴァ書房、1983年）。

19） 鈴木鉄忠『集合行為のジレンマの解決のメカニズム』（東京工業大学博士学位論文、2013年）。

20） Rosenstone, Steven J. and John Mark Hansen（1993）*Mobilization, Participation, and Democracy in America*, New York: Macmillan Publishing Company.

21） Haenfler, Ross and Ellis Jones（2012）"Lifestyle Movements: Exploring the Intersection of Lifestyle and Social Movements," *Social Movement Studies*, 11（１）, pp. 1–20.

22） Kam, Cindy D.（2012）"Risk Attitudes and Political Participation," *American Journal of Political Science*, 56（４）, pp. 817–836.

23） 飯田健『有権者のリスク態度と投票行動』（木鐸社、2016年）。

24） Brym, Robert, *et al.*（2014）"Social Media in the 2011 Egyptian Uprising," *The British Journal of Sociology*, 65（２）, pp. 266–292. タフェキィらは、公民権運動での座り込み戦術の普及に関するテレビとラジオの寄与を指摘する。Tufekci, Zeynep and Christopher Wilson（2012）"Social Media and the Decision to Participate in Political Protest: Observations from Tahrir Square," *Journal of Communication*, 62（２）, pp. 363–379.

25） 「放送法４条違反を理由とする停波」という2016年の高市総務大臣の発言により、中立規定の招く放送局への威嚇効果があらためて注目された。

26） 2013年６月の TBS『ニュース23』の内容は公正を欠くと批判する自民党が同局の取材を拒否するなど、情報を独占する与党の立場にもとづくマスコミへの対応が生じている（毎日新聞朝刊、2013年７月29日）。

27） 日本に関しても、中立性などを定める業界・各社の自主規制がある。

28） Andrews, Kenneth T. and Neal Caren（2010）"Making the News Movement Organizations Media Attention, and the Public Agenda," *American Sociological Review*, 75（６）, pp. 841–866.

29） Leung, Dennis and Francis L. F. Lee（2014）"Cultivating an Active Online Counterpublic: Examining Usage and Political Impact of Internet Alternative Media," *The International Journal of Press/Politics*, 19（３）, pp. 340–359.

30） 「事業仕分け」会議や、東日本大震災時の政府、東京電力、原子力安全・保安院の記者会見に関する SM での中継を例示できる。津田大介『ウェブで政治を動かす！』（朝日新聞出版、2012年）。

31） ハンフレアらによると、SM 上の交流空間が運動の非公式な構造化を導く。Haenfler and Jones, supra note 21, pp. 1–20.

32） Bennett, Lance W.（2012）"The Personalization of Politics: Political Identity, Social Media, and Changing Patterns of Participation," *The ANNALS of the American Academy of Political and Social Science*, 644, pp. 20–39.

33）伊藤昌亮『デモのメディア論─社会運動社会のゆくえ』（筑摩書房、2012年）。

34）Bastos, Marco T., Dan Mercea and Arthur Charpentier (2015) "Tents, Tweets, and Events: The Interplay Between Ongoing Protests and Social Media," *Journal of Communication*, 65, pp. 320–350.

35）Mercea, Dan (2011) "Digital Prefigurative Participation: The Entwinement of Online Communication and Offline Participation in Protest Events," *New Media and Society*, 14 (1), pp. 890–908.

36）バリケードの設置や器物損壊を伴うキャンプでは警察との衝突が生じた。

37）津田・前掲書（注30）。

38）奥田愛基・倉持麟太郎・福山哲郎『2015年安保 国会の内と外で─民主主義をやり直す』（岩波書店、2015年）。SEALDs『民主主義は止まらない』（河出書房新社、2016年）。

なお、2012年の首相官邸前での反原発デモの参加者は、公安条例・静穏保持法・道路交通法などにもとづく警察との事前協定に従った。野間易通『金曜官邸前抗議─デモの声が政治を変える』（河出書房新社、2012年）。SEALDsの活動も同様である。山本達也「カウンター・デモクラシーの世界的潮流─代議制民主主義の補完か、民主主義そのものの危機か？」岩井奉信・岩崎正洋編『日本政治とカウンター・デモクラシー』（勁草書房、2017年）159〜185頁。

39）浅井直哉「日本におけるカウンター・デモクラシーの展開」岩井・岩崎編・前掲書（注38）187〜206頁。なお、政策過程への影響を導きがたい日本のカウンターデモクラシーだが、署名に限れば地方自治に関する法的効力が生じる。

40）大嶽秀夫『平成政治史─政界再編とポスト冷戦型社会運動』（筑摩書房、2020年）。

41）ただし、五野井によると音楽・ダンス・仮装を伴う今世紀のデモの祝祭性が参加者層の拡大を招いた。五野井郁夫『「デモ」とは何か─変貌する直接民主主義』（NHK出版、2012年）。

42）五野井・前掲書（注41）。

43）M15運動、ウォール街占拠、日本での原発・平和安全法制をめぐる抗議活動などが例である。

【謝辞】本章は、「2017年度上廣倫理財団 研究助成」・「2017年度カシオ科学振興財団 研究助成」・「2019年度KDDI財団 調査研究助成」・「2019年度旭硝子財団 研究助成」より個人研究の助成を頂いた。関係者各位に御礼申し上げる。

【白崎　護】

第4章　首相のリーダーシップと政治体制

1　はじめに

首相のリーダーシップを論ずるについては、一方で、いくつかの明確に定義された説明変数を用いて理論的に説明するアプローチ[1]、他方で、政治史的叙述を通して、リーダーシップの有様が「おのずと浮かび上がるようにする」アプローチ[2]の2つがありえるだろう。いずれのアプローチもそれぞれに有用であり、相互に排他的ではない。本章では「歴史的視点を重視する」という立場から基本的に後者の方法に依拠している[3]。

さて、終戦直後の東久邇宮稔彦首相から2020年11月現在の菅義偉首相まで戦後日本の首相は34人を数える（図表4－1）。本章では、2節において、初期55年体制（対決とハイ・ポリティクスの体制）を象徴する首相として岸信介、つづく3節で、60年体制（合意とロー・ポリティクスの体制）を象徴する首相として田中角栄という、出自経歴・政治スタイル・政治課題のいずれにおいても対照的な、と同時に首相としてはともに不本意な形で退陣した2人の首相の「物語」を通して、戦後政治構造の変化の中で首相のリーダーシップを位置づける[4]。首相就任以前の経歴に紙幅を費やしたのは、2人の政治スタイルの基本そして不本意な退陣の遠因がこのなかで形成されていると考えるからである。そして4節で、90年代の「政治改革」がもたらした日本政治の混沌の果てに登場してきた小泉首相の出自経歴・政治スタイル・政治課題の特性を明らかにし、それが「日本政治における首相のリーダーシップ」論にとってもつ意味を考える（通算在職日数でも連続在職日数でも明治の内閣制度発足以来最長を記録した安倍首相については5節と「コラム」で論じる）。さいごに5節で、戦後日本の「政治体制」の変動（初期55年体制、55年体制の変容・60年体制の成立、60年体制の破壊）というマクロな歴史的視点から、3人の首相のリーダーシップをあらためて位置づけつ

図表４—１　戦後日本の首相

首　相	就任年月	在任期間	就任年齢	出生府県	学　歴
東久邇宮稔彦	1945年８月	２ヶ月	57歳	京　都	陸軍大学校
幣原喜重郎	1945年10月	７ヶ月	73歳	大　阪	東京帝大・法
吉田　茂(第１次)	1946年５月	１年	67歳	東　京	東京帝大・法
片山　哲	1947年６月	９ヶ月	59歳	和歌山	東京帝大・法
芦田　均	1948年３月	７ヶ月	60歳	京　都	東京帝大・法
吉田　茂(第２次)	1948年10月	６年２ヶ月	70歳	東　京	東京帝大・法
鳩山一郎	1954年12月	２年	71歳	東　京	東京帝大・法
石橋湛山	1956年12月	２ヶ月	72歳	東　京	早稲田大・文
岸　信介	1957年２月	３年５ヶ月	60歳	山　口	東京帝大・法
池田勇人	1960年７月	４年３ヶ月	60歳	広　島	京都帝大・法
佐藤栄作	1964年11月	７年８ヶ月	63歳	山　口	東京帝大・法
田中角栄	1972年７月	２年５ヶ月	54歳	新　潟	中央工学校
三木武夫	1974年12月	２年	67歳	徳　島	明治大・専門部
福田赳夫	1976年12月	１年11ヶ月	71歳	群　馬	東京帝大・法
大平正芳	1978年12月	１年６ヶ月	68歳	香　川	東京商大[注2]
鈴木善幸	1980年７月	２年３ヶ月	69歳	岩　手	農林省水産講習所[注2]
中曽根康弘	1982年11月	４年11ヶ月	64歳	群　馬	東京帝大・法
竹下　登	1987年11月	１年７ヶ月	63歳	島　根	早稲田大・商
宇野宗佑	1989年６月	２ヶ月	66歳	滋　賀	神戸商大（中退）[注2]
海部俊樹	1989年８月	２年１ヶ月	58歳	愛　知	早稲田大・法
宮沢喜一	1991年11月	１年８ヶ月	73歳	東　京	東京帝大・法
細川護熙	1993年８月	８ヶ月	55歳	東　京	上智大・法
羽田　孜	1994年４月	２ヶ月	58歳	長　野	成城大・経
村山富市	1994年６月	１年７ヶ月	70歳	大　分	明治大・専門部
橋本龍太郎	1996年１月	２年７ヶ月	58歳	東　京	慶應大・法
小渕恵三	1998年７月	１年８ヶ月	61歳	群　馬	早稲田大・文
森　喜朗	2000年４月	１年１ヶ月	62歳	石　川	早稲田大・商
小泉純一郎	2001年４月	５年５ヶ月	59歳	神奈川	慶應大・経済
安倍晋三(第１次)	2006年９月	１年	52歳	東　京	成蹊大・法
福田康夫	2007年９月	１年	71歳	東　京	早稲田大・政経
麻生太郎	2008年９月	１年	68歳	福　岡	学習院大・政経
鳩山由紀夫	2009年９月	９ヶ月	62歳	東　京	東京大・工[注3]
菅　直人	2010年６月	１年３ヶ月	63歳	山　口	東京工業大・理
野田佳彦	2011年９月	１年４ヶ月	54歳	千　葉	早稲田大・政経
安倍晋三(第２次)	2012年12月	７年８ヶ月	58歳	東　京	成蹊大・法
菅　義偉	2020年９月	現　職	71歳	秋　田	法政大・法

注：１．東久邇宮、幣原、吉田は首相就任前の職歴。２．東京商大：現・一橋大、水産講習所：現・東京海洋大、
出所：日外アソシエーツ編『新訂・現代政治家人名事典』（日外アソシエーツ、2005年）、神一行『総理大臣という
語〔増補新版〕』（新書館、2013年）、鳥海靖編『歴代内閣・首相事典』（吉川弘文館、2009年）、秦郁彦編『日本近
＋α文庫、2016年）により、筆者作成。（在任期間について１ヶ月未満は切捨て処理をしている。）

国会議員以前の職歴[注1]	父親の職業	備　考
陸軍大将（軍事参議官）	皇族（久邇宮）	皇族
外務省官僚（次官、外相）	地　　主	
外務省官僚（次官、外相）	実　業　家	
弁　護　士	弁　護　士	社会党委員長
外務省官僚	衆議院議員	
外務省官僚（次官、外相）	実　業　家	
弁　護　士	衆議院議員	
東洋経済新報社社長	僧　　侶	
商工省官僚（次官、商工相）	酒　造　業	
大蔵省官僚（次官）	酒　造　業	
運輸省官僚（次官）	酒　造　業	
建設会社社長	家　畜　商	
学　　生	肥　料　商	
大蔵省官僚（主計局長）	町　　長	祖父、兄も町長
大蔵省官僚	農　　業	
大日本水産会	漁　業（網元）	
内務省官僚	材　木　商	
県会議員	酒　造　業	
県会議員	酒　造　業	
議員秘書	写真館経営	
大蔵省官僚	衆議院議員	祖父も衆議院議員
朝日新聞記者	旧熊本藩主細川家17代当主	
バス会社社員	衆議院議員	
県会議員	漁　業（漁師）	社会党委員長
紡績会社社員	衆議院議員	
大学院生	衆議院議員	
産経新聞記者	町長（９期連続）	
議員秘書	衆議院議員	祖父も衆議院議員
製鉄会社社員	衆議院議員	母方の祖父は岸信介元首相
石油会社社員	衆議院議員	父は福田赳夫元首相
セメント会社社長	実　業　家	母方の祖父は吉田茂元首相
大学助教授	参議院議員（元大蔵事務次官）	祖父は鳩山一郎元首相
弁　理　士	技術系会社員（常務）	市民運動活動家
県会議員	自　衛　官	松下政経塾１期生
製鉄会社社員	衆議院議員	母方の祖父は岸信介元首相
市会議員（横浜市）	農業（町会議員）	

神戸商大：現・神戸大。３．スタンフォード大 Ph・D
名の職業』（角川文庫、2000年）、渡邉昭夫編『戦後日本の宰相たち』（中公文庫、2001年）、御厨貴編『歴代首相物
現代人物履歴事典〔第２版〕』（東京大学出版会、2013年）、松田賢弥『影の権力者―内閣官房長官菅義偉』（講談社

つ、憲政史上最長となった第２次安倍政権を経験した今、「新しい政治体制」が成立したと言えるのか、序章での議論を踏まえつつ再度考察する。

2　岸信介首相：初期55年体制の波乱

「革新官僚」の栄光と挫折、復活

岸信介は、1896年、山口県の旧家に生まれ（家業は造り酒屋、曽祖父は島根県令）、第一高等学校から東京帝国大学法科大学という当時最高のエリートコースを稀に見る好成績で卒業した後、農商務省に入省した（1920年）。第一次大戦下での経験から、「国家が主導する経済」というものの重要性に目を向けたと思われる。1925年の農商務省分離（農林省と商工省）に伴い商工省に移籍。翌年、アメリカとドイツを視察訪問した岸は、アメリカの巨大な経済力を見て、その「偉大さに圧倒され、一種の反感すら持った」が、ドイツで見た「産業合理化運動」には強く印象づけられ、「ドイツ式であれば、日本もできる」と確信したという。帰国後、岸は上司の吉野信次とともに、「個々の企業は自己の利益をある程度犠牲にしても共同しなければならぬ」（通産省『商工政策史』の表現）とする「産業合理化運動」路線で商工省をリードしてゆく。30年に商工省に臨時産業合理局を設置したのにつづいて、31年には重要産業統制法（強制カルテルを中心とする統制経済の最初の法律）、36年には自動車製造事業法（国家が自動車業界を統制するとともに国産製造業者育成のため助成する）を制定した。あわせて岸は、同時期（1928年）に始まっていたソ連の第１次５カ年計画にも衝撃を受けている。

このような「国家統制経済」路線は経済自由主義の財界などの反発を買い、岸は省外への転出を余儀なくされたが（1936年）、転出先は満洲国産業部次長すなわち満洲国産業政策の事実上の最高責任ポストであり、言わば「白紙」に描くが如く、「産業合理化」路線を推進してゆく。満洲事変の首謀者石原莞爾陸軍参謀本部作戦課長（35年当時）が立案した「満洲国産業開発５カ年計画」の実施に携わった岸は辣腕をふるい、計画の軸となる新興財閥日産コンツェルンの満洲移駐を成功させた。39年に商工省に次官として復帰した岸は、第２次近衛内閣で「経済新体制」構想を推進する。「軍需生産の実が上がらないのは、利益追求という資本主義体制の性質そのものに原因がある。この際、企業経営の姿勢を、利益本位から生産本位に転換させることが必要で、そのために必要な統制の仕組みを作り上げる」という「反資本主義的」なこの構想は、当然ながら財界の反発を招き、商工省内でも小林一三大臣（阪急東宝グループの総帥）と岸次官の対立を生んで、岸は辞職を余儀なくされた。しかし、ほどなく、東条内閣に商工大臣として入閣。43年には新設の軍需省次官を兼任して国家統制経済の推進に力を尽くす岸は、これの障害になると判断するや、東条内閣打倒に乗り出し、実際に倒閣さえ引き起こした[5)]。

敗戦後、岸は東条内閣の閣僚としてA級戦犯容疑者となり、1948年12月に不起訴が決まるまで巣鴨拘置所に収監された。52年４月の講和条約発効に伴う公職追放解除とともに、政治活動を再開、「日本再建連盟」を組織するも52年総選挙で惨敗（岸自身は不出馬）。「国民運動と社会主義に対して、かなり強い意識を持っていたことは確か[6)]」と言える岸は、右派社会党入りも考えたらしい。事実、「反資本主義的」あるいは「国家統制経済」指向という点で共通点はあったわけだが、元A級戦犯容疑者というキャリアを考えれば、「右派とはいえ社会党に受け入れられることはなかった[7)]」。結局、実弟佐藤栄作の配慮で自由党入りし、53年３月総選挙で当選。まもなく岸派を旗上げして、政権への道をめざす。「対米従属」の吉田路線に対抗して「対米対等」（そのための憲法改正による本格的再軍備）を追求する岸は、同じ志向の鳩山一郎、石橋湛山、芦田均らとともに日本民主党を結成（54年11月）。つづいて保守合同に向けても精力的に活動した。自民党初代総裁鳩山の引退後56年12月に行われた総裁選挙で岸は第１回投票で大差の１位になったものの、決選投票で２位、３位連合を組んだ石橋に敗れ、総裁（首相）の座を逃した。が、石橋の病気退陣を受けて対抗馬もなく後継総裁に就任する。

多元化政治における国家主義エリートの蹉跌

首相となった岸は、日米安保条約改定（対等化）に情念を燃やす。娘婿の安倍晋太郎が「得意の経済で勝負を」と進言したとき、「首相というものは、そういうものに力を注ぐものではない」と答えたという。ハイ・ポリティクスの中軸と言える外交防衛問題こそ自らの課題としたのである。鍵は「日米対等化」である。再軍備構想の「方向性が明確ではなく」、アメリカ政府の不信感を招いて「日米安保条約対等化」に失敗した鳩山内閣の教訓を汲み「日米機軸路線を明白に打ち出した」ことが功を奏し、「日米新時代」のキャッチコピーとともに6月訪米した岸は、アメリカ政府から、安保条約見直しのための「検討委員会」設置の合意を取り付けた（序章注28）も参照）。この安保条約改定には、全面改定方式（新条約締結）と既存条約に交換公文などで補足する方式の2つがありえたが、前者は、アメリカ連邦議会でのヴァンデンバーグ決議（相互性のない軍事的同盟条約を禁じた1948年の決議）の存在などを考えれば、交渉の難航が予想される方法であり、外務省首脳は乗り気でなかった。だが、岸は「困難を乗り越えてこその本格的な日米新時代」と、前者の言わば正攻法（正面突破方式）を選択した。[8)]

岸の政治スタイルもまたそうであった。当初は、病気退陣した石橋内閣からの引継ぎという意識で、国会運営では低姿勢だった岸であるが、1958年5月の総選挙において自民党が予想より好成績ということで、選挙後の政局運営において岸は高姿勢に転じた。内閣改造に際して、政府・党の主要22ポスト中、12を岸、佐藤の両派で占め、また国会では、衆議院の正副議長とすべての常任委員長を自民党で独占した。[9)]「多数の信任を受けた以上、多数の意思を尊重する」という「多数決型」の政治スタイルを貫くのである。同年10月、岸は「警察官職務執行法」改正案を国会に上程、成立のために国会会期延長を強行さえした。これまた、岸の正面突破方式であった。「安保条約は相当の反対を予想して、その反対をあくまで押し切ってやるという強い決意をもち、命をかけてもやるつもりだったから、その秩序を維持するための前提として警職法の改正はどうしても必要」（『岸信介の回想』）だと考えたのである。[10)]

しかし、治安政策でのこの正面突破方式はマスコミ世論（「デートもできない警職法」と批判された）と野党の猛反発を招き、それに自民党内反主流派の岸批判が加わって、法案成立断念を余儀なくされた。が、翌59年6月の参議院選挙は自民党の勝利（前回より10議席増）、社会党の敗北（9議席減）であり、岸の党内的基盤は強まったようにも見えた。

他方、安保条約改定交渉そのものは、58年10月から1年余りの間に、正式会談だけで25回におよぶ交渉がなされた結果、「対等化」をめざす日本側の要求は概ね受け入れられた（国連憲章との関係の明記、アメリカの日本防衛義務の明記、米軍の配備等についての日本政府との事前協議、「内乱条項」の削除、有効期限の明記)。60年1月に岸は渡米、調印を行う[11]。この勢いで岸は解散総選挙を考えた。総選挙を行えば、おそらく自民党は勝ち、その結果、安保条約は国会を順調に通過、岸政権はさらに持続するだろう。このような思惑である。しかし、これが現実化することを恐れる自民党内反主流派の強い反対で総選挙は実施されなかった[12]。

こうして岸の力に翳りの見えるなかで始まった国会審議では、社会党の審議引き延ばし戦術で議論は長期化し、いつ果てるとも知れない状態となる。そもそも社会党は日米安保条約の存在自体に反対であり、予算配分交渉のように「足して二で割る」妥協で決着のつく問題ではなかった。岸が設定したアイゼンハワー大統領訪日(6月19日)に間に合うよう条約の批准を終えるには、5月19日までに衆議院を通過させねばならなかった(憲法60、61条の規定により、条約は参議院の議決がなくても衆議院での批准承認から30日後に自然成立する)。自縄自縛となった岸は、5月19日、警官隊を国会内に導入して、会期延長阻止のため衆院議長室前に座り込んでいた社会党の議員団、秘書団を強制排除、衆議院の会期延長と安保条約批准を自民党単独で採決した。

この「強行採決」までは、「安保改定問題」は、ほとんど国会内の与野党、総評労働運動、学生運動の間に限られた関心事だったのが、この日を境に一挙に一般世論の関心を引き付けた。20日以降マスコミは一斉に政府自民党の「暴挙」批判キャンペーンを展開する。争点が「安保条約」そのものから「議会制民主主義の危機」に転化することで、一般市民・学生が反対運動に積極的に参加し、「デモの渦」が急速に拡大した。参加者560万を数える2度の全国スト、20〜30万人のデモ隊による国会包囲、全学連主流派と武装警官隊の衝突(死者が出た)など騒然とした空気のなかで、「声なき声が私を支持している」とあくまで強気の岸だったが、自衛隊の治安出動という強攻策も防衛庁長官の反対で実行できず、結局アイゼンハワー大統領訪日延期要請を余儀なくされ、条約の自然成立(6月19日)、批准書交換(23日)を待って退陣を表明することとなった[13]。

岸の過誤は、日米安保条約改定という政策そのものにあったというより、1930年代後半以降(準戦時および戦時体制下)の戦前日本(そして植民地)でこそ適用可能だった、「利害を超越した国家」が「部分的私益の渦巻く社会」を強力に(軍・警察という治安権力を背後に置きつつ)「指導」するという思考方法で、戦後も15年近く経た1950年代末という時期に、「多数決型」の政治を強引に推進したところにあった。そのような思考方法自体が、戦後の正統性原理の転換と政治過程の「多元化」の結果、様々な政治主体から強い反発を招くことを、国家主義エリートの岸は予測し損ねたのである。

3　田中角栄首相：60年体制の形成

土建業と政治

1918年に、新潟県で牛馬商も兼ねる農家に生まれた田中角栄は、高等小学校卒業後、上京、職を転々としつつ土木建築の夜学に通い、37年に独立して建築事務所を構えた。エリートコースの岸とは対照的だが、当時の庶民にはよく見られた生活経歴のひとつの型である。召集を受けて満洲に渡るも、負傷し除隊。再び召集されることがなくなった。翌42年、東京・飯田橋の土建業坂本組の娘と結婚。立花隆が言うように、戦時統制経済下で建設業が整理統合されつつあったとき、休業状態だったとはいえ実績ある会社を手に入れたことは大きく、これを母体に設立した田中土建工業は戦時下で年間施行実績全国50社に入るほどの発展ぶりを示す。朝鮮で新興財閥「理研」の仕事中に終戦を迎えた田中はコネの力か金の力か引き揚げ船第一陣で帰国、その資金力に注目した関係者に勧められて46年の衆院選挙に進歩党から立候補した。これは落選だったが、翌47年衆院選挙で民主党（進歩党の後身）から再挑戦して当選、弱冠29歳にして、国政の道を歩き始めた。新憲法下で各議院の常任委員会の役割が大きくなったところで（**第8章**参照）、田中は国土計画委員会の委員（その後、建設委員会委員）となり、得意の「建設・土木」分野での活動を自らに期した。[14)]

御厨貴の強調するように、戦前からすでに議会政治家たちは、選挙での当選のために地元利益誘導すなわちロー・ポリティクスに強い関心を抱き、「我田引鉄」（選挙区に国鉄路線を建設させる）という大正期の流行語が示すように実践も行っていたのだが、戦後初期でもまだ、多くの政治家においては、それはあくまで「アンダーグラウンド」の仕事であって、国会での「天下国家」をめぐる論戦（ハイ・ポリティクス）こそメインの仕事だとの意識が支配していた。田中の画期的な点は、このような空気のなかで「ハイ・ポリティクスよりもロー・

ポリティクスを重視する」ことを公然と主張したところにある。

「私は世界的政治家や総理総裁になって一党をひきいようというような派手な夢や考えは持ちません。私が道路や橋や川や港、土地改良等に力を入れるので一部の方々は『田中は土方代議士だ』といわれるが、私は原水爆禁止運動も世界連邦運動も結構だが『まず足元から』という気持ちで、あえてこの批判に甘んじておるわけであります」と、58年5月の選挙公報（衆院選挙）で述べていた。当選回数も5回を経て、解散前の内閣では大臣（郵政相）となっていたにもかかわらず、である。

とはいえ、「田中を他の凡百の利権屋的政治家と分かつ最大のメルクマール」は、「特殊一地方に限定された利益供与の問題を、全国一律の法体系を作り上げそのなかに位置づけて解決する」手法だった。これにより、自分の地元を含めて地方に利益が還流される仕組みが公的に制度化されるわけである。田中はそのための議員立法活動に邁進、その大きな成果のひとつが、ガソリン税を道路整備のための目的税（特定財源）とする「道路三法」の制定（52～53年）だった。この過程で、関係官庁（建設省）との関係が強まり、いわば「幻の建設大臣」として君臨するのである。[15]

このような田中にとって、政治の課題を「経済成長とその成果の配分」に転換した池田勇人内閣の成立は、活躍の絶好のチャンス到来だった。[16] 1960年12月に「国民所得倍増計画」が閣議決定される際に、「経済成長による地域間格差の拡大に対する懸念が後進地域を代表する勢力から強く表明された」結果、「別紙」をつけて「後進性の強い地域（南九州、西九州、山陰、四国南部を含む）の開発促進と所得格差の是正のためにすみやかに国土総合開発計画を策定する」ということが確認された。これを受けて、62年に全国総合開発計画（後に第一次全国総合開発計画、一全総）が策定され、地域間格差是正と工業基盤拡充を目的に拠点開発方式による工業再配置政策が打ち出された。[17] 開発政治が表舞台に出てくるというこの環境の下、田中は池田内閣で政調会長（61年）、大蔵大臣（62年）と要職を歴任する。

「金力と開発」政治の蹉跌

激戦となった1972年7月の自民党総裁選挙を制した田中は、「決断と実行」

をキャッチコピーに内閣を発足させ、早くも９月には中華人民共和国との国交を回復して（日中国交正常化）、その果敢な仕事ぶりをアピールする。が、彼が本命とする政策は「列島改造」だった。

田中と言えば連想される『日本列島改造論』（日刊工業新聞社刊）は、７月の総裁選挙に向けて６月に急遽出版された「マニフェスト」だったが、その内容は、先に述べた「全国総合開発」政治を改めて強調したものである。要するに、太平洋岸に集中している工業地帯を日本全国の拠点都市に分散し、人口30～40万人の中核都市に育成。これを結ぶ新幹線と高速道路網を建設する、というものだった。そのためには膨大な公共投資が必要で、その前提は以後10年間それまでどおりの経済成長がつづくことである。73年２月に閣議決定された「経済社会基本計画」は、1973～77年の年平均成長率を9.4％と想定していた。こうして、発足直後から田中内閣は積極財政の方針に立ち、72年度の財政投融資計画ならびに補正予算の双方で、すでに大型予算だったものにさらに大幅な積み増しを行ったのを皮切りに、首相就任後最初の予算編成となった73年度一般会計予算でも、対前年度当初予算比25％増の大型予算とした。地方での革新勢力の伸張（「革新自治体」）に対抗するため「福祉元年」と称して社会保障関係費を大きく増やしたことに加え、「列島改造計画」実行のために公共事業費を大幅に増額したのである[18)]。

しかしながら、田中の首相就任以前から亢進していたインフレは田中内閣下でも収まる気配はなかった。このインフレ自体、基本的には、前任内閣（佐藤内閣）の政策判断の誤りに起因していたが、インフレに脅かされていた72年後半期から73年春になっても積極財政で突き進んだことは明らかに田中の誤りであった。このような中、73年10月に第４次中東戦争が勃発。アラブ石油輸出国機構はこの機会を捉えて原油価格を４倍に引き上げた（第１次石油ショック）。これにより、インフレはますます激しさを加え、74年２月には対前年同月比で卸売物価上昇率35％という猛烈な勢いを示した。直接の担当者、愛知揆一蔵相は心労で急逝した。田中首相が本命と自負した「列島改造」政策の明らかな失敗であった。やむをえず田中は最大のライバル福田赳夫を後任蔵相に起用し（73年11月）、経済政策の責任を福田にいわば「丸投げ」してしまう。福田は「列島改造論」の放棄を明言して、金融引き締め政策を採用、日本経済が不況に転じてもこの政策を堅持した。この政策転換によるインフレ鎮静効果は劇的で、74年の卸売物価上昇率（年平均）31％に対して、75年のそれは３％にまで抑えられた。とはいえ、74年夏の時点ではインフレ鎮静効果はまだ十分には現れておらず、しかし副作用である不景気は深刻化している状態で参議院選挙（７月）を迎えることとなった。この危機を、「金権選挙」と「企業ぐるみ選挙」で乗り切ろうとした田中内閣だったが、予想どおり自民党は敗北、与野党の議席は伯仲状態となった。福田と三木武夫は田中の金権選挙の露骨さ・強引さを批判して閣僚を辞し、自民党内で田中批判が強まっていく[19]。

窮地に陥った田中へのトドメとなったのが、10月に発売された月刊誌『文藝春秋』11月号掲載の２つの特集記事だった。田中の資金作りのカラクリを克明に描いた立花隆「田中角栄研究―その金脈と人脈」。そして、越山会（田中の後援会）の金庫番といわれた会計責任者佐藤昭と田中の関係を暴露した児玉隆也「淋しき越山会の女王」である[20]。世論での田中批判は高まり、結局74年11月に退陣を表明、翌月田中内閣は総辞職した。田中の辞任直前に行われた世論調査（朝日新聞）での内閣支持率はわずか12％。これに対して不支持は69％にも達していた。支持率、不支持率とも自民党歴代内閣の最低（最高）記録である。田中内閣発足時の内閣支持率62％、不支持率10％（ともに歴代内閣の記録更新）が嘘のような急落ぶりであった。田中善一郎が言うように、「『庶民』の出である田中に対する国民の期待が大きかっただけに、逆に、幻滅もまた大きなものとなったのである[21]」。

田中の失敗の根本的原因は、高度経済成長時代にこそ「成功」をもたらした政策体系を、国際・国内環境が大きく変動していた時期に強引に実行しようとしたことにあった。政策面での失敗だけではない。その政治スタイルでの失敗（「金の力」の失敗）もまたそうであった。

しばしば指摘されるように、同じく政治資金を提供して勢力の拡大強化を図るにしても田中の場合、金額でも散布範囲でもそれまでの政治家とはスケールが違っていた。「自民党政治家としては格段に『太いパイプ』を野党との間にもっていたのも、おそらくこれと無縁ではない」。「接する多くの人に、きめ細かに大金を与えるのが、田中の人づきあいの基本」だった[22]。自民党内はもとより、国会における「合意の政治」は、その土台の相当部分が、豊富な資金力で形成された、とも言えるわけである。
さらに、自分の金ではなく、「国家の金」を用いて合意形成を行う際も、その決断力には余人の追随を許さないものがあった。ひとつは1965年の不況期に発生した山一証券の経営危機問題である。四大証券のひとつで倒産すればその影響は甚大と予想されたとはいえ、一証券会社救済のために特別措置を講ずるかどうか、議論が紛糾して収拾がつかなかった問題を前に、大蔵大臣として田中は、山一証券に対する「無担保、無制限」の日銀特別融資を決断した。[23] もうひとつは、アメリカのニクソン大統領が選挙対策として国内の繊維業者に約束した「日本からの繊維製品輸入規制」を沖縄返還問題と絡ませて日本政府に実行を迫った問題である。1971年6月に沖縄返還協定が調印された後も、アメリカ政府の強硬な規制要求と日本の繊維業界の強い反発の間で日本政府は苦慮していたが、最終的に通産大臣田中の決断で、アメリカ側原案をほぼ全面的に受け入れた政府間協定を締結、繊維業界に輸出規制を押し付けた。その見返りに、業界に対して大幅な救済融資の提供を行ったのである。それまでの通産大臣にはできなかった果断な解決ぶりであった。[24]
これらの手法もまた、戦後日本の高度経済成長によって可能となった、田中個人および日本国家の「豊な財力」があればこそ、なのである。実に、田中は高度経済成長によって「成功」を収め、その「成功」の条件が失われつつあることを見過ごしたゆえに、挫折したのであった。

4　小泉純一郎首相：60年体制の破壊へ

「変人」と化する3代目議員[25]

小泉純一郎は、1942年、神奈川県横須賀市で、祖父と父（いわゆる娘婿）も衆議院議員という政治家の家系に生まれた。69年末、父の逝去に伴い、慶應義塾大学卒業後留学していたイギリスから急遽帰国、同月の衆議院総選挙に父の後継候補として出馬したが、落選する。70年3月から、福田赳夫衆議院議員（後に首相）の秘書となって政治家修行に励み、72年12月の衆議院総選挙で初当選、以後2001年の首相就任までに10回連続当選を果たしてきた。3回当選直後の79年11月に大蔵政務次官に、4回目の当選となった直後の80年7月（鈴木内閣）

に党政務調査会財政部会長に就任し、そして86年１月（当選５回時代）には衆議院大蔵委員長となり、88年12月（当選６回時代）には厚生大臣として初入閣を果たしている。これらのキャリア上昇は、当時「人事運用の固定化（当選回数によるキャリアパス）」が完成していた自民党にあっては、ごく一般的な経歴である[26)]。

このあたりまでは、自民党内での「変人」というわけでもなく、３代目で安定した支持基盤をもち、特に苦労もなく当選を重ねてきた、目立たぬ「普通の自民党代議士」といったところであろう。その小泉が当時の自民党政治家の行動パターンから「逸脱した」行動を示し始めるのは、92年末に郵政大臣に就任したところからである。各省大臣は概ね担当省庁の「よき理解者」「代弁者」となることが普通だったのに対して（もちろん対立があれば「政治家優位」で大臣が官僚を抑えるのが普通。第５章参照）、小泉郵政大臣は郵政官僚が構想し郵政族議員が支持する「老人マル優拡大」に反対したのである[27)]。

以後、『郵政省解体論』を出版するなど（94年）、「郵政民営化論」をその政策構想の（唯一の）柱としてアピールを開始する。95年９月には、派閥力学から橋本（龍太郎）圧勝が予想される総裁選挙にあえて立候補し完敗するも、「持論の郵政民営化論を世間に訴えることができた」と意気軒昂だった。翌年11月には橋本内閣に厚生大臣として入閣するが、衆院本会議で「新進党（当時）が郵政三事業民営化法案を出すなら賛成する」と発言したり（97年２月）、テレビ番組で「橋本内閣が（郵政三事業の）国営維持という決定をするなら、私は大臣をやっている必要はない」と発言して（同10月）、物議を醸す。さらに参院選敗北で退陣した橋本後継を決める98年７月の総裁選挙でも、派閥力学から見て小渕（恵三）勝利が予想されたなかであえて立候補しやはり完敗を喫するが、「私を受け入れる自民党ではなかった。自民党の前途は暗い」と強がる小泉だった。またこれにあわせて『郵政民営化論』を民主党の松沢成文と共著で出している。

派閥活動にはほとんど無関心だったとはいえ、当選９回のベテラン議員ということで、この総裁選の半年後に小泉は所属の森派会長代行に就任、2000年４月には森喜朗会長の首相就任により森派会長に就任している。かつての盟友加藤紘一が森首相退陣を要求した「加藤の乱」では森首相を擁護もした。決して、「永田町の論理の外側」にいる人ではなかった。が、森首相退陣に伴う総裁選挙を前にして派閥を離脱、「脱派閥」「自民党を変える。変わらなければ、ぶっ壊す」をスローガンに３度目の出馬を表明する。今回も派閥所属議員と系列党員の数から言えば、返り咲きを狙う橋本龍太郎が優位と予想されたのだが、小泉は３度目の正直とあえて挑戦したのである。「変人」の面目躍如であった。

「世論」の風に乗る「メディア宰相」

2001年４月の総裁選挙は、都市部を中心とする自民党地方議員（始まりは東京都議会議員）からの強い声に押されて、『党則』にはない一般党員による選挙が実施された[28)]。そしてこの「事実上の予備選挙」を制した小泉が総裁の座を射止めたのであった。小泉は、地方票141票中128票獲得と、一般党員の支持では他を圧する勢いを見せ、この形勢を見た国会議員票の相当部分が小泉に傾いた結果、国会議員票をあわせた最終得票でも、298票と１回目で過半数を確保した。「選挙に負ければ元も子もない。とりあえず、国民的人気の沸騰している小泉に乗って、間近に迫る選挙を乗り切ろう」という自民党員、党地方議員、国会議員の計算が小泉に勝利をもたらしたのである[29)]。

こうして、少なくとも登録上は237万（2000年末調査。投票総数は137万票）を数えていた一般自民党員の支持で総裁となった小泉だが、その沸騰する人気の源泉は、彼が「自民党の中から自民党を否定できる人」という印象を与えるのに成功したことにある。小泉は、善悪二元論的構図に立って、「悪」と対決する「善」を自己演出し、人気を博していった。この場合、「悪」とは、既成政治の手垢にまみれた「政治のプロ」、すなわち「自民党の利権構造」と「官僚支配」と名づけられたものを指している。「永田町」と「霞ヶ関」である。これに対して、既成政治の悪に染まっていない「政治のアマチュアあるいはアウトサイダー」が「善」とされる。「ポピュリズム」の手法である[30)]。

前項で見たように、小泉は、政治家としての経歴から言えば、決して「永田町の論理の外側の人」ではなかった。しかしながら、首都圏大都市型選挙区（神奈川県横須賀市が地盤）選出で３代目の世襲議員ということは、言い換えれば、小泉には積極的な地元利益誘導の必要性がないことを意味している。支持基盤の制約が少ないことから、小泉は前に述べたように、郵政大臣経験者でありながら、公然と「郵政民営化論」を訴えていた。たしかに永田町の常識からすれば「変人」という印象を与えることができ、「政界のアウトサイダー」的印象が形成された。彼が離婚を経験して独身をつづけていること、またそのヘアースタイルに代表される見栄えも、この印象を強めるのに一役買ったであろう。

もっとも、小泉が初めて就いた役職は大蔵政務次官で、その後ほどなく党政務調査会の財政部会長を務め、後には衆議院大蔵委員会の委員長にまでなっている。大蔵省とつながる族議員（大蔵族あるいは財政族）の道を歩んでいたということになる[31]。父の後を継ぎ、若くして政治家生活を始めることとなった小泉だが、政務次官、部会長時代に、大蔵省関連の政策の勉強をした結果、「郵政民営化」論が出てきたのかもしれない[32]。小泉は、いわゆる「政策通」ではない。それだけに、政治家生活の最初に学習した、この「郵政民営化論」を大切にし、それ一本槍でやってきたという印象は否定できない。

同様に、外交安保政策についても、これは小泉の「苦手分野」であり、「定見があったとは思えない」という酷評もあるが、他方で、定見がなかったからこそ、「日米同盟強化を軸とした積極的国際貢献」路線という（すでに70年代末の大平内閣が原型を形成し、中曽根内閣がさらに展開、そして橋本・小渕両内閣が定着させた）大きな流れにそのまま身を任せ、さらに推進していくこともできたと言える。就任1年目には、9・11テロに対するアメリカのアフガニスタンへの軍事行動を支援するため「テロ対策特別措置法」を制定し、2003年にはアメリカが始めたイラク戦争に対して、いち早く支持を表明した。そして04年2月には人道復興支援のため陸上自衛隊をイラクに派遣するという大きな決断を行った。そして、この路線を世論のかなりの反対があってもぶれることなく一貫して貫き通したのである。自民党内にも少なくなかったイラク派遣の陸上自衛隊早期撤退論を最後まで退けてきたのは、その代表的な事例だと言える[33]。

橋本・小渕両内閣でハイ・ポリティクス重視の動向がはっきりと登場し、そして橋本首相、小渕首相ともこの分野では強いリーダーシップを発揮して、冷戦後の「日米同盟強化・積極的国際貢献」路線を定着させたが[34]、小泉首相もそのラインにあるということだ。しかしながら、もともと外交安保分野は「利益配分政治」の対象となりにくい、したがって「鉄の三角形」（族議員―業界―省庁）もほとんど存在しない、言い換えれば組織だった「抵抗」の少ない政策分野である。「反対」を主張する「世論」が内閣支持率などの「世論調査」やマスメディアの論調のレベルにとどまる限り（「街頭での大規模な反対行動」として現れる場合は別であるが)、その動向さえ気にしなければ、そして与党内の抵抗がそれほど強くなければ、首相の強い意思により、国会の多数決で押し切ることが可能な領域ではある。

これに対して、「利益配分政治」の比重の大きい「内政」ではことは簡単ではない。たとえば、大統領型首相をめざした中曽根首相は、(彼の立場から見て)日本の国際政治での存在感を高め、外交安保の分野では一定の成果をあげたのだが、「抵抗勢力」の強い税制改革(売上税導入)と教育改革では目標の実現に失敗した。[35] 税制改革(消費税導入)を実現したのは、「合意とロー・ポリティクスの政治家」の典型と見える竹下首相であった。[36]

この点で小泉首相はどうだろうか。首相就任前そして就任当初は、「政界のアウトサイダー」として、「世論」を相手に、「聖域なき構造改革」とか「構造改革なくして景気回復なし」という抽象的スローガンを繰り返し叫んでいるだけで話は済んだ。短いフレーズを何度も繰り返し、同じ言葉を使う語法(「サウンド・バイト手法」)である。もともとアメリカのラジオ業界用語で、わずかの時間に候補者を売り込む手法として定着したという。小泉はこの手法を多用したのである。「キャッチフレーズだけで説明が足りない」という印象もこの手法と無関係ではない。しかし、小泉は自民党内での基盤(派閥政治の次元)は強くなかった。「遠くと結んで近くを攻める」。つまり「世論」の圧倒的な支持を頼りに政治を行う以外になかったのである。[37]

しかし、このスローガンを具体化する段階に入ると、ワンポイントフレーズを叫んでいるだけでは済まなくなる。改革案に予算をつけ、法案の形にして、国会を通さねばならない。関係省庁、自民党、連立与党、野党との交渉が不可欠となる。ここで利害の「調整」が求められるのだが、小泉には党三役などの党務経験がなく、「調整」といったものを知らず、側近にも「調整」に長けた人はいなかったという。「抵抗勢力」との対立が膠着状態となる可能性は大きかった。その場合、「解散総選挙に打って出て、正面突破を図る。自民党を壊して政界再編を目論む」か、あるいは「包囲されて、政権をあっさり投げ出す」か、のどちらかだ、と御厨貴はかつてある論文で書いていたが、[38] 2005年8月、「郵政民営化法案」採決をめぐって自民党内の抵抗から国会が膠着状態に陥ったとき、小泉は前者の選択を断行したのである。[39]

結果は自民党の大勝だった。選挙前まで有権者にそれほど重視されていなかった「郵政民営化問題」を、日本の政治経済システム全般の「構造改革」のシンボルに仕立て上げることで、民営化法案支持派イコール構造改革支持派イコール「善」、民営化法案反対派イコール構造改革反対派イコール「悪」という善悪二元論的対立構図を演出することに、小泉首相と自民党執行部は成功したのである[40]。「わかりやすさ」を何よりも重視するマスメディアの報道は、この二元論的演出効果を増幅させた。「メディア宰相」の面目躍如である。

政治のスタイルから言えば、小泉首相は「多数決型」を実行したと言える。そして、今や、首相が強い意欲をもてば、外交安保だけではなく、利益配分にかかわる内政においても、このタイプのリーダーシップが成り立つ条件ができつつある。**序章**で述べたように、60年体制（いわゆる55年体制）終焉後、1990年代に行われた一連の政治・行政の制度改革がもたらした効果である。待鳥聡史も、とりわけ選挙制度改革と行政機構改革（橋本行革）の意義を強調し、小泉首相がその成果を意識的に利用することによって、政策決定過程のあり方を変えたこと、すなわち「首相―内閣―行政官僚制というラインから形成される執政（executive）の与党に対する優位の確立」「与党内部における幹部権力の確立」を強調する[41]。憲法上は強いはずの首相の権限である。それを、1960年代以降、様々な要因が制約していたのだが、これらの制約条件は縮小しつつあった。小泉以後の首相は、そのリーダーシップを十分に発揮できる環境が整いつつあるように思われたのである。

5　おわりに

本章では、岸信介、田中角栄、小泉純一郎という３人の首相を取り上げて、それぞれ、初期55年体制を象徴する首相、60年体制（55年体制として一般にイメージされる体制）を象徴する首相、そして60年体制の破壊過程を象徴する首相として、そのリーダーシップのあり方を政治史的に叙述してきた。すなわち、「多数決型政治」への方向性を内包しながら実現を見なかった初期55年体制、この失敗を教訓に「合意型政治」への巧みな転換を図り自民党の長期政権持続を可能にした60年体制、内外環境の激変を背景に行き詰まり感を強く感じさせていた「合意型政治」に代わる「多数決型政治」の新たな模索（60年体制の破壊と新しい体制の追求）という視点、すなわち戦後日本の「政治体制」（ここでは、構造的に安定し制度化された政治過程のあり方全体を指す）の変動というマクロな視点と関連させつつ、首相のリーダーシップを説明してきた。政治指導者の個性の記述にも意を用いつつ、あくまでマクロな「体制」の特徴のなかにその個性を位置づけることに力点を置いたのである。

このような本章の方法とも関連して、最後に２つの問題を提示しておきたい。ひとつは、前節末尾で「小泉以後の首相は、そのリーダーシップを十分に発揮できる環境が整いつつあるように思われたのである」と結んだが、その後、第２次安倍政権成立までの首相たちは、「思われた」にもかかわらず、実際には明らかに「リーダーシップを十分に発揮できなかった」。ところが、第２次安倍政権では一転して、再び首相は「リーダーシップを十分に発揮できている（いた）」ように見える。これをどのように説明するのか、という問題。そして２つめは、60年体制（いわゆる55年体制）の崩壊後、新しい「政治体制」（そこではハイ・ポリティクスを中心に「多数決型政治」が行われる）は確立されたのか、という問題である。

前者については、1990年代以降の一連の制度改革によって、首相の強いリーダーシップ（多数決型政治）の「環境は整いつつある」が、その十分な発展を妨げている重要な制度要因が残っており、小泉以後の政治過程は、これを明るみに出したこと、また首相が「強いリーダーシップを発揮している（いた）」ように見える第２次安倍政権も、それが置かれた「幸運な」環境によるところが大きいことを**序章**で指摘した。さらに、今後、一層の制度改革によって阻害的制度要因が消えたとしても、「多数決型政治」が適切に運営されるかは、待鳥が言うように「確率論」（多数決型政治適合的な力量ある首相が生まれる確率）の問題として残る[42]。加えて、小泉首相の「強いリーダーシップ」について上川龍之進が強調するように、制度改革では制御できない「偶然」としての環境（状況）要因（とりわけ一国の執政レベルで制御困難な国際的状況要因）の問題は大きいであろう[43]。

後者について、「新しい政治体制」が定着したという議論もあったが、上で述べたように「積み残された制度改革」の重要性を考えれば、現在のところ、「新しい体制」は成立の途上にあると言うべきだろう（**序章**参照）。

✐コラム　安倍首相：「幸運な環境」に支えられた「消去法による長期政権」？

安倍首相による第２次政権の長期化は、序章でも強調しているように「幸運な環境」によるところが大きく、そして、その大きな部分を占めているのが「消去法による支持」（消極的支持）をもたらしている状況要因である。

『朝日新聞』世論調査（2018年１月、10月、2019年９月）で「安倍内閣を支持する」と回答した人のなかで「支持する理由」（択一）の内わけを見ると、「首相が安倍さん」が、11％、13％、10％、「他よりよさそう」が、49％、49％、54％であった（同紙2018年１月23日朝刊、10月16日朝刊、2019年９月17日朝刊。＊2019年９月については朝日新聞デジタルで公開されている原データから筆者が計算）。2014年12月総選挙後の同紙世論調査で「野党の中で政権を任せられる党」が「ある」と答えたのは全体の８％、「ない」が78％で、野党投票者でも「ない」との回答者が72％だった（同紙2014年12月18日朝刊）。

また、別の世論調査では、安倍首相自身に対する「信頼度」が低いにもかかわらず、「消去法による支持」で政権が持続していることが示されている。「信頼度」について、たとえば、NHK の一連の世論調査で「安倍内閣を支持する」理由として最も多く選択されてきたのは（択一式で概ね半数近い）、他社の調査同様「他の内閣より良さそうだから」という消去法によるものだが、「安倍内閣を支持しない」理由として概ね最も多く選択されてきたのは（択一式で30～40％台）、「［首相の］人柄が信頼できないから」というものであった。他社の調査では、このような選択肢はないので、NHK の調査は興味深い（以上、NHK の2018年３月～2020年３月実施の政治意識月例世論調査による。NHK 放送文化研究所 HP 参照［2020年４月５日確認］）。

さらに新型コロナウイルス禍のなかで全国が緊急事態宣言の対象区域とされた直後2020年４月18-19日に行われた『朝日新聞』世論調査でも、政府の対応と安倍首相の指導力への低い評価と、（にもかかわらず）あまり変化のない内閣支持率が示されている。「安倍首相は、感染拡大の防止に向けて指導力を発揮していると思いますか」という質問に対して、「発揮している」33%、「発揮していない」57%。「新型コロナウイルスをめぐる、これまでの政府の対応を評価しますか」という質問には「評価する」33%（41%）、「評価しない」53%（41%）。他方、安倍内閣支持率は「支持する」41%（41%）、「支持しない」41%（38%）だった［（　）内は同じ質問がなされた３月世論調査（14-15日）の結果］。そして「支持する」と回答した人の「支持する理由」（択一）の内わけは、「首相が安倍さん」７%、「他よりよさそう」56%だった（同紙2020年４月21日朝刊。内わけは朝日新聞デジタルで公開されている原データから筆者が計算）。ここから言えるのは、「残念だが他に代わる内閣がない」という消極的支持がこれまで同様つづいているということである。

ただし、緊急事態宣言の対象地域として最後まで残っていた首都圏と北海道の解除方針が固まってきた５月下旬（23-24日）の同紙世論調査では、安倍内閣の支持率低下が顕著となった（第２次安倍政権発足以来最低の29％。不支持は52％）。他方、新型コロナウイルスをめぐる政府と安倍首相の対応への低い評価は１か月前とあまり変化は見られない。「新型コロナウイルスをめぐる、これまでの政府の対応を評価しますか」という質問には「評価する」30％、「評価しない」57％。「新型コロナウイルスを巡る安倍首相の対応を見て、首相への信頼感は高くなりましたか」という今回登場した質問に「高くなった」５％、「低くなった」48％、「変わらない」45％だった（『朝日新聞』2020年５月25日朝刊）。この支持率の大きな低下は、様々な憶測を生んでいる検察庁人事と検察庁法改正をめぐる一連の事件の影響という面が大きいであろう。これまでは、このようなスキャンダル的な「事件」（森友・加計学園問題や「桜を見る会」の疑惑など）で一時的に支持率が低下しても、ほどなく（消去法が中心だとしても）回復していたのが、新型コロナウイルス感染状況の収束見通しが予測不可能で、経済の回復のための大規模な財政出動もその効果が見えない、という2020年夏の社会的不安感が収まらない環境のなか、第２次安倍政権は支持率の低迷が持続する（『朝日新聞』７月世論調査では、支持33％、不支持50％、支持者中の支持理由の内わけは「首相が安倍さん」９％、「他よりよさそう」58％。朝日新聞デジタル版公開「2020年７月定例 RDD 調査」）。新型コロナウィルスをめぐる政府の対応への評価も安倍首相の指導力発揮への評価も低迷したままであった（それぞれ評価する：32％と24％、評価しない：57％と66％、出典は同前）。対応に苦慮するなかでストレスが蓄積し体調の悪化をもたらし退陣を余儀なくされたのである。「幸運な環境」を背景に長期政権を維持してきたのだが、「不運な環境」の出現とともに政権は終焉を迎えたのである。もちろん第２次安倍政権に政策面での業績評価がなかったわけではない。辞任表明後の『朝日新聞』世論調査で「安倍首相の７年８ヵ月の実績」を71％の回答者が「評価する」と答え（ただし「ある程度」が54％）、評価する政策として（択一）外交・安全保障（30％）と経済（24％）が多く選択された（同紙、2020年９月４日朝刊）。トランプ大統領との親密な関係構築など首脳外交による存在感のアピール、大胆な金融緩和と財政出動を中心としつつ、様々な成長戦略を提起することによるデフレ脱却への期待感の維持（株価の上昇、少なくとも量的な雇用状況の改善はあった）がこの評価をもたらしたのだ。しかし、これらの政策領域は、組織された強い反対勢力が出現する領域ではない。いずれも合意争点と言える領域であり、「強いリーダーシップ」の証明にはならないのである。（なお、上にあげた世論調査では「外交・安全保障」と一括されているが、実施時期から考えて、回答者が想起するのは、首脳外交などのいわゆる「外交」であり、2015年の安保関連法案に象徴される「安全保障」ではないであろう。そして、この狭義の「安全保障」問題は合意争点ではないとしても、序章で指摘したように、内政争点とは違って、強い反対の組織化をもたらすことの稀な分野なのである。）

注

1） 政治的リーダーシップの理論的研究は、たとえば、組織論におけるリーダーシップ研究に比べて、大きな困難を抱えている。それは、リーダーシップの効果を説明すべき変数群としての「リーダーシップ環境」（状況、制度、時間など）が、組織論研究が前提としているような小集団と比べて、政治的リーダーシップの場合、はるかに大規模かつ複雑なためである（伊藤光利・田中愛治・真渕勝『政治過程論』（有斐閣、2000年）303〜304頁）。とはいえ、リーダーシップを説明するための様々な理論構築の試みがなされている。このような試みについての要を得た整理として、伊藤ほか・前掲書第12章が役立つ。

2） 政治史的叙述の方法から、戦後日本の首相を網羅的に論じたアンソロジーとして、次の2著があり、いずれも裨益するところの大きい作品である。渡邉昭夫編『戦後日本の宰相たち』（中公文庫、2001年）、御厨貴編『歴代首相物語〔増補新版〕』（新書館、2013年）。

3） 日本政治の理解をより深めるうえで比較政治学の知見は重要だが、首相のリーダーシップ研究の分野での最近の成果として次が参考になろう。高橋直樹・松尾秀哉・吉田徹編『現代政治のリーダーシップ—危機を生き抜いた8人の政治家』（岩波書店、2019年）。

4） 初期55年体制、60年体制という概念については、**序章**を参照。

5） 以上、原彬久『岸信介—権勢の政治家』（岩波新書、1995年）、原彬久編『岸信介証言録』（毎日新聞社、2003年）、北岡伸一「岸信介—野心と挫折」渡邉編・前掲書（注2）、中村隆英『昭和史Ⅰ』（東洋経済新報社、1993年）293〜296頁。中村隆英『昭和経済史』（岩波書店、1986年）63〜154頁。

6） 北岡・前掲論文（注5）153頁。

7） 井上寿一「岸信介」御厨編・前掲書（注2）177頁。

8） 以上、北岡・前掲論文（注5）157〜164頁。もちろん岸も経済政策を軽視したわけではない。それを最優先課題としなかっただけである。実際、岸内閣時代1960年2月の国会における経済企画庁長官の演説は「今後おおむね10年間に国民所得を倍増し……国民経済と国民生活の均衡ある発展をはかっていく所存」と述べていた（ただし「所得倍増論」を提起したのは池田勇人である）（草野厚『歴代首相の経済政策　全データ』角川書店、2005年、94〜95頁）。また岸のイニシアチブかどうかは別として、国民皆保険制度、国民皆年金制度が始動したのも岸内閣時代であった（1958年：国民健康保険法改正、1959年：国民年金法制定）（佐々木毅ほか編『戦後史大事典〔増補縮刷版〕』（三省堂、1995年）296〜297頁［山崎泰彦］、400〜402頁［三浦文夫］）。

9） 三沢潤生「第一次岸内閣」林茂・辻清明編『日本内閣史録　第5巻』（第一法規、1981年）387〜388頁、同「第二次岸内閣」林・辻編・前掲書404、414〜416頁、北岡・前掲論文（注5）164頁。岸はまた、この「多数決型」政治を支えるものとして、イギリス保守党を範とする「近代的組織政党」（集権型の大衆組織政党）の建設に強い意欲を示し、その実現のために「小選挙区制」導入を主張していた（中北浩爾『自民党政治の変容』（NHK出版、2014年）第1章）。

10） 升味準之輔『現代政治（上）』（東京大学出版会、1985年）47〜48頁。

11） 坂元一哉『日米同盟の絆』（有斐閣、2000年）第4章、正村公宏『戦後史（下）』（ちくま文庫、1990年）第10章、参照。

12） 北岡・前掲論文（注5）168頁。55年体制（60年体制）下の自民党を特徴づけていた「派閥体制」は、鳩山総裁退陣後の1956年12月に行われた事実上最初の総裁選挙（公式の最初の選挙［56年４月］は事前に候補者が鳩山一人に絞られていた）での激烈な争いを契機に以後総裁選挙を経るごとに完成されていく（伊藤光利編『ポリティカル・サイエンス事始め〔第３版〕』（有斐閣、2009年）第４章［森本哲郎］、升味準之輔『現代政治（下）』（東京大学出版会、1985年）第６章第１節、升味・前掲書（注10）第１章第１節、参照）。

13）以上、正村・前掲書（注11）第10章、中村隆英『昭和史Ⅱ』（東洋経済新報社、1993年）488〜497頁。

14）以上、御厨貴「田中角栄—開発政治の到達点」渡邉編・前掲書（注２）、立花隆『田中角栄研究・全記録（上）』（講談社文庫、1982年）、苅部直「田中角栄」御厨編・前掲書（注２）、早野透『田中角栄と「戦後」の精神』（朝日文庫、1995年）、新潟日報社編『ザ・越山会』（新潟日報事業社、2004年）。

15）御厨・前掲論文（注14）263〜266頁。

16）御厨・前掲論文（注14）274頁。

17）正村・前掲書（注11）238〜247頁、佐々木ほか編・前掲書（注８）291、294頁［正村公宏］。

18）田中善一郎「第二次田中（角）内閣」林茂・辻清明編『日本内閣史録　第６巻』（第一法規、1981年）322〜328頁、正村・前掲書（注11）482〜494頁、中村・前掲書（注13）第７章６節。

19）正村・前掲書（注11）509〜514、521〜526頁、中村・前掲書（注13）第７章、中村隆英『日本経済—その成長と構造〔第３版〕』（東京大学出版会、1993年）第７章。

20）立花・前掲書（注14）、また児玉隆也『淋しき越山会の女王』（岩波現代文庫、2001年）。当事者の証言として佐藤昭子『決定版　私の田中角栄日記』（新潮文庫、2001年［原著は1994年］）参照。「佐藤昭子」は佐藤昭を1979年に改名したもの（同書、17頁）。

21）田中善一郎「第一次田中（角）内閣」239頁、同「第二次田中（角）内閣」352頁（いずれも林・辻・前掲書（注18）所収）。

22）苅部・前掲論文（注14）202頁。

23）厳密に言えば「無担保、無制限」ではなかったが、一般投資家の動揺を防ぐために、田中の強い指示で、あえて「無担保、無制限」と報道発表されたのである。田中の的確な決断であった（草野厚『山一証券破綻と危機管理——一九六五年と一九九七年』（朝日新聞社、1998年）161〜170頁）。山一証券はこの融資で再建され、69年には特別融資も完済した。30年後のバブル崩壊期に同社は再度経営危機に陥り、97年についに廃業したが、これは本章と直接関係はない。草野・前掲書参照。

24）正村・前掲書（注11）439〜444頁。水木楊『田中角栄—その巨善と巨悪』（文春文庫、2001年）216〜217頁。現在もなお国民の関心を最も喚起する戦後の首相と言えば田中角栄であろう。それは一般読者向けの田中角栄についての書籍が継続的に刊行されていることにも表れている。前著刊行後に出された、一般読者を念頭に置いた研究者による包括的な田中の伝記的作品として次が裨益するところが大きい。服部龍二『田中角栄—昭和の光と闇』（講談社、2016年）、新川敏光『田中角栄—同心円でいこう』（ミネルヴァ書房、2018年）。

25）本項は、特に注記のない限り、朝日新聞関連記事、『朝日年鑑』各年度版、AERA2001年５月14日号、週刊朝日2001年５月18日号による。

26）この時期の自民党人事運用の固定化について、佐藤誠三郎・松崎哲久『自民党政権』（中

央公論社、1986年）第１部第２章を参照。

27）　このような行動によって小泉は、序章注８）で触れた「政官スクラム型リーダーシップの崩壊」（村松岐夫『政官スクラム型リーダーシップの崩壊』（東洋経済新報社、2010年））の先駆けを示していたと言える。

28）　2001年の総裁選挙は1998年総裁選挙と同様、任期途中辞任によるため「党大会に代わる両院議員総会」での選出となり、国会議員および都道府県連代表（各１票で47票）の投票による、という場合に当たる。『党則』では都道府県連各１票だったが、特例として各３票に拡大するとともに、各都道府県連で一般党員による投票（89年９月に廃止されて以来、『党則』『総裁公選規程』では定められていない「事実上の予備選挙」）が実施され、ほとんどの都道府県では１位の候補者に３票すべてを与えるという仕組みを採用した。これが小泉の地方票拡大に寄与したことは確かである。なお大阪府連はドント式比例配分で小泉２票、橋本１票とし、鳥取県連は１位が過半数に満たなかったことで、橋本２票、小泉１票とした（朝日新聞2001年４月24日、25日）。また、広島と山口は、一般党員ではなく、県連役員などのみによる投票だった。投票総数137万票のうち、小泉の得票数は79万票だった（読売新聞2001年４月24日）。

29）　森本哲郎「『戦後体制』の終焉と政党システムの変動」同編著『システムと変動の政治学』（八千代出版、2005年）228～229頁。

30）　森本・前掲論文（注29）229頁。ここで言う「ポピュリズム」という概念は2005年刊行の上記拙編著で用いているものだが、最近出された定評ある概説書が示す以下の定義とも合致しているであろう。「本書ではポピュリズムを、社会が究極的に『汚れなき人民（the pure people)』対『腐敗したエリート（the corrupt elite)』という敵対する二つの同質的な陣営に分かれると考え、政治とは人民の一般意思（ヴォロンテ・ジェネラール）の表現であるべきだと論じる、中心の薄弱なイデオロギーと定義する」（Mudde, Cas and Cristóbal Rovira Kaltwasser (2017), *Populism*, Oxford University Press, pp. 5－6、カス・ミュデ／クリストバル・ロビラ・カルトワッセル（永井大輔・髙山裕二訳）『ポピュリズム―デモクラシーの友と敵』（白水社、2018年）14頁）。

31）　佐藤・松崎・前掲書（注26）267頁でも、また猪口孝・岩井奉信『「族議員」の研究』（日本経済新聞社、1987年）303頁でも、小泉は財政族議員（大蔵族議員）リストに挙げられている。

32）　この点について、大嶽秀夫『小泉純一郎―ポピュリズムの研究』（東洋経済新報社、2006年）80～81頁も参照。

33）　森本・前掲論文（注29）230～231頁。

34）　森本・前掲論文（注29）225～227頁。

35）　草野厚「中曾根康弘―大統領的首相の面目」渡邉編・前掲書（注２）参照。

36）　久米郁男「竹下登―保守党政治完成者の不幸」渡邉編・前掲書（注２）参照。

37）　その場合の「世論」も、『朝日新聞』とか『読売新聞』といった一般紙の「世論」ではない。「政治の玄人」仲間という印象もある一般紙ではなく、テレビのワイドショーやスポーツ新聞といった「政治の素人」が演出する「世論」を重視する。首相秘書官飯島勲の言葉を借りれば、「今の有権者はスポーツ紙で（政治を）読み、ワイドショーで政治を総括している。小泉はマンガ本、スポーツ紙、婦人雑誌の取材に最優先で応じ、永田町に程遠い人に政策を語ってきた」というわけである。上杉隆「小泉官邸のメディア戦術」（2002

年度日本選挙学会報告論文）参照。

38) 御厨貴「『鈴木宗男』を浮上させた保守政治の衰退」中央公論2002年４月号。

39) 「郵政民営化法案」をめぐる自民党内の動き、国会審議の経過について、清水真人『官邸主導―小泉純一郎の革命』（日本経済新聞社、2005年）337〜353頁参照。

40) 谷口将紀・菅原琢・蒲島郁夫「自民にスウィングした柔らかい構造改革派」論座2005年11月号、101〜102頁参照。

41) 待鳥聡史「小泉長期政権を支える政治改革の成果」中央公論2005年４月。なおここで言われている「執政」とは、民主主義政治体制における首相や大統領とその執行部を指す概念として、理論的により厳密な議論を構成するために、近年の政治学（新制度論）で広く用いられている概念である。建林正彦・曽我謙悟・待鳥聡史『比較政治制度論』(有斐閣、2008年）第４章参照。

42) 待鳥聡史『首相政治の制度分析―現代日本政治の権力基盤形成』（千倉書房、2012年）186頁。詳細は本書**序章**参照。ところで「多数決型政治」適合的な「力量ある政治家」とはどのような政治家なのか。ここで試論的に考えたい。自民党では、かつての派閥体制という群雄割拠による「チェック・アンド・バランス」環境下、有力政治家は外圧として否応なしに「権力行使に際しての規律」感覚に拘束されていたが、権力集中型の体制下では自ら強く意識しないと喪失するリスクは大きい。その分、自己規律の内面的圧力は強くなって、有力政治家はそれに耐えられる力が求められる。また、様々な分野の政策決定は政治家（その分野の非専門家）の恣意ではなく専門家の助言を基礎に行われる。しかし、たとえば、社会科学のなかで最も自然科学化している経済学と比べても、より盤石な専門知の基盤をもつ「科学技術」の知見にもとづく政策分野でも、「いかに科学技術に投資をし、その研究を進めようとも、システムの巨大さに起因する不確実性から逃れることはできないであろう。世界は確率論的に描写され、『ゼロリスクはない』と専門家は言い続けるであろう」(小林傳司『トランス・サイエンスの時代―科学技術と社会をつなぐ』(NTT 出版、2007年)、281頁）という宿命から逃れられない。それでも、政治家は最終的な政策決定を決断しなくてはならず、そして、確率的には稀な、しかし偶々発生した災厄の責任を決定者として負わねばならない。この「結果責任」に耐える精神力も不可欠だろう。具体的な「力量ある政治家」イメージを思い浮かべるには、やはり日本と外国の個性記述的な政治史的政治家研究が参考になろう。

43) 小泉政権が財政緊縮政策を貫徹できたのは「主として中国の急成長とアメリカの住宅バブルの拡大という二重の幸運に恵まれたおかげ」だった（上川龍之進『小泉改革の政治学―小泉純一郎は本当に「強い首相」だったのか』（東洋経済新報社、2010年）317頁)。また内山融も「歴史的文脈」言い換えれば「状況要因」の重要性を強調する。(内山融「小泉純一郎の時代―歴史と個性の政治学試論」飯尾潤・苅部直・牧原出編『政治を生きる―歴史と現代の透視図』中央公論新社、2012年）また森本哲郎編『現代日本の政治―持続と変化』（法律文化社、2016年）第４章コラムも参照されたい。

【森本哲郎】

第5章　官僚・公務員・役人

1　はじめに

公務員がバッシングの対象となったのは1990年代のことだから[1]、このテキストの読者の大部分にとっては、どこかの役人の発言がマスコミなどで問題視されたり、その仕事の仕方について批判が集まったりしているのをニュースなどで目にすることは、日常茶飯事であろう。しかし1980年代までの日本では、政治家のスキャンダルが問題となることはあっても、優秀な官僚はちゃんと仕事をしていると広く受け入れられていた。『週刊朝日』に連載の後1975年に出版された城山三郎の小説『官僚たちの夏』（新潮社、現在は新潮文庫で読める）は、小説の舞台は通産省（現在の経産省）官僚が特振法の制定によって産業を保護育成しようとしていた1950年代だが、1970年代まで官僚の優秀性に対する信頼が日本社会にあった１つの証拠である[2]。

優秀な官僚というイメージは、しかしこの1970年代から徐々に崩れ始める。第二次臨時行政調査会が行政改革のターゲットとした国鉄は、民間（私鉄）と比べて生産性が低いと批判された。これは、官僚というよりも公的セクター一般の生産性の低さを批判したものであったかもしれないが、官僚をトップにする公的セクターが、民間企業と比べて社会の変化に対応できず、従来と同じ政策を漠然と継続しているという印象を与えた。1988年に発覚したリクルート事件は、２人の前事務次官を含む官僚が汚職で逮捕起訴されて有罪判決を受け、政治家と同じように汚れているという印象を与えた。バブル経済の中で新卒者の多くが民間企業に流れて公務員志望者は減少し、厳しい倍率の公務員試験に合格したというキャリア官僚の「優秀さ」の根拠が、ここでも失われた。

さらに1990年代になっても官官接待や業界との癒着などの不祥事によって、公務員が批判される事件が相次いで起きた[3]。21世紀に入っても、エリート官僚による不透明な意思決定や地方公務員による公共事業をめぐる汚職などがしばしば報道されている。また、このような批判に乗る形で、給与水準や労働組合との関係を問題視し、改革をスローガンとする政治家が地方自治体の首長に当選したり、公務員給与の大幅削減を公約に掲げた政党が、国会議員や地方議員の選挙で議席を急増させたりする例もつづいている[4)]。

ところで、ここまで「公務員」「役人」「官僚」という言葉をあまり区別せずに用いたが、三者の関係はどうなっているだろうか。「公務員」は法律用語であり、国家公務員法などで厳格に定義することが可能である。ただ、法律用語としての公務員には、大臣などの政治家が「特別職公務員」として入ったり、逆に「一般職公務員」に限定すると、自衛官などが含まれなかったりするので、一般の感覚とはずれるところがあるし、公務員の数を論ずる時などには注意が必要である。一方「役人」や「官僚」は日常語でありマスコミにもよく登場する言葉だが、その意味する範囲にはあいまいなところがある。「お役所仕事」と批判されるような窓口での冷たい対応を、すべての公務員がしているわけではない（そもそも窓口で市民に対応しているのはごく一部の公務員であるし、今日では役所の窓口には臨時採用やパートの公務員、あるいは派遣会社の契約社員が座っている場合も多い）し、民間の窓口でも冷たい対応を受けることは多い。エリート官僚の特権と批判される「天下り」がすべての公務員に可能なわけではもちろんないし、大企業の幹部にも一定の年齢になると取引先や子会社に移って幹部となる現象は広く見られる[5)]。「官僚制」の発達は役所に限らず、大規模組織（私企業も）の多くでこれを観察することができるのは、このテキストの読者の多くが身近に（たとえば大学でも）感じているだろう。警察官やソーシャルワーカー、教員などについて「第一線公務員」と呼ばれる現象も、法的な意味で「公務員」であることに由来するというよりも、顧客との関係が閉鎖的で提供しなければならない財・サービスの性格があいまいなものであるところでは、公私に関係なく発生している（コラム「第一線公務員」論を参照）。

その意味で、本章のタイトルでもある「官僚・公務員・役人」がそもそもだれであるか、曖昧なところもあるが、以下では主に国や地方自治体に雇用されている公務員のなかでも、特に重要な意思決定にかかわっている人々をイメージしながら、彼らがなぜ権力をもっているか（もっていると考えられたか）を考えよう。

2 公務員

公務員の分類と数

最初にも書いたように、公務員は法律で定義することが可能であるし、またその給与は国や地方自治体の予算から支払われ、労働条件も法律などで厳密に決められている。しかし公務員を管理することが仕事であるはずの役所（国の場合、人事院・総務省・内閣人事局）のウェブページや白書類（人事院の『公務員白書』、総務省の『地方財政白書』、各種のパンフレットは、ネット上で毎年のように更新されてグラフや図表でデータが公開されている。最新のものを確認してほしい）を調べると、そこに書かれている「数」が同じではないことに気がつく。これは、法律・予算上の定員（毎年度少しずつ変更される）か、実際に雇用されている人数か、どちらを基準として書くか、いつの時点の数字なのかにもよるし、あるいはその役所による管理の対象となる公務員にだれが含まれるか／含まれないかにもよる。

たとえば、人事院の出している『国家公務員プロフィール』は、「国家公務員は現在約58.6万人で、そのうち人事院勧告の対象となる給与法適用職員は約27.8万人です」と予算定員ベースで書いている（『令和２年度国家公務員プロフィール』）。特別職職員（約29.8万人、防衛省職員の他、裁判官や裁判所職員・国会職員・大臣など）や給与法の適用のない一般職職員（行政執行法人職員と検察官）は、合計すれば給与法適用職員よりも多いが、どちらかというと「その他」扱いであるのは、給与法の適用の有無、つまり人事院の業務である人事院勧告の対象であるかどうかだけでなく、採用試験なども人事院から独立して行われるからであろう。

一方、内閣官房に設置された内閣人事局のウェブページには、「公務員の種類と数」という表題で人事院とほぼ同じ数字の表が用意されるとともに、「一般職国家公務員在職状況統計表」があり、こちらでは実際の在職状況を約26.7万人と示している（2019年７月現在）。さらに同じ内閣人事局の「省庁再編以降の国の行政組織等の職員数の動向」というグラフは、2001年１月に84.1万人いた「行政機関の職員」が令和２年度（2020年度）末には30.1万人になったとするが、国家公務員数の大幅削減の大部分は、郵政公社化（民営化ではなく2003年の公社化）、国立大学法人化、独立行政法人化などにより、それぞれの組織で働く職員が国家公務員と分類されなくなった結果であり、純粋な意味での合理化による削減は10万人を下回る。さらに、この図と内閣人事局の他のページの数字との食い違いは、直接的には説明されていない（「省庁再編以降の国の行政組織等の職員数の動向」では、自衛官以外の防衛省職員などを「定員」に含むことが違いの原因）。

地方公務員については、総務省の「地方公共団体定員管理調査結果の概要」が定員は約274.1万人（「平成31年地方公共団体定員管理調査結果の概要」）であるとしており、地方公務員数については、毎年度調査されているこの数字が白書類や他のウェブページにも使われていることが多い。この中には、公営交通の従業員（市バスや地下鉄の運転手など）、公立病院勤務者（医師、看護師など）さらに上下水道部門で働いている職員、つまり公営企業職員が35.1万人含まれており、もしこれらの事業から地方自治体が撤退（廃止や民営化）すれば、その分減少することになる。その一方で、自治体の首長や副知事、地方議会議員など、特別職についてはこの数字に含まれていないことにも注意が必要だろう。

また、国家公務員との対比では、地方公務員については、ピークであった1994年から緩やかに減少が続いた後、2016年以降はほぼ横ばいで推移しており、これまで「省庁再編以降の国の行政組織等の職員数の動向」に描かれたような激減を経験していないことも指摘できる。これは、地方公務員の数について、総務省（旧自治省）による指導はあったものの「総定員法」にあたる厳格なしばりがなかったことが原因かもしれないし、国が厳密に基準を定めていた政策領域では、地方自治体レベルでは削減ができなかったからでもある。さらに、総定員法によって国家公務員数を抑制したことは、1970年代以降地方自治体に政策の執行を押しつけ、地方公務員数を増やす結果となったと考えられる。教育環境の整備（40人学級の導入、特別支援学校）、高齢者福祉サービスの拡充など、国の政策の転換によっても地方公務員数は増え続け、1994年には328万人を超えていた。その後は地方行政改革や少子化によって減少する部門（一般行政、清掃、教育部門など）もあるものの、住民に対して直接的なサービスを提供する自治体の場合、高齢化や体感的治安の悪化などが他部門（防災、福祉、警察、消防部門など）の地方公務員の数を増やしている。

「小さな政府」

公務員の「数」について、もうひとつ指摘しなければならないのは、一部の政治家やマスコミによる「公務員バッシング」とは裏腹に、日本の公務員の数は、多くの国と比べると実は少ないことである。人事院や総務省、内閣人事局のウェブページや白書類で調べると、主要国あるいはOECD加盟国間の人口千人あたりの公的部門における職員数を比較した図表を見つけることができる。これらによれば、日本の公的部門における職員数は、日米英仏独の主要5か国のなかでは最も少なく（2018年に36.9人）、OECD加盟国間の比較でも、最も少ない国のひとつである（GDPに対する公的セクター人件費の割合も低い）。

これについては、「隠れ公務員」がいるはずだという反論がインターネット上などには見られるが、これらの図表には、政府企業職員も計算に入っており、かつこの人数が少ないことが、日本の公務員数を少なくしていることを指摘しなければならない。公益法人などの存在を指摘し、これらも入れればきっと大きいに違いないと陰謀論を書く者もいるが、実際には行政と密接なかかわり合いのある公益法人などの職員を入れても日本の公的セクターはなお小さい。

日本の公務員数が少ない主な原因は、公的サービスのかなりが、民間企業や様々な団体に契約などで委託され、公務員数や人件費の形では把握できない人々によって提供されていることにある。民間企業との契約によってゴミ収集が行われ、高齢者や障害者に対する様々なケアが社会福祉法人、医療法人あるいはNPOによって提供されていること、「国立」あるいは「公立」と看板の立てられた建物のなかに民間企業に雇用された人々が入って、清掃、守衛、食堂、窓口業務に始まって給与計算や情報処理関連の業務まで、様々な仕事を行っていることは、日本では常識であるが、他の国々では必ずしもそうではない。企業の経済活動に対する規制の多くが、公務員ではなく業界団体によって実質的に行われている国もそれほど多くない。多くの国では、公的サービス（あるいはそれに付随する業務）の提供について、公的サービス＝公務員による提供、という図式が今日でも根強く残っている部分が多く、これと福祉関連サービスの提供の拡大が組み合わさった先進国の多くでは、日本よりも公務員の数がかなり多くなるのである。

エリート官僚

ここまで「公務員」の数に着目して日本の行政の特徴を考えてきたが、それではその行政の中枢にいる官僚とは、どのような人々であろうか。

これまでの官僚のイメージでは、大学学部卒業時（つまり22、23歳で）国家公務員採用総合職試験（2011年度までは国家公務員採用Ⅰ種試験）に合格し、役所のなかの主要ポストを２、３年の早いスピードで転任を繰り返し、40歳過ぎには「課長」になることが保障され、その後激しい昇進競争で事務次官をめざすのが、「キャリア」と呼ばれるエリート官僚であった。戦前にまでさかのぼり文官高等試験行政科に合格した高文官僚との連続性を強調するならば、公務員試験のなかでも「行政」（総合職大卒程度試験では「政治・国際」）「法律」「経済」区分の試験合格者に「キャリア」は限定され、工学系や農学系の試験区分合格者は「技官」と呼ばれる。公務員試験に合格した「キャリア」官僚は、入省直後から他の試験合格者とは違う幹部職員としてのトレーニングを受け、長い期間をかけて鍛えられる。全員が「課長」になるものの、「課長」より上のポストについては昇進できる者とできない者に区別され、できなかった者は順次省庁から退職し（早期退職であるので、「天下り」によって第二の人生・収入がある程度保障されている）、官僚の最高ポストである事務次官に到達するのは、同じ年に採用された同期の中でも１人であるというのが、キャリアのイメージである。

確かに、新聞報道などで課長ないし局長級以上の官僚の人事が報じられる場合の記事を見れば、ほぼどの省庁でも、新たにポストに就いた人物のかなりが法学・経済学系の学部を卒業しており、一定の年月をその役所で経験していることが確認できる。新任の次官は、まずまちがいなく前任者よりも１年ないし２年後に採用された人物であり、人事の逆転や前任者と同期の人物が次官になるのは異例の人事として報じられる。これは、日本に限らずアメリカ以外の先進国の公務員人事でも見られ、また日本では大企業を中心に民間企業でも広く見られる、閉鎖的労働市場における内部昇進型人事のパターンであるが、他の国や民間との比較では、日本のキャリア官僚人事は、例外的な人事が特に少ないことがその特徴と考えられてきた。

図表５―１　「二重の駒型」昇進モデル

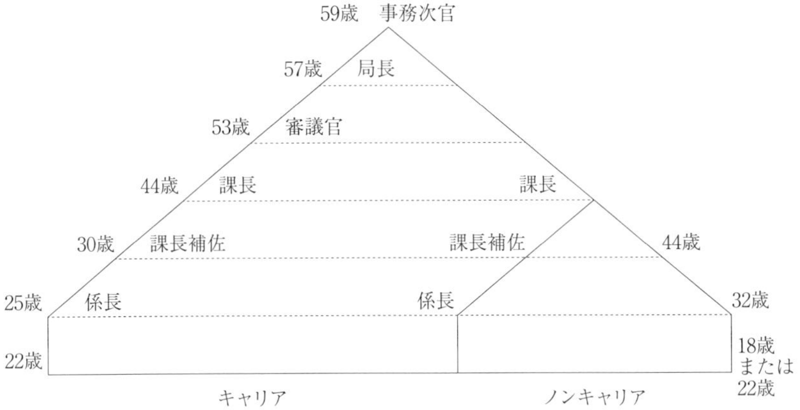

出所：稲継裕昭『『日本の官僚人事システム』（東洋経済新報社、1999年）35頁を、『日本経済新聞』2017年３月10日夕刊「イマドキ官僚の素顔」を元に年齢等を一部修正加筆。田中俊徳「自然保護官僚の研究」年報行政学53号（2018年）によれば、技官にも同じような人事パターンがあるが、課長への昇進は50歳前後と数年遅くなる。

このキャリアの昇進と、ノンキャリアと呼ばれるキャリア以外の公務員（大卒者対象と高卒者対象の２つの一般職試験（これまでのⅡ種試験とⅢ種試験に対応）による採用者）の昇進パターンとの関係を明らかにしたのが、稲継の「二重の駒型モデル」である。[6)]

このモデルのポイントは、①「キャリア」について、課長までは年齢に従って全員が昇進し、その後はポスト数に応じて昇進または早期退職の競争が同期入省者の間で行われるという人事パターンに重なる形で、②ノンキャリアについても、係長までは全員が昇進しその後は引き続き昇進する者とそうでない者に分かれ、ノンキャリアトップの者は課長に至る（ただし、ノンキャリアの場合原則として定年まで在職できる）という人事パターンが存在し、③各省庁内に、大小２つの将棋の駒を重ねたような形の人事パターンがあることを示した点にある。この稲継のモデルは、公表されてからすでに20年以上が経過しているが、公務員全体の高齢化や定年延長、2001年の中央省庁再編成時に行われた局や課の削減、さらに天下りの抑制の結果、課長昇進年齢が40歳から数年遅くなっていること、かつてはきわめてまれであった「例外」人事が、時に見られるようになったことを除けば、現在でも当てはまると考えられている。

このように理解すれば、「エリート」官僚という場合、①現在各省庁の幹部職員である指定職（課長のひとつ上の審議官クラス以上。2014年に設置された内閣人事局が一元的な人事管理を行う）約900名、あるいは中央省庁の課長級以上と考えると約2000名をそれと考えることもできるが、②広く将来の幹部職員も「エリート」官僚と考えるならば、それはほぼキャリアと重なる。

そのキャリアであるが、人事院の総合職採用試験のデータ（『令和2年度年度国家公務員プロフィール』）によれば、2019年度採用試験の申込者は2万208人、合格者は1957人で、この内の714人が採用（内定）されている（技官を含み、防衛省採用者を含まない数字）。公務員志望者数は、景気と公務員人気の変化によって増減するが、近年は試験の申込者の数が減少していることが指摘されている。しかしそれでも、厳しい競争を経て採用されていることに変化はない。この714人から技官を除いた約300名が、キャリアとしての公務員人生を2020年4月に開始したわけである。

なお、地方公務員の場合、一般行政に従事する職員の採用については、大卒者と高卒者を対象とした2種類の試験を行っている地方自治体が多く、採用時から幹部候補を別に採用する人事システムをとっている自治体はほとんどない。その結果地方自治体においては、「エリート」官僚は、同期採用者のなかから昇格人事が早い、あるいは将来に結びつく仕事を任されるという形で、徐々に出現することとなる[7)]。

3　官僚優位論と政党優位論

エリート官僚の職業人生

上述のように、日本のキャリア官僚は、大学学部卒業時（総合職試験になってからは、試験そのものが院卒者試験と大卒程度試験に分けられ、大学院レベルの教育を受けている者の割合が30％以上に増えている）に将来の幹部を選抜する公務員試験（戦前の文官高等試験、戦後は六級職、上級職、Ⅰ種、総合職試験と変遷）に合格し、各省庁に採用され、その職業人生の大部分を公務員として過ごすことになる。エリートといわれるものの、少なくとも最初の数年間の給与は同期入省の一般職大卒者とほぼ同じであり、仕事も、上司にいわれて行う補助的な仕事が多いといわれている。人事の動かし方は省庁ごとに少しずつ異なり、数年間地方支分局勤務や地方自治体への出向が組み込まれている省庁もあれば、かなりの確率で海外留学を行わせる省庁もある。かつては、入省後何年か経過すると同期を一斉に地方支分局（たとえば税務署、警察署）の長として赴任させ、若くして組織の長としてふるまう体験をさせる省庁もあった。さらに最近では、地方自治体（係長級以上に昇進して以降の場合、「天下り」で課長・部長などの自治体幹部に数年間なる場合が多い）、他省庁への出向（外務省に出向し在外公館勤務というのもある）や、大学などの研究機関や民間企業との交流人事も、省庁幹部への道として考えられている。

稲継の「二重の駒型」モデルにもある、同期が同時に昇進するパターンは、係長・課長補佐から課長昇進まで、最近では多少崩れながらもなお継続していると考えられている。この約20年間にわたる同時昇進期間に、それぞれへの評価が蓄積され、それが「課長」以降も昇進できるかそれともある時点で昇進が止まり、「天下り」によって関連する団体などに転じていくかを決めるといわれる一方で、幹部職員の人事については、その時々の大臣や政権与党の意向による部分もあるといわれている（この後で言及する「内閣人事局」を参照）。もちろんこのような職業人生の途中で他の職業に転じたり、選挙に出馬して政治家になったりする例もあるが、官僚の多数派は、大学卒業後入省した省庁とずっとかかわる形で職業人生を送り、退職後の人生も「天下り」によって省庁にかかわり続けてきた[8)]。

このような官僚の職業人生のパターンは、明治時代中期（1893年）に文官任用令が制定されて以降、少しずつ形を変えながら、今日まで継続していると考えられる。昇進のスピードや給与に代表される待遇は、時代によって大きく変わっているが[9)]、大学卒業直後の新卒者を試験によって採用し、内部で昇進させて幹部にする制度は、戦争や様々な政治的変化にもかかわらず、今日まで基本的に変わっていない。後に内閣総理大臣になる浜口雄幸は、1895年に文官高等試験に合格して大蔵省に入省し1914年に大蔵次官となったが、浜口の時代から今日に至るまで、大蔵省（財務省）の事務方のトップである事務次官について、大蔵省に採用されたキャリアが最初は若手の事務官としてスタートしつつ内部昇進を重ね、同期との競争を何年も続けてその地位に至ることは、この100年間ほぼ変化していないのである。[10]

官僚優位論

このような官僚が日本の行政をリードし、政治についても実質的な決定権限を有していると論じてきたのが、「官僚優位論」である。官僚が権力を握っている証拠として、様々なものが示されてきたが、特によくいわれたのは、政界（自民党）における官僚出身者国会議員の数とその数以上に彼らの存在が大きかったこと（1957年に内閣総理大臣となった岸信介以降、1980年代まで首相と主要閣僚の多くが官僚出身であった）、官僚が起草した法案である内閣提出法案が国会で可決される法案の多くであること、あるいは国会の委員会審議で、政治家である大臣ではなく、官僚が任命された「政府委員」が重要な政策を説明し議員の質問に答えていたこと、大企業の幹部に「天下り」する者が多数いたことなどである。

辻清明は、この「官僚優位論」の代表的論者と考えられてきた。辻は、官僚制が占領期にむしろ温存され強化されたと批判し、その理由として、「第一は、ポツダム宣言を実施するための占領政策が、私の名付ける「間接統治」の形態をもったこと。第二は、明治以来の国民意識の裡に官僚制の中立的性格に対する幻想が潜在していること。第三は、現代行政の知識と遂行能力において、政党が無力であるという事実である」と３点を挙げていた。[11] そして、このような理解は最近まで広く受け入れられ、日本の政治行政の特徴のひとつと考えられてきたし、今日でもなお個々の政策領域では官僚優位が続いているという主張もある。

政党優位論

この「官僚優位論」に、官僚に対するサーベイ調査と、そのデータの分析からチャレンジしたのが、1981年出版の村松岐夫『戦後日本の官僚制』である。村松は、1976～77年に行われた官僚サーベイ調査データから、日本の官僚の自己認識が、かつての「国士型官僚（古典的官僚）」から「調整型官僚（政治的官僚）」に変わったとし、その原因を、「政治的正統性の転換」に求めている。つまり、日本国憲法が制定され「国会を中心とする制度が、戦後日本に戦前とは異なった政治体系を定着させ」たことが、官僚たちに政治の持つ権力を受け入れ、その役割意識を変化させたと論じたのである。[12)]

村松の「政党優位論」は、その『戦後日本の官僚制』出版以降、徐々に受け入れられた。1986年に公刊された佐藤誠三郎・松崎哲久の『自民党政権』は、自民党が様々な利益を代表することにより政権を維持していることを明らかにした。族議員について、猪口孝・岩井奉信の『族議員の研究』が出版されたのは1987年である。猪口らは、自民党議員のなかに、政務調査会の部会長や大臣を経験することで、ある省庁が所轄する政策領域について官僚以上に詳しい政治家が出現し、彼らがその省庁に対して大きな影響力をふるっていることを発見した。[13)] これらは、政党が官僚よりもより影響力をふるう存在になったことを示していたのである。「天下り」についても、多くの民間企業にまんべんなく天下っているというよりは、規制の多い業界、業界最大手の企業よりはそれに次ぐ位置にある企業に天下っているという指摘がなされ、さらに民間への天下りそのものが減り、特殊法人などへの天下りが増えていることも指摘されている。冬の気圧配置のパターンのひとつである「西高東低」をもじった「政高党低」(政策決定において、政＝官僚が重要であり、党＝政党の役割は小さい、という意味)が日本の政治であるといわれていたものが逆転し、「党高政低」(両者の関係が逆転して、政党が重要になった）に転じたといわれ始めたのもこの時期であった。[14)]

今日では、政党優位論は学問的に通説的な立場にあり、さらにマスコミの報道もこれを前提としたものが多い。ある政策、たとえば税制あるいは商法の改正について、省庁とそれに付随する審議会などの意見と、政権与党内の意見が対立する場合、新聞などは与党内の意見を重視し、官僚側が推進する政策よりも与党側が推進している政策が実現する可能性が大きいと報道することが多い。

政官関係の変化

1990年代以降、さらに新しい変化が官僚の影響力あるいは役割認識に生じている。その原因は、本章の最初で言及した官僚バッシングにも求められるかもしれないが、それ以上に重要なのは、1993年以降連立政権が常態化し、時には非自民党政権が成立するようになったことである。官僚優位論が主要な法律は官僚の起草した法案が閣法として国会に提出されて成立しているから官僚に権力があると論じたのも、それに対して政党優位論が法案には党の事前審査があるから、政党（族議員）が権力をもっていると論じた時も、議論の前提には自民党政権の継続があった。しかし自民党以外の政党も政権に加わり始めたことは、政党と官僚の関係にも大きな影響を及ぼすこととなった。官僚と政党（自民党）はもはや安定的なパートナーではなく、政権交代がありうることも計算に入れた関係に大きく変化した。真渕勝が『大蔵省はなぜ追いつめられたのか』で「自民党が官僚制との距離を意識するようになった」と論じたのは1997年であるが、「内閣人事局」の設置をその帰結と考えることもできるだろう[15]。

内閣人事局

2014年に設立された内閣人事局は、もともとは官僚を政治がコントロールする、いわゆる「政治主導」の手段として考え出されたものであり、同じような主張は自民党以外の政党からもなされていた。

しかし、内閣人事局の設置は、前述の政官関係の変化と、政治改革（特に衆議院における小選挙区比例代表並立制の導入）によってもたらされた政党執政部への権力集中と組み合わさった結果、官邸（与党執政部、特に内閣総理大臣とその周辺）が官僚の人事に介入する可能性を拡大した。「政党優位論」が族議員の存在などを前提に政策領域ごと、省庁ごとの分権的な政党優位を説いていたのに対して、内閣人事局の下では集権的な政党優位が可能となったのである。

4　官僚の役割は何か？

官僚の役割の変化

このような政官関係の変化とともに、官僚の役割意識が変化し、政治が決定した政策を執行することに主要な役割を見出す「吏員型官僚」を増加させていると、その後2回行われた官僚サーベイ調査データをもとに、真渕は別の論文で論じている。真渕は、これが「官僚バッシング」に対する、官僚の自己防衛的な変化であると解釈し、「官僚の不祥事、それに対する世論の非難への対応であると考えられる。そうであるならば、……（中略）……病理的な反応であるといわなければならないであろう」と結論づけている[16]。憲法の定着、民主主義の深化と肯定的に考えることのできる「国士型官僚」から「調整型官僚」への変化とは異なり、もし官僚バッシングの結果社会との距離を置くようになったのならば、「吏員型公務員」への変化には負のイメージがある。

さらに、この吏員型官僚の増大という議論には、日本における官僚の自己認識が西側先進国で見られた変化とは逆向きの変化が起きた可能性を示しているという点でも注目される。村松岐夫が始めた官僚サーベイ調査は、同じ1970年代にジョエル・アバーバック（Joel D. Aberbach）らによって西側先進国で行われた官僚調査に大きな影響を受けているが、アバーバックらによって発見されていたのは、政治家と官僚の役割の融合であり、官僚の役割の拡大であった。なぜ日本では、アバーバックらの発見とは逆の変化が、二十数年後に発生したのだろうか。

ひとつの可能性は真渕のいう「病理的な反応」であるが、もうひとつの可能性は、アバーバックらの西側先進国官僚調査が、「福祉国家」化によって行政機構が急激に膨張していた1970年代という特別な時期に行われたことそのものに求めることができるかもしれない。つまり、政府の機能が拡大していた時期だからこそ、それまで政策の執行を主要な役割と考えていた西側先進国の官僚が、政治家の役割と考えていた政策の形成や社会との利害調整も自分たちの役割でもあるという考え方をもち始めたことがアンケート結果に表れた、と解釈するのである。日本以外の西側先進諸国も、その後の「大きな政府」批判が行われたので、西側先進国の官僚の意識もまた、最近では日本の官僚と同じ方向に変化している可能性が指摘できるのである。

萎縮する官僚か専門的な官僚か

さらに真渕の議論に対しては、変化の方向はまちがっていないが、変化の意味の解釈はちがう、という批判もある。宮本融は、「日本官僚論の再定義」という論文で、官僚が社会との距離を置き始めたのはバッシングに対する萎縮ではなく、彼らが「専門性」を高めた結果であると論じた。宮本が紹介している経産省の人事担当者の言葉によれば「特定の知識が必要であれば、世界で一番優秀な当該分野の専門家を招聘すればよい」のであって、官僚に求められている専門性とは政策形成プロセスの管理に関する知識であるというのが、その主張である。[17]

技術系行政官に焦点をあてた著作のある藤田由紀子は、官僚に求められる専門性についてもう少し高度な能力が求められる場合があることを主張している。彼女によれば、「専門分野において求められる能力が、内容が理解できるという『リテラシー』レベルに留まる場合」は、専門外の教育を受けた行政官でもOJT でその能力を身につけることができるかもしれないが、専門家集団内部でも異論が存在しているような技術については、技術のリスクや専門家の見極め、専門家の結論を評価するという、非常に高度な能力が求められるという。このような「優秀性」をどう確保するかが、現代社会では問われているというのが彼女の結論である。[18]

官僚の「中立性」

専門性と並んで官僚に求められるもう一つの条件が「中立性」である。政治家がそれぞれの政治的信条に従って政治を行うことが求められているのに対して、官僚には「中立性」が求められる。中立性は、政策執行にあたっては、恣意や主観を排除し、法令に従って行政を行うことと理解されている。しかし、嶋田博子『政治主導下の官僚の中立性』によれば、エリート官僚のかかわることの多い政策立案では、「中立性」が何かははっきりとしておらず、「中立性」と政権与党の意向に沿って政策立案すること（専門的知識に反したり法令上グレーなところまで意向に沿うべきか）の関係はあいまいになっている。

さらに、「政治主導」があるべき改革の方向性として強調されるなかで、官僚の行為に求められる「中立性」と、官僚の個別人事に介入することを政治家は自制すべきであるという人事の中立性が混同されたことが、近年の政官のバランスをくずした原因であると嶋田は指摘している。[19]

官僚に何を求めるのか？

ここまでの議論で紹介したように、官僚に権力があると考えられてきたのは、彼らの「優秀性」が広く認められていたことに求められる。その優秀性を担保してきたのが官僚の学歴であり、非常に難しい公務員試験に合格したという事実であった。

ところが、近年この常識に疑問符がつけられ始めている。エリート官僚の多くは東京大学の卒業生で、その卒業生のなかでも試験に合格する者ばかりではないことが、官僚の優秀さの証拠のようにいわれていたが、最近では東京大学で公務員試験を受ける者の割合が低下している。そもそも大学在学中に大学で学んでいることを問う試験で、どこまで専門的な知識をもっているか確認するのは難しいし、かつて学生として優秀であった者が、数十年後大規模組織の管理者として有能であるとは限らない。ある時点で最新の知識をもっていたとしても、それが政策立案や組織管理で何年もの間有効な知識であり続ける保障はない。

かつては、試験で優秀な成績を収めた者に、リーダー、管理者としてのトレーニングを仕事のなかで行うことで、幹部職員に育て上げる仕組みが存在していた。しかし、社会経済的な変化のスピードがはやくなり官僚に求められる仕事の中身の変化も激しいこと、官僚の権威を失墜させる事件の連続、そして「公務員バッシング」の継続は、幹部公務員養成の仕組みを不安定なものにしている。同様に、公務員の数を減らせばよいという風潮は、官僚が現在もっている知識をブラッシュアップする時間を奪っているともいえる。

ここで考えなければならないのは、「大きな政府」を批判し公務員の数を大きく減少させたとしても、現代日本の政府は、様々なサービスを提供しなければならないために、依然として相当程度大きなものであり続けることである。大規模な組織では、必ずといってよいほど官僚制が発達することは、マックス・ウェーバー（Max Weber）も指摘していた。官僚制が発達するならば、その官僚制を構成する公務員が政治家とはまた違った意味で国民の代表として機能し、高い士気で働いてもらえるよう、公務員制度をデザインする必要がある。加えて、日本の公務員制度は、日本の労働市場に適合する形でしか成立しえないので、大学など学校を卒業直後の者をリクルートし会社内部で育てる人材育成の仕組みが民間セクターで続くならば、公務員もまた同様の仕組みで人材を行政内部で育てなければならない。

日本に限らず、いかに優秀な人材をリクルートし、どのように育てて働かせるかは、公務員制度の永遠の課題なのである。

✐コラム 「第一線公務員」論

「第一線公務員」（英語では、street level bureaucrat）は、一般市民と日々接して仕事をしている公務員である。1989年に『官僚制支配の日常構造―善意による支配とは何か』（三一書房）で第一線公務員論を日本で初めて本格的に紹介した畠山弘文の挙げている例には、学校・警察・福祉事務所・保健所・病院・公共職業安定所・税務署などがある（市民に毎日のように接していても、市バスの運転手など個々の市民に対して裁量の余地が少ない公務員は、第一線公務員とはあまり考えない）。第一線公務員は、それぞれの仕事について「ある程度の」裁量が認められており、時として彼らが市民を支配することもある（これとは反対に、エリート官僚による支配を直接経験することはまれである）というのが、これまでエリート官僚に焦点があてられることが多かった公務員に関する研究のなかで、第一線公務員研究が注目された理由である。

なぜ第一線公務員には、裁量が認められるのか。第一線公務員の研究をスタートさせたマイケル・リプスキー（Michael Lipsky）に始まる多くの論者は、第一線公務員の職務目標があいまいで、かつ多くの場合職務執行に必要なリソースが不足していることを指摘している。たとえば病院では、患者に対して適切な治療を行うことが求められるが、同時に、多くの患者を診察して治療することも求められている。個々の患者を丁寧に診察すればその患者は治療できるかもしれないが、診察できる人数は少なくなってしまう。逆に数をこなそうとすると、重大な病気を見逃したり、ある特定の患者には不適切な治療を施してしまうかもしれない。そのような問題を避けるために、マニュアル化や様々な指標の活用が行われるが、それから漏れてしまう問題を知っている現場の職員は、最後は現場の智恵で、裁量によって問題を解決しようとする（裁量を行使しなければ解決できない）。しかしそのことは、サービス（あるいは規制）を受けることのできた市民と、できなかった市民を生み出し、そしてサービスを受けた市民を現場の職員が支配することの第一歩にもなるのである。

第一線公務員として挙げられている例に福祉関係が含まれていることは、特にこの問題が、福祉国家化以降、大きくなっていることを示している。しばしば例として取り上げられる生活保護の場合、保護を受けられるかどうかは保護を望む人にとっては死活問題である。また、ケースワーカーは単に保護を行うだけでなく、被保護者を就労させることも仕事であり、被保護者一人ひとりの状況を把握し、適切なアドバイスを与えて社会復帰を促さなければならない。それゆえに適切な裁量の行使が求められるのであるが、それは逆に見れば、被保護者を支配することにつながりかねないのである。

注

1） 中野雅至『公務員バッシングの研究―Sacrifice〈生け贄〉としての官』（明石書店、2013年）によれば、「公務員バッシング」は、1990年代に入る頃から長期不況から非正規雇用が拡大・常態化し、それとの比較で公務員の労働条件などがマスコミにセンセーショナルに取り上げられ続けることで開始し、そして今日まで継続しているものである。

2）『官僚たちの夏』はまた、「官僚優位論」が学問的にまだ主流であった1970年代に、政治家が官僚よりも影響力を行使できることを、省庁の幹部人事（だれを事務次官にするか）や政策の選択（どの法案を優先して法律とするか）で与党幹部政治家が決定力をもつことを、1950年代の通産省をモデルに描いていた点でも面白い小説である。

3） 1996年には前厚生事務次官が収賄で逮捕され、実刑を受けた。

4） 有馬晋作『劇場型首長の戦略と功罪―地方分権時代に問われる議会』（ミネルヴァ書房、2011年）。田村秀『暴走する地方自治』（筑摩書房、2012年）。

なお、国際NGOであるトランスペアレンシー・インターナショナルが毎年公表している「腐敗認識指数」では、日本の政治的腐敗度は世界180か国中20位（2019年）であり、この順位は近年ほぼ同じである。政治家や公務員の汚職についていえば、日本は先進国の中では平均的な国である。

5） 中野雅至『天下りの研究―その実態とメカニズムの解明』（明石書店、2009年）28～32頁。

6） 稲継裕昭『日本の官僚人事システム』（東洋経済新報社、1999年）30～35頁。

7） 幹部候補を選抜する方法として、「係長試験」などといわれる昇任資格試験を行う自治体と、試験は行わず人事評価によって行う自治体があるが、受験者の減少などを理由に係長試験を廃止した自治体も多い。また、幹部候補には管理部門である人事・財務・秘書・企画の職務を経験させることが多いことを、竹内直人「遅い昇進の中の隠れた早い選抜」大谷基道・河合晃一編『現代日本の公務員人事』（第一法規、2019年）は指摘している。

8） 中道実『日本官僚制の連続と変化　（ライフヒストリー編）』（ナカニシヤ出版、2007年）は、戦前から1975年までに入省し、戦後日本で活躍したエリート官僚合計42名のライフヒストリーを聞き取りしたものである。

9） 水谷三公『日本の近代13官僚の風貌』（中央公論新社、1999年）70～85頁によれば、明治期の高級官僚には高給が支払われているが、その後は徐々に官民・公務員間の格差とも縮小して今日に至っている。

10） 最近では、次官就任時の年齢は50歳代の後半、つまり大蔵省入省から30年以上経過した人物が財務事務次官に就任している。なお、2013年から３代にわたって1979年に入省したキャリアが財務事務次官に就任したことは、前例が戦前にまでさかのぼる異例の人事として大きく報道されたが（『日本経済新聞』2015年７月８日）、近年では同期入省の事務次官が続く例が時々見られるようになっていることを、出雲明子「内閣人事局設置後の官僚人事」『東海大学紀要　政治経済学部』49号（2017年）は指摘している。

11） 辻清明「戦後の統治構造と官僚制」『新版　日本官僚制の研究』（東京大学出版会、1969年）271頁（初出は、岡義武編『現代日本の政治過程』（岩波書店、1958年））。

12） 村松岐夫『戦後日本の官僚制』（東洋経済新報社、1981年）13頁。

13） 自民党政務調査会が法案の事前審査を開始したのは1962年池田内閣の時といわれるが、これが政党、特に族議員の省庁に対する影響力を大きくしたと論じられるようになるのも

1980年代に入ってからである。日本経済新聞社編『自民党政調会』(日本経済新聞社、1983年)。

14) 新聞各社の記事データベースによれば、「党高政低」が新聞記事に使われたのは、『毎日新聞』と『読売新聞』が1980年、『日本経済新聞』が1982年、『朝日新聞』が1985年である。かつ、1980年に初出例がある『毎日新聞』・『読売新聞』の場合、1980年の記事は鈴木善幸内閣の特徴の説明として使われており、「党高政低」が自民党政治一般の特徴を表す言葉として使われ始めるのは、この2紙の場合も1985年前後からである。

15) 真渕勝『大蔵省はなぜ追いつめられたのか—政官関係の変貌』(中央公論社、1997年)。

16) 真渕勝「官僚制の変容」村松岐夫・久米郁男編『日本政治変動の30年—政治家・官僚・団体調査に見る構造変容』(東洋経済新報社、2006年)156頁。

17) 宮本融「日本官僚論の再定義」日本政治学会編『年報政治学2006-II 政治学の新潮流』(木鐸社、2007年)。

18) 藤田由紀子『公務員制度と専門性』(専修大学出版局、2008年)261〜263頁。

19) 嶋田博子『政治主導下の官僚の中立性—言説の変遷と役割担保の条件』(慈学社出版、2020年)202頁〜205頁。

【松並 潤】

第 II 部

政治の場

第6章　選挙と投票行動

1　はじめに

自由主義の実現のためには、国民自身による国家運営を要する。憲法における民主主義の人権規定上の表現が参政権（15条1項）であり、また統治規定上の表現が国民主権（前文1項・1条）である。本章は公職者の選出と関わる政治学的な論点を扱うが、それに先立ち本質的な理解を得るために法的な論点を講じる。主に現代日本の国政選挙制度および投票意識・投票行動を論じるが、必要に応じて理論的な背景に言及する。他方、選挙制度と政党制の関連、そして1990年代における選挙制度改革の経緯および政治へもたらした帰結については**第1章**が扱う。また、地方選挙については**第10章**が扱う。

2　代表と選挙制度

代表の理念と制度

2つの代表観　国民主権は2つの具体的な意味をもつ。まず「国家権力は国民に由来するので正当である」という「正当性の契機」であり、この意味での国民とは全国民の集合体である[1)]。次に「国政の最終決定権を国民自らが行使する」という「権力的契機」であり、この意味での国民とは一人ひとりの有権者である。この両側面が不可分に結合し、国民主権の実質を成す[2)]。

2つの契機はそれぞれ異なる代表観と結びつく。正当性の契機にもとづく代表の場合、議員は特定の母体ではなく国民全体を代表する。この時、議員は特定の選出母体の利益ではなく国家全体の利益を追求するので、有権者の意思に拘束されず行動可能な「自由委任」が認められる。この代表観を「純粋代表」と呼ぶ。他方で権力的契機に基づく代表の場合、議員は選挙で表明される国民の意思を可能な限り反映しなければならない。したがって、有権者の意思が議会での議員の行動を拘束する「命令委任（強制委任）」が認められる。この代表観を「半代表」と呼ぶ。

代表観の差異は、前提とする選挙制度の差異を導く。純粋代表の場合、国家全体の利益を議会で表明できる議員を選出するためには一定の能力を要すると考えられるので制限選挙を予定する。他方で半代表の場合、個別具体的に存在する国民の意思を幅広く議会で表明できる議員を選出するために普通選挙を予定する。

日本国憲法では、「議員は全国民を代表する」という43条１項が正当性の契機を示しており、帰結としての自由委任の規定が「議院における議員の発言・表決の無答責」を定めた51条である[3]。他方で「公務員の選定・罷免」を国民固有の権利として認めた15条１項、および「改憲時の国民投票」を求めた96条１項などは、国民が自ら権力を行使する場面を定める点で権力的契機を示す。したがって、憲法では２つの主権の契機が併存するが、現実に区別が問題となる場面は稀である。

政党と代表観　選挙で公約を掲げて候補者を擁立する政党と代表観の関係も論点となる。第１に、憲法に従えば国会を唯一の立法機関として認めた41条にもとづき、95条に定める地方自治体の特別法を除いて立法時の国民投票は認められない。しかし政党が公約にもとづき立法活動に従事するならば、公約に基づく投票は実質的な国民投票となるのではないか。この点について、一般に国民投票が個別の政策に対して行われる一方、各種の政策を包括的に提示する公約への投票は国民投票に該当しないと考えられる。

第２に、政党が予め所属議員に対して法案への賛否を指示する党議拘束は、51条の自由委任に反するとの説がある。この説に対し、選挙で主要な役割を果たす政党の決定に従う所属議員の活動こそ、代表としての役割を果たす上で不可欠であるとの説が対立する。ただし、党議拘束に違反した議員に対する政党として処分は当該政党が決定できるが、党議拘束違反を理由とする議員資格の喪失は51条に違反する。

第３に、党籍変更に伴う議員資格の喪失が自由委任に反するか。2000年の公職選挙法と国会法の改正に伴い、衆議院または参議院の比例代表選挙での当選者が、当該比例代表選挙に候補者名簿を提出した他の政党に移籍した場合は資格を喪失することとなった。ただし、立候補した政党を離れて無所属となる場合、当該選挙以降に成立した政党に移籍する場合、当該比例代表選挙に候補者名簿を提出していない政党に移籍する場合、および当選時に所属していた政党の合併または分割によって成立した政党に移籍する場合は資格を喪失しない。この規定の制定理由は、政党に対する投票という性格が濃い比例代表選挙に関して当選後の移籍を認めるならば、明らかに有権者の意思に背くからである。

参政権の性格

参政権と制度　人権の性格を考える場合、「国家からの自由」を定めた自由権が消極的権利、「国家による自由」を定めた社会権・受益権が積極的権利である一方、国家の意思形成に関与する「国家への自由」を定めた参政権は、請願権とともに能動的権利を構成する。

参政権は選挙権と被選挙権を内容とする。選挙権は、「公務員の選定・罷免」を国民の権利として認めた15条1項を具現する[4)]。そして選挙権は、国政に参加する「権利」としての性格のみならず、公務員を選定する「公務」としての性格を兼備する点で、純粋な権利である他の人権と異なる。他方で被選挙権は憲法に明文規定がないが、政治的な差別を禁じた14条1項にもとづく公務就任権が認められる。また1968年の最高裁判決では、15条1項に定める自由かつ公正な選挙を実現するうえで有権者が候補者の範囲を適当に限定するための立候補制度が必要であるという理由にもとづき、被選挙権が15条1項の保障する人権の1つだと認めた。

15条1項に規定された選挙権に対する制度的保障が15条3項に定める普通選挙制度、および15条4項に定める秘密投票制度である。制度自体に重要性を認め、当該制度の核心を法律でも制限できないものとして人権保障の実質化を図る概念が制度的保障である。

定住外国人の参政権　消極的権利が国家の存在を前提としない前国家的権利である一方、積極的権利と同様に能動的権利は国家の存在を前提とする後国家的権利である。したがって、適当な資格と手段での政治参加を設計するうえで、消極的権利よりも広範囲の制約が課されうる。参政権は人権規定における国民主権原理の具現なので、原則として日本国籍以外の者に参政権は保障されない。そして、ただ参政権を付与する必要がないのみならず参政権を与えてはならないということまで意味するので、日本国籍を所持しない者に対して参政権を付与する法律は憲法違反である[5]。ただし、議会・首長の地方選挙については議論がある。

通説は、国会議員選挙について参政権が認められないことと同様の理由にもとづき、地方選挙についても参政権を認めない。他方、認めてよいとする説の根拠は3点ある。第1に、法律違反の条例は無効なので、地方議会における外国人の意思が国会の意思に優先する結果として国民の意思が否定される事態は生じない。第2に、憲法93条2項では地方選挙の選挙権を「住民」に認める点で、参政権を「国民」に認める15条1項の規定と質的に異なる。第3に、そもそも地方自治の本旨は地方政治を地域住民に委ねる点にある。

外国人の参政権に関しては、国政選挙と地方選挙をあわせ4件の最高裁判例が存在する。いずれも参政権を否定したが、このうち1995年の判決では「永住者等であってその居住する区域の地方公共団体と特段に緊密な関係を持つに至ったと認められるもの」について地方選挙での選挙権を付与する法律は憲法で禁じられていないと判示する。ただし原告は特別永住者であり、右の判示部分が想定する外国人も特別永住者に限られる[6]。

選挙の原則と議員定数不均衡

選挙の原則　憲法が求める選挙の原則は4点ある。第1は、14条1項・15条3項・44条に定める普通選挙である。性別・財産・所得・学歴・社会的身分にもとづく差別を禁じ、政治に対する有権者全体の意見の反映を保障する。

第2は93条2項に定める直接選挙であり、有権者一般の投票が直接に公職者の選出に用いられる。他方、有権者一般の投票が限られた規模の他の有権者（中間選挙人）の選出に用いられ、あらためて中間選挙人の投じる票が公職者の選出に用いられる場合を間接選挙と呼ぶ[7]。したがって、直接選挙ならば公職者の選出に関する有権者一般の意見が他の有権者に歪められることなく実現する[8]。

第3は、15条4項に定める秘密選挙である。公職選挙法46条4項も、「投票用紙には、選挙人の氏名を記載してはならない」と定める。投票内容を他者に知られないからこそ、特定の候補者へ投票するよう求める圧力、あるいは特定の候補者へ投票しないよう求める他者の圧力を無視できる。

第４は、議員を選出する母体の規模に比例した議員定数にもとづき、「一人一票」の原則を実質的に保障する平等選挙である。だが**「議員定数不均衡の問題」**に解説するとおり、選挙区の人口に比例した定数が配分されない定数不均衡問題が深刻である。平等選挙を定めた憲法の明文規定は不在である。だが、中選挙区での較差が4.99倍に達した1972年の衆議院選挙につき初の違憲判決を下した1976年の最高裁判決は、平等選挙と関わる憲法規定を指し示した。判決によると、法の下の平等を定めた14条１項は政治的価値における国民の平等を含む。また、14条１項の政治領域における適用としての15条１項・15条３項・44条は、有権者資格における差別の禁止のみならず投票価値の平等をも求めると判示した。

議員定数不均衡の問題　議員定数は法律として定められ、公職選挙法別表の定数配分規定に示される。だが、人口移動によって容易に不均衡が拡大する。不均衡は、最高裁での違憲判決を契機に是正される場合が多い。以下では、参議院選挙区選挙と衆議院小選挙区選挙に関する近年の是正の経緯を記す。

2010年参院選の選挙区選挙における５倍の較差に対して、2012年に最高裁が違憲判決を下す。この判決文では、定数改定のみならず都道府県単位の選挙区の是正などふみこんだ立法措置を要請した。この要請にもとづき、2015年の公職選挙法改正では３県での定数削減と５県での定数増員（10増10減）、および後述のとおり2016年参院選時点での較差を3.08倍に縮小した「合区」が実現する。この較差に関する2017年の最高裁判決は、国会の是正努力を評価した上で合憲と認めた[9)]。引き続き較差を３倍未満に抑えるため、2018年の公職選挙法改正では埼玉選挙区の定数を２増する。なお、この時の改正では後述の「特定枠」が設置された。他の例を挙げると、2013年参院選における4.77倍の較差を違憲とした2014年の最高裁判決がある。3.08倍と比べてかなり大きな値であり、現在のところ最高裁が許容する較差の程度は推定しがたい。

参議院選挙区選挙よりも選挙区が狭い衆議院小選挙区選挙では、おおむね２倍以上の較差を違憲とする傾向が2010年代より定着している。この傾向にもとづく最高裁での違憲判決が連続して2011年（2.3倍）・2013年（2.4倍）・2015年

（2.1倍）に下されたので、2016年の衆議院議員選挙区画定審議会設置法の改正では較差を2倍未満とする規定が設けられる。2016年の同法改正では、国勢調査に基づく5年または10年ごとの区割りの見直しも規定される[10)]。ただし、同法は現行の選挙制度と政治資金制度の基本を1994年に定めた政治改革4法の1つであり、当初より較差を2倍未満に抑えるという目標が明記されていた。

ここまで不均衡の是正を求める最高裁判決につき「違憲」と記したが、正確には「一部または全部の選挙区での当選を無効とした上で、再度選挙する」ように求める内容ではなく、国会に対して一定期間内での是正を求め、その期間を徒過した場合にはじめて選挙を無効とする違憲判決を下すという「違憲状態」の判示にとどまる[11)]。つまり、立法措置に要する期間を国会に与える「違憲状態」の場合、選挙は「違法だが有効」という扱いになる。

3　投票行動の理論

コロンビア学派とミシガン学派

投票行動分析の視点は、有権者の投票意図の形成におよぼす情報の入手過程に着眼する視点と、情報にもとづき形成された投票意図の形成要因自体に着眼する視点の2点である。前者がコロンビア学派の視点であり、後者がミシガン学派以降における大半の投票行動モデルの視点である。

実証的な投票行動研究の開始は、1940年代のアメリカ大統領選挙に遡る。新聞・雑誌・ラジオによる政治キャンペーンとの接触が投票行動の決定におよぼす影響に関心を抱くコロンビア学派は、オハイオ州エリー郡において投票月まで7か月間におよぶ同一の有権者への毎月の面接調査を行い、投票行動の決定過程を追跡した[12)]。その結果、各陣営のメディアキャンペーンの接触者の多くは、既に投票行動を決定した自陣支持者であり、キャンペーンの本来の標的である投票行動の未決定者の接触は限定的であった。そして、投票行動の未決定者が投票行動を決定する際に決定的な影響をおよぼしたのは、メディア接触ではなく対人接触であった。このため、コロンビア学派は宗派・居住地・社会経済的地位に基づき投票政党を予測する「政治的先有傾向指標」を提示した。

同一の社会学的属性をもつ有権者同士は接触頻度が高いため、特に政治的選好の顕示を通じた対人接触により潜在的な政治的選好が顕在化・強化されていく過程を前提とした同指標であった。だが、その過程を無視するならば社会学的属性決定主義との批判を容易に許すこととなる。変動に乏しい社会学的属性では選挙結果の変動を説明できない点を批判し、1960年代における投票行動研究の主流となったのはミシガン学派である。[13)]

ミシガン学派によると、幼少期より家族を通じて継承される政党への愛着である政党帰属意識が投票行動を根底で規定する。[14)] したがって、政党帰属意識にもとづく投票により説明できない選挙結果の変動は、原則として選挙時における政策への意見（争点態度）や政府の業績への評価などの要因が招く一時的な逸脱にもとづく。ただし、このような投票行動モデルは全国世論調査にもとづく必然的な結果でもある。つまり、メディア接触や対人接触を通じた投票行動の決定過程を詳細に追跡する面接調査の場合、調査計画の管理のうえで対象のコミュニティを限定しなければならない。他方、全国調査にもとづく投票行動の決定過程の精査は困難なため、この過程を所与としつつ、政党帰属意識や争点態度など投票直前の心理的態様にもとづく投票行動の説明を行うほかない。ミシガン学派以降の定期的な全国世論調査の実施とデータ公開を通じ、政党帰属意識、争点態度、政党の業績への評価など重視する変数の差異はあるが、心理的要因にもとづき投票行動を説明するモデルが投票行動研究の中心を占めつつ現在に至る。また、この研究潮流はアメリカの研究に学んだ日本でも定着する。

イデオロギー投票と業績投票

ダウンズは、経済的意味の保守・革新（右・左）を両端として一直線上に並ぶ有権者のイデオロギー配置を前提に、自身と最寄りの政党に投票すると考えた。[15)] 政党間の政策の差異を検討する負担を避けるために、党是を包括的に表すイデオロギーにもとづき投票すると考える点が重要である。他方、時代により保守・革新の指す内容が変わる点、すべての争点態度が保革一直線上に位置づけられるわけでなく、特に外交と内政への態度の間には有権者自身が想定する自身の保守・革新性（保革自己イメージ）にもとづく一貫性が乏しい点を理由にミシガン学派はイデオロギー投票を否定した。[16)]

その後、保革自己イメージに沿う全争点への態度の一貫性が1960年代に高まる事実を見たシカゴ学派は、政党帰属意識に代わり保革自己イメージに基づく投票の拡大を指摘した[17]。両学派の論争は、保革自己イメージに沿う争点間の態度の一貫性の程度に着目する。だが論争収束後の1980年代以降、争点態度に一定の一貫性を認めつつ、実際の相関係数を問題視する傾向は後退する。代わって、保革の態度の内容について詳述を避け、保革自己イメージと政党帰属意識の関連に焦点を当てるようになる[18]。

同じく政党間の政策の差異を検討する負担を避けるため、政党の過去の業績および政党への将来の期待に対する評価にもとづく投票行動の説明を試みたのはフィオリーナである[19]。また、業績評価にもとづく投票と類似するが、国の景気状況または個人の暮らし向きに関する評価に基づき投票行動を説明する研究も1970年代以降に隆盛する[20]。

4　現代日本の選挙制度と投票行動

選挙制度

制度の概要　任期４年の衆議院議員選挙では、定数465のうち289を小選挙区選挙、176を全国11ブロックの拘束名簿式比例代表選挙により選出する。前者では１名の候補者名を、後者では１つの政党名を記す。後者の場合、ドント式[21]により当選者を確定する。候補者は両方式への重複立候補が可能であり、複数の重複立候補者が同一順位にある場合の比例代表選挙の当選者は惜敗率により決定する。惜敗率は、小選挙区の当選者の得票数に対する落選候補者の得票数の割合である。

３年ごとに半数を改選する任期６年の参議院議員選挙では、定数248のうち148を各都道府県単位の選挙区選挙、100を全国区の非拘束名簿式比例代表選挙により選出する。前者では１名の候補者名を、後者では１つの政党名または１名の候補者名を記す。選挙区選挙の場合、各選挙区の改選者数に合わせて得票順に当選者を確定する。比例代表選挙での各党の得票数は、政党名での得票と候補者名での得票を合算する。ドント式により各党の当選者数を決定したうえで、候補者名での得票順に当選者を確定する。

ただし、参議院の選挙区選挙と比例代表選挙の各々に例外が設けられた。選挙区選挙に関して、過疎地域での一票の較差を是正する観点から2015年の公職選挙法改正により「鳥取県と島根県」・「徳島県と高知県」という２つの「参議院合同選挙区（合区）」が設置された。合区で立候補する場合、選挙事務所や新聞広告の回数など選挙運動と関わる数量制限が通常の倍に設定される。

合区を設けた結果、議員を選出できない県が生じうる。そこで2018年の公職選挙法改正により、比例代表選挙に関する各党の「特定枠」の設定が認められた。各党は、優先的に当選させたい候補者に優先順位を付した名簿を作成する。すると、非拘束名簿式比例代表選挙の結果として政党の得た当選枠が、まず特定枠の候補者に適用される。その後、得票数の順に非拘束名簿に記載された候補者へ残る当選枠を適用する。この結果、非拘束名簿式であるはずの選挙に拘束名簿式の制度を一部適用することとなるので、当選させたい候補者を有権者が選べるという非拘束名簿式の特徴は後退する。特定枠に関して、３点の注意がある。第１に、特定枠の使用の有無、および適用する候補者数は各党の任意である。第２に、特定枠の候補者は候補者個人としての選挙運動が認められない。第３に、特定枠の候補者名が記された票は政党名として計上される。

制度の考察　選挙制度に求められる主な要件は、「民意の反映」・「実効的な統治権力の創出」・「わかりやすさ」である。「実効的な統治権力」とは、円滑に政策を決定・実施できる政権を指す。全要件を満たす制度の設計は難しい。たとえば、一般に「民意を鏡のように反映する」ならば比例代表制が、単独過半数を制する大政党を望むならば小選挙区制が適する。仮に比例代表制に伴う多党乱立を防ぐ目的で議席獲得に最低限必要な得票率を課すなどの「阻止条項」を設ける場合、翻って新党参入を阻む副作用も生じる。また、各選挙制度の長所を実現すべく複数の制度を併用する場合、投票方法や効果の理解が難しくなるのみならず、場合によっては以下に例示するような予想外の逆効果を生む[22)]。

衆議院に関しては、小選挙区で勝利するための中小政党の合同や選挙協力が期待される。だが、同時に行う比例代表選挙での自党への集票を図る政党が小選挙区での選挙運動を通じた知名度の向上を図る場合、合同や選挙協力は生じない。比例代表選挙での得票増加をめざす政党が、選挙運動における候補者の最大限の努力を導く手段として重複立候補制度を用いるならば、なおさらである。その結果、既存の大政党が小選挙区で漁夫の利を得る。

参議院の選挙区選挙では、改選１議席の選挙区が32区存在する。つまり、事実上は小選挙区と大選挙区の混合となる。１議席の選挙区は農村地域に多いので、公共事業や農政で利益誘導を行う自民党が大勝しやすい。他方で比例代表選挙は地域と無関係なので、１議席の選挙区では多様な利益が代表されにくい。小さな定数のために多様な利益が代表されにくい現象は、衆議院比例代表選挙に関しても現れる。すなわち、当選に必要な最低得票率がブロックごとに大きく異なる。さらに、１議席の選挙区では前段に記すとおり中小政党の合同や選挙協力が期待される。だが、参議院も比例代表選挙を行うので政党の合同や選挙協力が困難な結果、衆議院選挙と同様に大政党が漁夫の利を得やすい[23)]。

投票行動

日本人の投票行動研究に関する第一人者は三宅一郎と蒲島郁夫であり、現在に至るまで繰り返し引用される研究成果を残した。1983年・1993年・1996年の総選挙時世論調査にもとづく政党支持の強度や各党への評価など政党への認知に関わるデータを用い、三宅は２つの次元から成る空間を４つに分割した政党支持の類型を抽出した。第１次元は政党支持の強度や支持政党の有無にもとづく政党への心理的関与を表し、値の大きなほど政党全般に対する心理的関与が強い。第２次元は支持政党への肯定的評価や支持政党以外の政党への否定的評価にもとづく政党への批判的態度を表し、値の大きなほど支持政党への肯定的イメージと支持政党以外の政党への否定的イメージを豊富に抱く。第１次元と第２次元の値が「大・大」・「大・小」・「小・大」・「小・小」の組合せをもつ有権者の類型は、各々「忠誠派」・「消極派」・「委任派」・「無党派」と呼ばれる。また各類型に属す有権者の割合は、およそ26％・38％・16％・20％であった。

認知面での特徴として、「忠誠派」は政治への高い信頼を、「消極派」は政治知識の具備を、「委任派」は政治への無関心と政治知識の不備を、「無党派」は政治への高い不信感を挙げられる。また社会学的属性の特徴として、「忠誠派」は男性・50歳以上・自営業・低学歴、「消極派」は男性・30～40歳代・ホワイトカラー・高学歴、「委任派」は女性・60歳以上・低学歴、「無党派」は女性・50歳未満・高学歴を挙げられる。そして、「忠誠派」・「消極派」は自民支持が約50％、委任派は自民支持と支持なしが各々40％程度、「無党派」は支持なしが約40％であった。[24)]

他方で蒲島らは、55年体制成立より2000年代に至る有権者の政治意識と政党支持を保革自己イメージにもとづく一貫した視点で分析した。蒲島らによると、保守合同により防衛争点での保革対立が55年体制下の政党制を最初に規定した。続いて高度経済成長の終焉に伴い、成長の持続と福祉の充実を各々重視する経済争点での保革対立が現れる。その後、中曽根内閣期に始まるネオリベラリズム改革が、2000年代へ続く保革対立の多次元化を招く。他方、70年代後半より90年代前半に至るデータにもとづく分析は、保守派が自民党、革新派が社会党・共産党を支持する明瞭な傾向を示す。また2000年代前半のデータにもとづく分析も、保守派が自民党、革新派が民主党を支持する傾向を示す。[25)] 90年代から2011年までのデータを用いた平野の分析の場合も、おおむね保革イデオロギーが防衛・経済・ネオリベラリズムの次元により規定される。[26)]

だが、1983年から2013年までのデータにもとづく竹中の分析は全世代における中道化の進展、およびイデオロギーと支持政党・投票政党の相関の低下を示しており、その一因として各党のイデオロギー位置に対する有権者の認識の混乱を挙げられる。[27)] 中道化の進展、およびイデオロギーと支持政党・投票政党の乖離という現象は、殊に20代の若年層で顕著である。他方で平野の研究によると、2000年代の２大政党制の時期における支持政党以外の投票行動の主な規定因は財政政策をめぐる業績評価であった。[28)]

留意点として、一般に支持政党が投票政党を強く規定することだけは確実だが、それ以外のイデオロギー・業績評価・争点態度などの心理的要因、および年齢・学歴・収入・職業などの社会学的属性が投票を規定する程度については、分析に用いるデータと統計分析方法によって結果が少なからず異なる。

選挙運動への規制

公職選挙法には選挙運動の定義が記されていないが、特定の候補者を当選させる目的で有権者に働きかける行為であると解される。[29)] 公示期間中のみ選挙運動が許され、衆議院と参議院において各々最低でも12日間・17日間の公示期間を要する。候補者の経済格差が当落に影響しないように、公職選挙法は政党・

候補者・有権者による選挙運動の形態を厳格に規定してきた。買収の防止のために戸別訪問が禁止されるほか、文書図画についてはハガキ・ビラの頒布枚数、マニフェストなどパンフレットの頒布場所、看板やポスターの掲示場所や枚数に関する制限が課される。マスメディアについては、一定条件下に公費で賄われる政見放送および新聞広告のみ認められているが、形式は制約される。このような規制は知名度の高い既存政党に有利に働くため、経済性や伝播性などに優れたインターネットの選挙運動での利用に関心が高まった。

選挙とインターネット

公職選挙法の改正　経済的負担を抑制しつつ情報発信を容易にするインターネットの普及を背景として、公職選挙法の趣旨を保ちつつ新たなメディア環境に対応する法改正が2013年4月に実現した。その結果、公示期間中における政党・候補者のHPやソーシャルメディア（SM）の更新、および電子メールを除くインターネットを通じた有権者の選挙運動などが可能となる。そこで、本章では有権者の投票行動に与えるインターネットの影響を中心に扱う。他方、インターネットが政党や候補者へ与える影響については**第11章**で扱う。

選択的接触への懸念　投票と関わる政治意識へおよぼすインターネットの影響について、サンスティーンは自身の意見に沿うインターネット上の情報との選択的な接触を通じた意見の分極化に警鐘を鳴らした[30]。同じく、ティーパーティー運動やウォール街占拠がSMへの選択的接触を介して導かれた一種のポピュリズムだと指摘する前嶋は、SMの形成する政治意識が短絡的・情動的な点に警鐘を鳴らした[31]。

日本に関しても、選択的接触を示唆する研究がある。国会議員のTwitterを調べた小野塚らによると、「議員のTwitterに関するフォロワーのRetweet」と「議員とフォロワーの双方向的交信」のうち、片方の頻度のみ高い議員のTwitterの内容はフォロワー以外のTwitter利用者の反応が少ない。他方、両方の頻度が高い議員のTwitterの内容は、フォロワー以外の利用者の反応が多い[32]。つまり、前者の議員のTwitter利用は議員と考えの似た利用者のクラスタが形成されやすく、他方で後者の議員のTwitterは多様な利用者が参加しやすい。以上の研究は、自身と異なる考えをもつ相手にも受容される内容の交信を志向しない限り、SM が政治的意見に沿った分極化を招きやすい事実を示す。

2013年参院選時の「明るい選挙推進協会」の世論調査を用い、白崎は同年の法改正に対して有権者が抱く期待を分析した[33]。すると、インターネットで選挙情報を収集した者は「有権者と政治家の距離が近づく」・「有権者の政治関心が高まる」の2点で、インターネットを利用しなかった者よりも期待感が上昇していた。特に、自民党支持層が無党派層よりも期待感を抱く確率は10〜20％高い。支持政党をもつ方が情報検索の目的を明確化しやすいためだとすると、支持政党をもつ者は選択的接触を行いやすい。つまり、特定の党派性のインターネット情報に対する選択的接触を示唆する。

選択的接触の限定的な影響　他方で以下3点の事情に鑑みると、日本においてインターネットに関する選択的接触の負の影響を過度に懸念する必要はない。第1に、閲覧頻度が高いポータルサイトは多様なマスメディアからニュースを提供されるニュースアグリゲータなので、党派性が偏りにくい。実際、2012年総選挙時の調査を分析した小林によると、新聞・テレビ・インターネットの順に党派性の認識は低下する[34]。

第2に、インターネット情報にもとづき投票行動を決定する有権者は少数派である。2013年参院選時の共同通信社の出口調査、および読売新聞・日本テレビの出口調査によると、「参考にした」との回答は全体で10％程度であり、20代に限定しても25％未満であった。後述のとおり最近の国政選挙時調査では、情報源として挙げる有権者数について新聞とインターネットの差異が小さい場合もある。だが、その場合であっても情報源としてマスメディアを挙げる有権者数がインターネットを大きく凌ぐ。この結果につき、中高年においてはマスメディアに関する信頼性や情報入手の簡便性が主な理由と思われる。他の要因として、「炎上」を防ぎたい政党・候補者がインターネットでの発信の大半を演説日程の告知に限る点を挙げられる[35]。加えて、情報提供の充実と政治参加の促進という法改正の目的に資するであろう有権者自身による電子メールを用いた選挙運動など、解禁の見送られた重要な規制が残る[36]。つまり、インターネットに期待された機能を十全に発揮できる法的な環境が実現していない。

第3に、マスメディアや対人接触による選挙運動への規制を変えずインターネットについての規制のみ改正した現状は、多様な手段を併用した選挙運動を阻む。[37] したがって、アメリカに関して前嶋が指摘するような、保革陣営に二分された各メディアによるイデオロギー宣伝が国民の二極化を促す状況や、候補者のSMを通じて形成される草の根での支援者同士の対人接触が有権者各自の自発的・対面的な選挙運動を促す状況は日本で実現しない。[38]

2019年参議院選挙に関する知見

2019年参院選に関して、筆者は市場調査会社のマクロミルにインターネットでの全国世論調査を委託した。登録モニタのうちCookie情報の提供に同意した18歳以上の男女各々273,638・483,417名が母集団であり、ここから2017年総選挙時の有権者情報にもとづき男女比を48.3対51.7の割合で抽出する。公示日の12日前の6月22日に調査票を配信し、4,121人の回答を得た6月29日に調査を終えた。引き続き、投票日翌日の7月22日に第2回調査票を配信し、2,266人の回答を得た8月1日の時点で調査を終えた。同一の回答者に対して2度の調査を行うパネル調査である。以下では、本章で扱った投票行動の判断基準や情報源としてのメディアの利用と関わる結果を記す。

第1に、主として何に基づき投票したかを尋ねる。[39] その結果、選挙区選挙で投票した1,698名について上位3位は「政党や候補者の掲げる公約（28.7%）」・「政党の業績（20%）」・「候補者の業績や人柄（15.1%）」であった。また、比例代表選挙において候補者名で投票した913名につき上位3位は「ふだん支持する政党に所属する複数の候補者のなかで、人柄や実績を評価した（28%）」・「ふだんその政党を支持しているわけではないが、公約に魅力を感じた政党に所属する複数の候補者のなかで、人柄や実績を評価した（16.3%）」・「候補者の所属する政党ではなく、むしろ候補者の人柄や業績を評価した（14%）」であった。他方、政党名で投票した778名につき上位3位は「これまでの政党の実績を評価した（35.6%）」・「政党間の議席のバランスを考えた（16.8%）」・「公約が良かった（16.6%）」であった。したがって、全体として参院選では公約よりも実績が重視されやすい点、また比例代表選挙に候補者名で投票する場合であっても、まず選択基準として政党が重視される点を看取できる。他方、政党や各種団体、あるいは家族や知人の依頼・推薦にもとづく投票は順位が低いので、調査対象者に限れば草の根での選挙運動が低調であったと思われる。

✐コラム　理想的な選挙制度とは？

小林は、現行の総定数を前提としつつ衆議院に関して以下の定数自動決定式選挙制度を提案する（小林良彰『政権交代―民主党政権とは何であったのか』（中公新書、2012年））。第１に、恣意性を排除できる都道府県などを選挙区とする。第２に、政党は選挙区ごとに非拘束名簿を作成する。第３に、有権者は候補者名または政党名で投票する。第４に、候補者および政党への投票を政党別に全国集計する。第５に、全国集計にもとづきドント式で各党へ議席を配分する。第６に、各党は自党候補者および自党への投票について選挙区ごとに集計した票数を自党の全国集計票数で除す最大剰余法により、選挙区ごとの獲得議席数とする。最後に、各党は候補者の得票順に各選挙区の当選者を決定する。

小林によると、この方式の長所は４点である。第１に、死票が少ない。第２に、人口ではなく投票人数のうえで定数不均衡が生じない。第３に、区割りの恣意性が排除される。第４に、投票率が選挙区の議席数に反映するため、投票の誘因が高まる。確かに、党利党略により見直しが進まない区割りを待つ必要がなく、かつ、低下傾向著しい投票率の改善を見込む点で魅力的な提案である。ただ、比例代表制である以上は実効的な政府の創出が困難となりうる点、また同一選挙区内では得票数と当落が逆転しうる点は短所である。

第２に、公示期間に選挙の情報源として最も役立ったメディアを尋ねた。選挙の情報源としてメディアを利用した1,718名に関する上位７位は、「テレビの報道番組（39.8％）」・「新聞（21.4％）[40]」・「インターネットのポータルサイトニュース（10.5％）」・「公約を紙に印刷した政党の発行物（9.1％）」・「テレビまたはラジオの政見放送（5.7％）」・「『インターネットのポータルサイトニュース、政党や政治家・候補者のHP・ブログ・SNS（ソーシャルネットワーキングサービス）』以外のインターネットサイト（5.6％）」・「政治家・候補者のHP・ブログ・SNS（4.7％）」であった。したがってインターネット関連の回答は20％以上に上り、新聞と並ぶ。無論この値はインターネット調査にもとづくので、仮にインターネットを使用しない高齢者層を含む調査ならば異なる結果を得る。他方、インターネット調査の結果でさえインターネット関連の回答はテレビの報道番組に水をあけられており、現在のところインターネットが新聞・テレビという旧来のマスメディア全体と並ぶ影響力を発揮する展望は期待できない。

注

1） 日本に関しては、天皇を除く全国民である。

2） 芦部信喜（高橋和之補訂）『憲法〔第7版〕』（岩波書店、2019年）。

3） 地方自治体においては解職請求制度が存在する。

4） ただし15条1項は、全公務員が国民によって直接に選定・罷免されることまで予定しない。

5） 重国籍者であっても、日本国籍を所持しておれば参政権が認められる。

6） 特別永住者は、1991年に制定された入国管理特例法で定義される。1945年の降伏文書の調印以前から日本内地に居住する植民地出身者のうち、サンフランシスコ平和条約の発効により日本国籍を喪失しながら日本に居住を続ける者、およびその子孫を指す。ただし、戦後の朝鮮半島の混乱を逃れて密航した者、およびその子孫を一部に含む。

7） 中間選挙人が、あらためて高次の中間選挙人を選出する場合もある。

8） 国政選挙に関する明文規定は不在だが、43条1項に根拠を求める説がある。

9） この判決文は、参議院の定数配分問題に関して昭和時代まで遡り詳細に解説する。同時に、衆議院と異なる参議院の存在意義を評価しながら都道府県を単位とする選挙の妥当性を説く。京都産業大学法学部の須賀博志教授が運営する「憲法学習用基本判例集」(https://www.cc.kyoto-su.ac.jp/~suga/hanrei/149-3.html,last visited 25 August 2020）参照。他方で横尾は、本判決の論評を通じて参院選と関わる2015年以降の公職選挙法改正の問題点を論じる。横尾日出雄「参議院議員定数不均衡訴訟に関する最高裁の判断と参議院選挙制度改革について—最高裁平成29年9月27日大法廷判決と平成30年改正公職選挙法の憲法上の問題点」『CHUKYO LAWYER』29（2018年）25～63頁。

10） 2016年の同法改正では小選挙区が構成する都道府県ごとの、また同時に行われた公職選挙法改正では比例ブロックごとの定数に関して、2020年の国勢調査に基づく「アダムズ方式」での配分が定められた。定数不均衡の是正と定数の削減が目的である。総務省のHPに掲出する「衆議院議員選挙区画定審議会設置法及び公職選挙法の一部を改正する法律概要」（http://www.soumu.go.jp/main_content/000458487.pdf,last visited 27 August 2020）参照。公職選挙法14条別表3は、同方式で算出した参議院選挙区の定数を示す。アダムズ方式の内容と日本への適用については以下の文献に詳しい。一森哲男「わが国の選挙制度改革とアダムズ方式—議席配分の観点から」『日本応用数理学会論文誌』27（3）（2017年）261～284頁。

11） 2.43倍の較差が生じた2012年総選挙について、翌年に広島高裁と広島高裁岡山支部が一部の選挙区における選挙無効の判決を下す。だが、上告審では「違憲状態」の判決にとどまった。

12） ポール・F・ラザースフェルド／バーナード・ベレルソン／ヘーゼル・ゴーデット（有吉広介監訳、時野谷浩ほか訳）『ピープルズ・チョイス—アメリカ人と大統領選挙』（芦書房、1987年）。

13） Campbell, Angus, Philip E. Converse, Warren E. Miller and Donald E. Stokes (1960) *The American Voter*, New York, London: Wiley.

14） 1950年代に人口が倍増したアメリカの大都市郊外で共和党支持者の比率が民主党を圧倒していた理由をめぐり、「転向説」と「移植説」が対立した。前者は、富裕層の多い郊外へ転居した者が地域に受容されるために民主党から転向したと考える。後者は、郊外への転居者が以前より共和党を支持する心理的傾向や社会学的属性を有したと考える。対人環境への適応行動と見る場合、または対人接触を通じた元来の党派性の顕現と見る場合、対人環境の作用を重視する点で両説はコロンビア学派の視点に基づく分析が可能である。他方、共和党を支持する元来の心理的傾向に即して投票行動を説明する場合、ミシガン学派の視点にもとづく分析となる。Wood, Robert C.（1958）*Suburbia, its People and their Politics*, Boston: Houghton Mifflin.

15）保守とは、資本主義にもとづく自由民主主義体制を守る立場であり、社会主義や政府支出増大に対して市場経済と「小さな政府」を擁護する。革新とは、市場への信頼でなく公的な経済介入で経済格差是正をめざす立場である。アンソニー・ダウンズ（古田精司監訳）『民主主義の経済理論』（成文堂、1980年）。

16）リグレは、政策態度・イデオロギー・党派性についての情報を付した架空の候補者に対する有権者の評価基準を調べる実験を行った。すると、候補者が１名の場合は政策態度とイデオロギーが、２名の場合は党派性とイデオロギーが作用していた。したがって、候補者の増加により判断の難度が増すと考えれば、イデオロギーとともに政党帰属意識も判断の負担を軽減する手がかりとなりうる。Riggle, Ellen D.（1992）"Cognitive Strategies and Models of Voter Judgments," *American Politics Quarterly*, 20, pp. 227–246.

17）同学派の指摘した変化の主因は、ミシガン大学サーベイリサーチセンターによる世論調査の質問文に生じた1964年の変化にあると考えられる。以前は、特定の政策に対して「強く賛成」から「強く反対」に至る５段階での質問であった。だが、1964年からは２つの対立する政策に対して近い方を選ぶ二者択一に変化した。川人貞史「アメリカ政治の『変容』と政治学（１）」『北大法学論集』31（１）（1980年）、314～378頁。Nie, Norman H., Sidney Verba and John R. Petrocik（1976）*The Changing American Voter*, Cambridge and London: Harvard University Press.

18）Miller, Warren R. and Merrill J. Shanks（1996）*The New American Voter*, Cambridge and London: Harvard University Press.

19）Fiorina, Morris P.（1981）*Retrospective Voting in American National Elections*, New Haven and London: Yale University Press.

20）1990年代後半から2000年に至る先進15か国の世論調査分析においても、国の景気状況を好感する有権者は現政権党へ投票する傾向をもつ。Cameron, Anderson D.（2006）"Economic Voting and Multilevel Governance: A Comparative Individual-Level Analysis," *American Journal of Political Science*, 50（２）, pp. 449–463.

21）まず、各党の得票数を１から順に整数で除した商を求める。次に、商の大きな順に定数まで数える。各党につき計上された商の個数が各党の議席数となる。

22）砂原庸介『民主主義の条件』（東洋経済新報社、2015年）。

23）渡辺輝人「衆議院『一票の格差』是正にかこつけた定数削減で焼け太りする『穀潰し議員』」（2016年４月13日）（https://news.yahoo.co.jp/byline/watanabeteruhito/20160413-00056563/, last visited 25 August 2020）参照。

24）三宅一郎『政党支持の構造』（木鐸社、1998年）。

25）蒲島郁夫・竹中佳彦『現代日本人のイデオロギー』（東京大学出版会、1996年）。蒲島郁夫『政権交代と有権者の態度変容』(木鐸社、1998年)。蒲島郁夫・竹中佳彦『イデオロギー』(東京大学出版会、2012年)。

26) 平野浩『有権者の選択—日本における政党政治と代表制民主主義の行方』(木鐸社、2015年)。

27) 竹中佳彦「保革イデオロギーの影響力低下と年齢」『選挙研究』30(2)(2014年)5~18頁。

28) 平野・前掲書(注26)。

29) 前嶋和弘「選挙運動」岩崎正洋編『選挙と民主主義』(吉田書店、2013年)133~151頁。

30) キャス・サンスティーン(伊達尚美訳)『#リパブリック—インターネットは民主主義になにをもたらすのか』(勁草書房、2018年)。マスメディアと比べた場合のインターネットの特徴は**第3章**で議論する。

31) 前嶋和弘「『下からの起爆剤』か『上からのコントロール』か—変貌するアメリカ大統領選挙のソーシャルメディア利用」前嶋和弘・清原聖子編『ネット選挙が変える政治と社会—日米韓に見る新たな「公共圏」の姿』(慶應義塾大学出版会、2013年)47~66頁。

32) 小野塚亮・西田亮介「ソーシャルメディア上の政治家と市民のコミュニケーションは集団分極化を招くのか—Twitterを利用する国会議員のコミュニケーションパターンを事例に」『情報社会学雑誌』9(1)(2014年)27~42頁。

33) 白崎護「選挙と投票行動」森本哲郎編『現代日本の政治—持続と変化』(法律文化社、2016年)134~153頁。

34) 小林哲郎「マスメディアよりも『中立』な日本のネットニュース—2012年衆議院議員選挙時のニュース利用における党派的バイアス認知」前嶋・清原・前掲編(注31)119~147頁。

35) 鈴木哲夫『安倍政権のメディア支配』(イースト・プレス、2015年)。

36) 清原聖子「ネット選挙解禁で何ができるようになるのか—2013年公職選挙法の一部改正で変わる日本の選挙運動」前嶋・清原・前掲編(注31)1~19頁。

37) 西田亮介『ネット選挙—解禁がもたらす日本社会の変容』(東洋経済新報社、2013年)。

38) 前嶋・前掲書(注31)47~66頁。前嶋和弘『アメリカ政治とメディア—「政治のインフラ」から「政治の主役」に変貌するメディア』(北樹出版、2011年)。

39) 選択肢に提示された具体的項目以外の理由の場合、以下の報告より省く。

40) インターネットでの購読を含む。

【謝辞】本章は、「2017年度上廣倫理財団 研究助成」・「2017年度カシオ科学振興財団 研究助成」・「2019年度KDDI財団 調査研究助成」・「2019年度旭硝子財団 研究助成」より個人研究の助成を頂いた。関係者各位に御礼申し上げる。

【白崎　護】

第7章　政策過程

1　はじめに

本章では、政策過程（policy process）について説明する。それにより、日本政治に関連する様々な動きを考えるために有効な道具の１つを提供することが目的である。

以下では、まず政策過程の概念について検討を加える。次に、政策過程についての代表的なモデルであるステージ・モデルとはどのようなものかを明らかにする。そして、政策過程を構成する各段階（ステージ）について、それぞれの代表的な理論やモデルを紹介しながら説明を加えていく。

2　政策過程とは何か

「政策過程論」という名の講義が行われている大学は珍しくない。「政策過程」という語をタイトルに含む本も、多く出版されてきている。だが、政治学者や政策研究者の間においてさえも、政策過程が何を意味するかについては、必ずしも共通の了解があるとはいえない。これまで、多くの研究者がその語に様々な定義を与えてきた。この語は、「政策決定過程」とほとんど同じ意味で用いられることもある。

一般的には、「政策決定」過程とは、政策についての複数の選択肢のなかから、いずれか１つの選択肢（もしくは提示された選択肢よりも少ない数の選択肢）が選び取られるまでの過程と捉えられる。このような政策過程の捉え方は、政策の作成に関係する様々な行動のなかの、限られた部分に焦点を合わせたものといえる。

それに対して、より幅広く政策過程を捉えようとするアプローチがある。すなわち、政策過程を、政策が生まれてから消滅するまでの一連の過程と捉える見方である。この見方では、政策の「一生」に焦点が合わせられる。人間の一生は発達に応じていくつかの段階、すなわち乳児期、児童期、青年期、成年期、中年期、老年期などに分けて捉えられる。これと同じように、政策過程を政策の一生と考える見方も、それを複数の段階（ステージ）から成ると見なす。これを、政策の「ステージ・モデル（stage model）」と呼ぶ。

政策のステージ・モデルに対しては、現実の政策はモデルが描くような過程を必ずしもたどるわけではなく、あまりにも「教科書的」であるとの批判や、各ステージ間の結びつきが十分に意識されていないといった批判もある[1)]。それらを踏まえた上で、本章では政策のステージ・モデルを採用して政策過程について説明を加える。その理由の第1は、このモデルが政策過程についての一般的な捉え方となっており、政策を学ぶ上での基本的な知識となっているからである。第2は、政策過程を政策決定過程（もしくは政策形成過程）と単に同じ意味で用いるならば、あえて政策過程という語を使う必要はなくなるからである。むしろ、そのような語法は概念上の混乱を招く危険性もある。そもそも政策過程という概念が用いられるようになったのは、「政策決定過程」や「政治過程」という概念では捉えられない政策のダイナミクスを包含するような、より広範な概念が必要となったからである。宮川公男は、政策過程の概念の有効性の1つが、政策を静態的にではなく動態的もしくは発展的に捉える視点を提供することにあると論じている[2)]。

それでは、政策の一生である政策過程は、一体いくつの、どのような段階に分類できるのか。これについては、研究者の間でも共通の了解があるわけではない。3段階ほどのシンプルな考えや、10段階以上から成る細かいモデルもある。ここでは①課題設定（アジェンダ・セッティング）、②政策決定、③政策実施、④政策評価、⑤政策終了の5段階から成る政策過程を考える。以下では、各段階について説明を行っていく。

3　課題設定（アジェンダ・セッティング）

課題設定（アジェンダ・セッティング）とは、政府が解決すべき問題として何らかの問題が取り上げられることである。英語の agenda という単語には、「議事日程」や「予定表」といった意味がある。何らかの問題が政府に取り上げられる時、それは解決へ得向けての議事日程（アジェンダ）に載せられた——設定された——ということになる。

ある問題が存在していたとしても、それは必ずしもアジェンダに載せられるわけではない。政府によって解決の対象として取り上げられる問題がある一方で、そうはならない問題もある。そのような違いをもたらす要因を明らかにすることが、課題設定研究のテーマの１つである。要因として第１にあげられるのは、問題自体の重要性である。政府といえども、仕事に費やすことのできる資源——カネ、ヒト、情報、時間など——を無限にもっているわけではない。さらに、現在では行政改革の進展により政府が行う業務についての見直しが行われつつあるものの、政府業務の範囲とその量はそれほど狭くなっているわけでもない。このような状況では、問題に優先順位がつけられて、その重要度に応じてアジェンダに載せられる順番が決められることになる。

第２の要因は、問題の可視性（visibility）である。ある問題がアジェンダに載せられるかどうかは、その重要性もしくは深刻さだけではなく、問題がどれだけ多くの人の関心を呼び起こすか、すなわち問題がどれだけ目立ったものであるかということによって決まることがある。すなわち、可視性の高い問題ほどアジェンダに載せられやすいのである。可視性の高低を客観的に測定することは難しいが、全国に散らばる500万人の人々にわずかではあるが決して無視できないような影響を及ぼすような問題と、特定の地域に住む50人に短時間できわめて深刻な影響を及ぼすような問題とを比較した場合には、後者のほうがより大きな関心を引き起こす可能性が高いといえるだろう。

可視性が高い問題がアジェンダに載せられやすい理由は、選挙との関係によって説明できる。与党は、次の選挙においても勝利して、自らが与党の座にあり続けることを最大目標の１つとしているとの前提を置いてみよう。そのためには、できるだけ多くの有権者の支持を獲得せねばならない。それゆえ、可視性の高い問題を放置しておくことは、選挙の点からしてきわめてリスクが高い。自らが無責任・無能力であるとのイメージを多くの有権者に植え付けることによって、支持を低下させてしまうおそれがあるからである（一方、野党のほうは与党の無責任さを有権者に強く訴える戦術をとるであろう)。結果として、多くの人が関心をもつ問題は、その本当の深刻さにかかわらず、与党(=政府)によってアジェンダに載せられる確率が高くなるのである。

さらに、問題の可視性の高低は、マスメディアの報道からも影響を受ける。マスメディアは、個人の認識を変化させるような効果を及ぼしうる。多くの人々がある問題に関心をもっているからマスメディアがそれを取り上げる、というだけではなく、マスメディアがある問題を取り上げることによって、多くの人がそれを重要な問題であると認知するようにもなるのである。どのような問題がアジェンダに載せられるかに対してマスメディアが大きな影響を及ぼすということは、メディアの「課題設定機能」として比較的早くから注目され、それについての研究も多くなされている[3)]。

第3は政治的な要因である。ある問題がアジェンダに載せられるかどうかは、政治的に影響力をもつアクターの意向によっても左右される。強力な利益団体や有名政治家などの有力なアクターが政府に働きかけた結果、社会的な影響の観点からはそれを上回る重要性を有するような他の問題が押しのけられて、ある問題がアジェンダに載せられることもありえる。あるいは、特定の問題がアジェンダに載せられることが、有力なアクターの利益を損ねる可能性がある場合、そのアクターの働きかけによって、本来ならば政府に取り上げられていたはずの問題が解決の対象にならないということも考えられるだろう。後者は、「非決定権力」と呼ばれる。これは、何らかの問題が顕在化することを妨げて、それに関する決定が行われないように行使される権力である[4)]。非決定権力の概念は、政治権力の研究に新たな次元を付け加えただけでなく、課題設定との関連において政策過程研究との接点も有している。ただし、非決定権力は「見えない」権力であり、その行使の様態を外部から観察することはきわめて困難であることにも注意する必要がある。

小倉慶久は2009年からスタートした裁判員制度を例として、その導入がアジェンダに載せられたことに対して、どのような要因が影響を及ぼしているかを明らかにしようとした[5)]。裁判員制度を含めた司法参加についての社会における議論はずっと低調であり、同問題の可視性は高かったとはいえない。また、少なくともアジェンダ・セッティングの段階では、マスメディアも同問題を大きくは取り上げなかった。それにもかかわらず司法参加がアジェンダに載せられた理由として小倉が挙げるのは、政権党であった自民党による検討の開始である。1997年に、自民党の政務調査会に司法制度特別調査会が設置される。その調査会に法曹三者（裁判官、検察官、弁護士）の代表を参加させたことによって、司法参加は政府による検討課題となった。すなわち、政治的に影響力をもつアクターの意向が、アジェンダ・セッティングに影響を及ぼしたのである。

4　政策決定

問題がアジェンダに載せられたならば、それを解決するためにどのような方策をとるかを決めねばならない。これが行われるのが、政策決定の段階である。

以下では、代表的な政策決定のモデルとして、合理的決定モデル、インクリメンタリズム、政策の窓モデルの３つを取り上げて説明する。

合理的決定モデル

合理的決定モデルでは、決定者は合理的（rational）に行動するとの前提を置く。ここでいう合理的とは、問題に直面したときには考えられうる選択肢を探索して、そのなかから自らの目的を最大に達成するような選択肢を選ぶように行動する、という意味である。すなわち、決定は、目的達成の最大化をめざした結果として捉えられる[6]。

G・アリソンによる「合理的行為者モデル」（アリソンの第１モデル）は、合理的決定モデルの代表例である。アリソンは1971年に出版された『決定の本質』で、1962年のキューバ危機におけるアメリカ政府の決定を合理的行為者モデルによって説明した。アリソンによるこのモデルの前提は、政府を単一の行為者と見なすことである。つまり、あたかも政府という１人の人間が存在していると想定した上で、それを決定者と考える。キューバにおけるソ連によるミサイル基地建設への対応として、アメリカ政府が行った海上封鎖は、アメリカの国益を最大化するという点で最善の選択肢を決定者が選んだ結果と捉えられる[7]。

合理的決定モデルについては、次のような批判がある。第１に、同モデルは人間が持つ問題解決能力の限界を考慮していない。つまり、決定に際して、あらゆる選択肢を見つけ出し、それらが及ぼすと予想される影響をすべて考慮したうえで、それらのなかから最適の選択肢を選ぶことができるとの前提は現実的ではない。実際の決定は、得られる情報や決定者の分析能力に制約があるなかで行われる。また、政府における決定者の情報収集能力や分析力がいかに高いものであったとしても、決定は時間的に制約のある状況で行われることも多い。このことは、選択肢の十分な探索や分析を困難なものとする。

インクリメンタリズム

上のような合理的決定モデルに対する批判から生まれた政策決定モデルの1つにインクリメンタリズム（incrementalism）がある。インクリメンタリズムは、「既存の政策を基にして、それに修正を少しずつ加えていくこと」を決定と捉える。

政策決定の理論は、規範理論と記述理論の2つに大別できる[8)]。規範理論とは、「望ましい政策の決定の仕方はどのようなものか」という問題を扱うものである。それに対して記述理論では、現実に政策は「どのように決定されているか」という問題を明らかにすることが関心の中心となる。まず、規範理論的に、インクリメンタリズムは望ましい決定の仕方かどうかについて考えていこう。インクリメンタリズムの問題点として考えられるのは、社会状況の変化への柔軟な政策的対応が難しくなることである。加えて、政策の内容が硬直的なものになるおそれがあるという問題もある。たとえば、日本の公共事業における事業別の予算配分割合が、長期間にわたって目立った変化を示さなかったことは、インクリメンタリズムがもたらした硬直化の例としてたびたび取り上げられてきた。

それに対して、アメリカの政治学者チャールズ・リンドブロムは、インクリメンタリズムの長所として次を挙げている[9)]。第1は、決定に要する時間と労力を節約できることである。現状を大きく変える提案は、合意を得ることは難しいが、現状をわずかに変えるだけのインクリメンタルな提案は政治的に実現が容易である。第2は、決定に際して、既存の知識を有効に活用できることである。インクリメンタリズムでは、現行の政策とさほど異なっていない選択肢が検討の対象となる。そのため、既存の政策について官僚や関係者がすでに知っていることを用いて、新しい選択肢を評価することが可能となる。第3は、新たな決定による不確実性を軽減できることである。根本的な変化を促す政策は、失敗したときのリスクも高い。インクリメンタリズムでは、大きな変化を一度きりの決定によって実現することよりも、小さな変化を積み重ねることで大きな変化を促していくことを重視する。

それでは、記述理論的には、インクリメンタリズムはどのように評価されるのか。現実の政策が合理的決定モデルのとおりに決定されていることは、多くはないだろう。上で説明したように、あらゆる選択肢を検討したうえで最適の選択肢を見つけ出すことは難しい。仮に最適の選択肢を見出せたとしても、政治的な要因（たとえば、少数だが強力な利害関係者による反対の存在など）によって、その選択肢を選び取ることができないことも起こりうる。この点で、インクリメンタリズムは、現実に行われている政策決定をよりよく説明できるとする研究は多い。インクリメンタリズムによる説明の有効性が高いと考えられてきたのは、政府による予算の決定である。上で示した公共事業の事業別配分割合の硬直化も、記述理論としてのインクリメンタリズムの有効性を示す例だと考えられるだろう。

日本の政府予算についてインクリメンタリズム的な決定が行われてきたことを示した研究の1つが、ジョン・C・キャンベルの『自民党政権の予算編成』である。[10] そこでは、日本の予算編成過程がルーティン化されているために非政策的となっており、毎年同じような予算をつくり出す可能性が高いことが示されている。

真渕勝は、各省からの予算要求を審査する財務省主計局による査定では、過去の決定を所与としたうえで、そこからのわずかな変化にのみ注意を集中することや、政策の中身を詳細に検討するよりも、単価見積もりの適切さなどの事務的な側面に注目することなどが重視されると指摘する。[11]

日本の予算編成がインクリメンタリズム的に行われているとの見方は有力であった。これに関し、曽我謙悟は、第二次世界大戦後の都道府県における政策領域別の歳出（決算額）が、前年度からどのように変化していたかについて財政データを用いた分析を行った。[12] 示されたのは、インクリメンタリズムで決定が行われていたかどうかについては、政策領域によって異なるとの結果である。

土木費、警察費、教育費については全体として伸び率が低く、変化率のバラツキも少ない。全体的に、インクリメンタリズム的な決定が行われていたと考えられる。それに対し、民生費、衛生費、農水費については伸び率が比較的大きく、時として大きな増減が見出された。

このようなパターンは、インクリメンタリズムにあてはまるものではなく、「区切られた均衡（punctuated equilibrium）」による説明がより適切である。区切られた均衡（もしくは「断続均衡」）とは元々は進化生物学の用語で、進化は徐々に進むのではなく、ほとんど変化しない状態がつづいてから、突発的に大きく進化することを意味する。政治学でも、政策決定や課題設定などの研究で用いられている[13)]。政策決定モデルの適用可能性について考える際には、それが及ぶ政策内容の範囲、あるいは時間的な範囲をも考慮する必要があることを、曽我の研究は示唆している。

政策の窓モデル

次に取り上げる「政策の窓（policy window）モデル」もまた、合理的決定モデルに対する批判する立場から提示された政策決定モデルの１つである。原著が1984年に刊行された『アジェンダ・選択肢・公共政策』で、著者のジョン・W・キングダンは、人間の情報処理能力には限界があること、また、政策への合意を得るうえで明確な目的をもつことがかえって逆効果になることなどの理由を挙げたうえで、合理的決定モデルは現実を正確に描き出していないと批判した。その一方で、どのような問題がアジェンダに載せられるかについては、少しずつ漸進的（インクリメンタル）に進むだけでなく、急激に変化することがあると指摘して、インクリメンタリズムについても批判している[14)]。これらに代わるモデルとしてキングダンが提示したのが、政策の窓モデルである[15)]。

合理的決定モデルとは異なって、政策の窓モデルでは偶然性やタイミングが政策決定に及ぼす影響が強調される。このモデルの核となるのは、３つの流れ（streams）である[16)]。この「流れ」とは、状況・状態に関わる一連の過程と理解してよい。

３つの流れがどのようなものかについて説明していこう。第１は「問題の流れ」である。様々な問題が存在するなかで、特定の問題が注目されるようになったり、また注目されなくなったりするダイナミックな動きを意味する。多くの問題があるなかで、特定の問題への注目が高まる理由としては、数値などで示される社会についての指標の変化が挙げられる。政策形成者は、疾病率や交通機関の利用者数といった様々な指標にいつも注目している。その指標が急激な上昇や減少を示した場合、あるいは特定の値を突破するなど目立った動きを示した場合、その指標に関わる問題への注目が一気に高まる。たとえば、日本の1998年の自殺者数は３万2863人と初めて３万人を上回った。マスコミでも大きく報道されたことがあしなが育英会等による自死遺児支援活動の開始を促して、さらに2006年６月の自殺対策基本法の制定へとつながっていった[17)]。また、重大事件の発生が問題への注目を高めることもある。

第２は「政策の流れ」である。これは問題解決に関わるアイデアが注目されたり、されなくなったりする動きである。各分野における専門家のコミュニティを中心に、アイデアが提出される。技術的な実行可能性が高いか、また専門家たちの価値観に合致しているかどうかといった基準で評価がなされて、その流れの中で少数のアイデアが生き残っていく。

第３は「政治の流れ」であり、政治に関わる状況を意味する。「政治の流れ」における「政治」とは、現実的で具体的な状況を指す。たとえば、国民の間のムード、政党や利益団体の活動、選挙結果や政権交代などの諸状況が、この流れを構成する。

３つの流れのそれぞれで、「窓」が開くタイミングがある。問題の流れでは、特定の問題を解決せねばならない緊急性が高まるとき、政策の流れでは、特定のアイデアに対する評価と注目が高まるとき、そして政治の流れでは政権交代などによって政治的状況が変化するときを、キングダンは「窓が開く」と表現する。それぞれの窓が開いたタイミングで、３つの流れは「合流（coupling）」しやすくなる。すなわち、ある問題が大きく取り上げられ、その解決に適したアイデアが注目されて、その組み合わせが推進されていくような政治的状況が到来した場合には、政策決定へと進む可能性が大きく高まることになる。

政策の窓モデルで重要なことは、３つの流れが独立して流れていることである。たとえば、問題が発生したあとで、そのための解決策が模索されるのではなく、問題とは別に解決のアイデアだけが生み出されることもある。さらに、それらの流れがいつ合流し、どのような決定が行われるかは、偶然にも左右される。政策決定における偶然性の影響を強調したところに、政策の窓モデルの特徴がある。

政策の窓モデルを用いた日本政治研究としては、1997年に成立した介護保険法の決定過程を分析した佐藤満によるものがある[18]。問題としての高齢者介護にいち早く注目したのは、厚生省（当時）の官僚を含む医療・福祉分野の専門家コミュニティである。背景には、病院が高齢者の介護を担わされていたことによって、医療保険財政が逼迫しつつあることがあった。1989年からは厚生省事務次官の私的懇談会という形で、専門家による本格的な検討が始まった。これらの一連の動きが問題の流れにあたる。

政策の流れは、介護保険の枠組みが具体的に作り上げられていく過程である。保険制度の設計は、主に社会保障制度審議会や老人保健福祉審議会の場で、専門家によって行われていった。一方、政策の流れとは独立した形で、政治状況も変化していった。これが政治の流れである。特に重要であったのは、1989年の参議院選挙における自民党の大敗であった。その後、大蔵大臣に就任した橋本龍太郎が、支持の拡大のために選んだ問題が高齢者介護であったことは、3つの流れを合流させるうえで大きな影響を及ぼしたのである。

5　政策実施

トップダウン・アプローチ

決定された政策は、必ずしも決定されたとおりに実施されるわけではない。研究対象としての政策実施への関心は、この問題に端を発している[19]。

政策の目的と実施結果との乖離は、「実施のギャップ」と呼ばれる。政府のトップ・レベルで決定された政策が、現場でそのとおりに実施されなかった理由に関心をもつ研究は「トップダウン・アプローチ」と呼ばれる[20]。

政策実施における裁量

実施のギャップはなぜ生じるのか。理由の１つとして挙げられるのは、政策の実施体制である。１つの政策が、複数の組織によって実施されることは珍しいことではない。大規模なものであれば、数十にものぼる組織が実施に関わる場合もある。コミュニケーション不足などの理由で、これらの組織の間での調整がうまくいかない時には、実施上の失敗が生じるおそれがある。失敗の確率は、政策実施に携わる組織の数が多くなるにつれて高くなる。

もう１つの理由は、政策の実施主体である行政機関に付与される「裁量」の存在である。政策の目的は法律の形で表されるのが一般的だが、必ずしもそれは明確な形で表現されているわけではない。詳細な内容までをも法律で規定することは、問題解決に関わる政府の機動性を損ねるおそれがある。たとえば、人体に影響を及ぼす可能性がある農薬が用いられた野菜類の輸入を禁止する必要があるとき、対象となる農薬の具体名を法律内に明記せねばならないとすれば、どうなるか。人体に有害な農薬が新たに見つかったときには、それを法律に書き加える改正作業が必要となるだろう。そのために費やさねばならないコスト――情報、時間、政治的調整のための手間など――は、低いものではない。また、国会の閉会中に危険な農薬が新たに判明した場合には、立法措置がとられるまでに時間が長くかかってしまう。

政策実施における裁量の存在は、政策実施の「失敗」をもたらす要因であると見なされてきた。政策実施研究は、「失敗の研究」であるともいわれてきた。このような見方に対して、裁量が政策実施の効果を高める可能性があることを示したのが伊藤修一郎の研究である[21)]。伊藤は、地方自治体における屋外広告物を規制するための政策に焦点を合わせて、その実施状況に影響を及ぼす要因についての検証を行った。その結果として、行政が業者に対して厳しい行動をとるほど、政策の実施状況の指標となる条例違反の割合が低くなることが示された。さらに、業者に対する行政の行動は、軽い対応から厳罰に至るまでの様々な対応を行政の側がとることが可能であるほど、厳しくなるという傾向が見いだされた。裁量によって現場が状況に応じた行動をとりやすいほど、規制の効果が高まることを意味している。

裁量の大きさに影響を及ぼす要因

政策実施主体が有する裁量についての考察を行う際には、「どれぐらい裁量の余地があるか」と「与えられた裁量の範囲内で、実際にどれだけの裁量を行使するか」とを区別する必要がある。これまでは、前者に対して、後者の問題はあまり注目されてこなかった。この問題について、介護保険制度の下での要介護認定に関わる認定調査員や認定審査会委員といったアクターの裁量を対象として検証を試みた研究として、荒見玲子によるものがある[22)]。

荒見が焦点を合わせるのは、アクターのクライアント（介護認定を受けようとする人たち）に対する応答的な態度である。ここでいう応答的な態度とは、画一性もしくは公平性を重視して認定を行うというよりも、クライアントの多様性や個別性を重視したうえで、法律などのルールの範囲内でそのニーズをできるだけ満たそうとすることを指す。認定審査会委員の場合、このような態度は、外的な要因、特に行政との関わりによって影響を受ける。すなわち、担当課との情報共有が行われている場合、あるいは審査会事務局の審査方針が把握されている場合には、応答的な態度が強まる。認定審査会委員については、審査会事務局の関与によって審査会委員の役割が限定される場合には、応答的な態度が弱まることが明らかにされた。外的な要因は、ここにおいても重要とされる。今後の政策実施研究では、どのような要因が裁量行使の程度に対して影響を及ぼすかということがより重要な研究課題になっていくと考えられる。

6　政策評価

政策がいったん実施されたならば、それに対する評価が行われる。税金が投入されて実施されたプログラムが、一体どのような結果をもたらしたのか、そしてその結果が社会にとってどれほど望ましいものであったのかということをしっかりと確かめること、さらにそれを納税者に対して明らかにすることは当然である。

日本では、1996年の三重県による事務事業評価システムに始まって、現在では多くの自治体が政策評価制度を導入している。国では、2002年４月から「行政機関が行う政策の評価に関する法律」（政策評価法）が施行されている。このように政策評価が注目されるようになった背景として、窪田好男は、（１）財政状況が悪化するなかでの政策需要の拡大が、より厳しい既存の政策の評価と見直しを促すようになったこと、（２）説明責任（accountability）の重要性が、政府・自治体に認識されるようになったことの２つを挙げている。[23]

政策評価の主体

だれが評価の主体となるかを基準とすれば、政策評価は３つのタイプに分けられる。[24]

第１は、専門家による評価である。専門家は客観的で洗練された手法を用いて、政策が成功したかどうかを判断することができる。政策評価法の３条１項では、「行政機関は、その所掌に係る政策について、適時に、その政策効果（中略）を把握し、これを基礎として、必要性、効率性又は有効性の観点その他当該政策の特性に応じて必要な観点から、自ら評価する（後略）」と規定されている。このように行政自体によって行われる評価も、専門家による評価に分類できる。[25]

第２のタイプの政策評価は、有権者によるものである。有権者は選挙における投票という手段を用いて、政策を評価する。政府・与党が行ってきた政策に対して有権者が肯定的な評価を下したならば、それは与党への投票という形をとって表現される。一方、それに対する評価が厳しいものであれば、野党への投票が行われる。あるいは、個別の問題への評価が、住民投票といった形で行われることもある。

第３のタイプの評価は、市場による評価である。消費者がある財を購入することは、それに対して評価を与えたということになる。個々の財に対する評価はその価格によって表されるし、またその財を供給した主体に対する評価は、その主体の利潤の増加あるいは市場からの退出という形で現れる。このような市場による評価は、民間の主体によって供給される財だけではなく、政府の政策に対しても行われる場合がある。たとえば、政府が公企業を民営化するという決定を行い、それを実施したとする。民営化によって新たに誕生した会社が、よりよい商品やサービスを消費者に提供できているかどうかという評価は、消費者による選択の形で市場において行われることになる。これは、政府が行った民営化という政策に対して、消費者が行う評価である。

政策評価とエビデンス

政策を評価するためには、その政策がどのような効果を及ぼしたかを適切に把握する必要がある。そのために用いられるのが「エビデンス」(evidence) である。「エビデンス」という語は、狭い意味では、ランダム化比較実験(randomized controlled trial) などの定量的で厳密な方法を用いて検証された因果関係を指す[26)]。より広い意味では、定量的な分析だけでなく、インタビューなどの定性的な手法を用いて明らかにされた因果関係を指すこともある。政策評価の質を高めるためには、過去の経験や直感、印象や思い込み等によってではなく、何らかの分析手法を用いて得られたエビデンスによって政策の効果を検証したうえで、その結果を評価へとつなげていかねばならない。

政策評価だけでなく、より広い政策の形成に関わる作業に対して、エビデンスを有効に用いていくことを「エビデンスに基づく政策形成 (evidence-based policy making: 以下 EBPM と略記)」という。政府が本格的に EBPM に取り組んだ最初の例は、20世紀終わり頃におけるイギリスのトニー・ブレア労働党政権によるものといわれている。

EBPM 推進の動きは、日本でも活発になってきている。「平成30年度予算編成の基本方針」(2017年12月８日閣議決定) では、PDCA サイクル (計画―実施―点検・評価―改善から成るサイクル) の実効性を高めるために、EBPM の視点を踏まえて評価の質を高めることが必要と指摘されている。平成31年度および令和２年度の予算編成の基本方針でも同様に、EBPM 推進の必要性が示されている。2018年４月からは、EBPM 推進に関わる取り組みの総括を担当する「政策立案総括審議官」のポストが各府省に設置された。また、2018年８月からは、官民データ活用推進戦略会議・官民データ活用推進基本計画実行委員会の下に、政府横断的に EBPM を推進することを目的として EBPM 推進委員会が発足している。

エビデンスは、政策の事前評価において有用であると認識されることが多い。すなわち、これから決定されて実施される政策が実際に効果をもちうるのかどうか、効果をもつとすればそれはどれだけの効果なのかを適切に予測するためにエビデンスは有用である。それだけではなく、エビデンスは政策の事後評価においても役立てられるべきである。事後評価の段階で、政策の立案時には予測し得なかった点については、新たに得られたデータを用いて因果関係を検証していくことが政策の改善につながるからである[27]。

7 政策終了

「政策終了」の捉えがたさ

政策の一生における最後の段階は、政策が廃止されることである。これが政策終了の段階である。

政策決定や政策評価などと比較するならば、政策終了についての研究は少ない。政策過程のステージ・モデルを取り上げたテキストなどにおいても、政策終了を独立した１つのステージとして扱っていないケースも珍しくはない。政治学者や行政学者は、なぜ政策終了に対してあまり関心を向けなかったのか。その理由の１つは、政策が終了するケース自体が少ない、ということである。一般的には、政策を作り出すことよりも、それを終わらせるほうがはるかに困難である場合が多い。政策の実施は既得権益を生み出し、それを得ている者が終了に対して強い抵抗を行うからである。

もう１つの理由は、政策終了の概念自体の捉え難さである。政策が終了するということは、一見してわかりやすそうではあるが、実はそうでない。たとえば、科学技術振興のために政府から民間へ支出されていた特定の補助金が廃止されたとしよう。この場合には、具体的な１つの政策が終了した、と考えることができる。だが、このような補助金が廃止されたからといって、科学技術振興という国の政策が終了したとはいえない。個別のプログラムを政策と見るのか、それとも政府が国民に提供する業務という広い意味で政策を捉えるのかによって、政策が終了したかどうかの判断は異なってくる。

また、どのような状態をもって政策が終了したと見なすかも重要である。10億円の予算で実施されていたある施策の予算が０円になった場合には、その施策が終了したと考えることには問題がないだろう。だが、10億円の予算が100万円に減額された場合、これをもって政策が終了したといえるかどうかには議論の余地がある。予算が０円になっていないという理由により、この施策が継続していると見なすこともできるだろうが、予算が1000分の１に削減された状

✐コラム　日本の政策終了研究

本文にも記したように、若手研究者による政策終了（あるいは政策廃止）を扱った日本政治研究が増えてきている。取り上げた柳至による研究以外にも、戸田香による研究（「事業終了の政治過程：そのプロセスの類型化は可能か」日本政治学会編『年報政治学2019-Ⅱ　成熟社会の民主政治』（筑摩書房、2019年）336〜360頁。）や三谷による研究（三谷宗一郎「時限法の実証分析」日本政治学会編『年報政治学2020-Ⅰ　「対立」をいかに摑むか』（筑摩書房、2020年）152〜177頁。）等がある。

戸田は都道府県営ダム事業を対象として、どのように事業が終了したかを定性的分析で明らかにしようとした。その結果として、事業の終了は激しい政治的対立を生むとの一般的な予想とは異なり、行政内部でスムースに終了したケースも多く存在していたことが示されている。

三谷による研究は柳や戸田の研究とはアプローチが異なり、政策終了を促す要因ではなく、終了を阻害する要因を明らかにしようとしている。取り上げられたのは、法律が失効する期限をあらかじめ定めた失効条項を有する法律と、期限までにその法律を執行させるとの立法者の意思・方針示す廃止方針条項を有する法律である。三谷は、これらの法律が期限通りに失効したのは分析対象とした法律の約半数であり、それ以外は期限が延長されていたことを明らかにした。さらに、元々の法案の提出主体や法律の分野が、失効期限が延長されるかどうかに影響を及ぼしていたことを、数量分析と事例分析の双方を用いて示した。政策終了研究におけるアプローチも、多様化してきている。

況で、その政策が以前の機能をそのまま果たし続けられるかどうかは疑問である。[28)]

このような政策終了概念自体の捉えがたさにかかわらず、政策を打ち切ることの重要性は、今後はより高まってくると考えられる。2019年末から2020年にかけての新型コロナウイルスの世界的な流行は、日本のみならず世界各国の財政状況に深刻な影響を及ぼした。このような状況は、既存の政策に対する厳しい見直しを促し、問題がある場合の有力な選択肢の１つとして終了が検討される機会を増やすだろう。

政策終了研究の現状

すでに述べたように、政策決定や政策実施と比較すれば、政策終了の研究はまだまだ少ない。だが、日本公共政策学会の『公共政策研究』が2012年に政策終了についての特集（12号）を組んで以来、日本における政策終了を扱った研究は増えてきている。なかでも、都道府県における土地開発公社、自治体病院、ダム事業の３つを対象として、それらの廃止に影響を及ぼす要因が明らかにしようと試みた柳至による研究は、政策終了についての日本で最初の体系的な研究書である。[29)]自治体関係者によるアンケート調査と事例分析によって示された知見は、次のとおりである。前決定過程で政策の廃止が議題に上るかどうかについては、政治状況と政策の性質との関連が見出された。廃止の決定過程においては、政策が廃止されるかどうかについては、政策の存在理由が示されたかどうかが影響を及ぼしていた。後者の知見については、政策終了における専門性にもとづいた政策知識の重要性が示されたという点で意義を有する。

上述のように、政策終了の重要性が高まり、それに伴って社会での関心も高まっていくならば、研究も増えていくと予想される。政策過程研究における政策終了は、肥沃ではあるが、まだまだ未開拓の研究分野である。

注

1）　新川達郎「政策と政策学の話をしよう」新川達郎編『政策学入門―私たちの政策を考える』（法律文化社、2013年）、４～５頁。しかし、現実の政策過程が政策のステージ・モデルどおりには進まないことを実証分析で明らかにすることで、政策過程の本質的要素がむしろ明確に示されることもある。これについて、サンドラ・ナトリーほか（惣脇宏ほか訳）『研究活用の政策学―社会研究とエビデンス』（明石書店、2015年）131頁を参照のこと。

2）　宮川公男『政策科学の基礎』（東洋経済新報社、1994年）153～154頁。ただし、宮川は政策過程ではなく「政策プロセス」という表現を用いている。

3）　議題設定に対するメディアの影響力について、詳しくは谷口将紀『政治とマスメディア』（東京大学出版会、2015年）45～77頁を参照のこと。

4）　Bachrach, Peter and Morton Baratz (1962), “The Two Faces of Power,” *American. Political Science Review*, Vol.56, No. 4 , pp. 947-952.

5）　小倉慶久「裁判員制度の誕生（１）アジェンダ・セッティングと政策形成」関西大学法学論集62巻３号（2012年）345～384頁、および、同「裁判員制度の誕生（２・完）アジェンダ・セッティングと政策形成」関西大学法学論集62巻６号（2013年）272～305頁。

6）「合理的」という語が様々な意味で使われていることにも留意せねばならない。ゲーム理論等における個人の意思決定についての数理分析では、「合理的」選択とは「選好関係が、完備性と推移性を満たしたうえで、自身にとって最も好ましい選択肢から選択すること」を意味する。「自己の利益を最大化すること」という意味と比較すれば、これは狭い意味付けである。浅古泰史『政治の数理分析入門』（木鐸社、2016年）23～24頁を参照のこと。

7）　アリソンは合理的行為者モデルとともに、別の２つの決定モデルを『決定の本質』で提示した。１つは、政府を複数の組織の集まりと見なしたうえで、組織が行った決定を「標準作業手続（standard operating procedure）」に従ってなされた結果と考える組織過程モデル（第２モデル）である。もう１つは、決定を様々な目的や利益を有したアクター間の政治的な相互作用――対立や協調、あるいは妥協など――の結果と見なす政府内政治モデル（第３モデル）である。アリソンの政策決定モデルについては、グレアム・アリソン／フィリップ・ゼリコウ（漆嶋稔訳）『決定の本質―キューバ・ミサイル危機の分析〔第２版〕』（Ⅰ）（Ⅱ）（日経 BP 社、2016年）を参照のこと。また、アリソンのモデルの説明については、森本哲郎編『現代日本の政治―持続と変化』（法律文化社、2016年）の158～161頁も参照されたい。キューバ危機をめぐるアメリカ政府内の議論を録音した「ケネディ・テープ」などの記録がのちに公開されたことによって、アリソンによる政策決定モデルの有効性については疑問も投げかけられている。これについて、保城広至「キューバ危機はなぜ回避されたのか？―時間の国際政治学」玄田有史・飯田高編『危機対応の社会科学（上）―想定外を超えて』（東京大学出版会、2019年）73～74頁を参照。だが、政策決定のパターンをモデル（一種の理念型）として提示しているという点で、アリソンのモデルには大きな意義がある。具体的な事例をモデルがどれだけ説明できるか、あるいは説明できないかについて考えることにより、政策決定の問題をさらに深く考える手がかりが与えられるからである。

8） 橋本信之「政策決定論―政策体系と規範理論・記述理論」足立幸男・森脇俊雅編著『公共政策学』（ミネルヴァ書房、2003年）136～141頁。

9） チャールズ・E・リンドブロム／エドワード・J・ウッドハウス（藪野祐三・案浦明子訳）『政策形成の過程―民主主義と公共性』（東京大学出版会、2004年）38～43頁。

10） ジョン・C・キャンベル（真渕勝訳）『自民党政権の予算編成』（勁草書房、2014年）。

11） 真渕勝『行政学』（有斐閣、2009年）212～213頁。日本における予算編成の手続を政策決定との関連で説明したものとして、上神貴佳・三浦まり編『日本政治の第一歩』（有斐閣、2018年）167～172頁を参照のこと。

12） 曽我謙悟「『日本の地方政治』再訪：尖度と分位点回帰を用いた政策変化の量的把握」日本政治学会編『年報政治学 2017-Ⅱ　政治分析方法のフロンティア』（木鐸社、2017年）96～121頁。

13） 区切られた均衡の政策研究への応用について概説したものとして、以下を参照のこと。Baumgartner, Frank R., Bryan D. Jones and Peter B. Mortensen（2014）“Punctuated Equilibrium Theory: Explaining Stability and Change in Public Policymaking,” in Paul A. Sabatier and Christopher M. Weible（eds.）*Theories of the Policy Process*（3rd. ed.）, Westview Press, pp. 59–103.

14） ジョン・キングダン（笠京子訳）『アジェンダ・選択肢・公共政策』（勁草書房、2017年）109～115頁を参照のこと。

15） 2000年から2013年までの間に刊行された英文査読付きジャーナルにおいては、315本の政策の窓モデルを用いた論文が様々な国の著者によって発表されている。それらの論文の分析対象となった国は65か国にわたり、22の政策領域に対して同モデルが適用されていた。政策研究では根強い人気をもつ分析モデルといえる。Jones, M. D., Holly L. Peterson, Jonathan J. Pierce, Nicole Herweg, Amiel Bernal, Holly Lamberta Raney and Nikolas

Zahariadis (2016) “A River Runs Through It: A Multiple Streams Meta-Review,” *Policy Studies Journal*, 44 (1): 13–36.

16) 欧米では「政策の窓(policy window)」モデルという呼び方よりも、「多重の流れ(multiple streams)」アプローチ（もしくは、「多重の流れモデル」）という呼び方の方が最近では一般的になっているが、本章では「政策の窓」モデルと表記する。

17) 森山花鈴『自殺対策の政治学』(晃洋書房、2018年) 43頁。

18) 佐藤満『厚生労働省の政策過程分析』(慈学社、2014年)。

19) 政策実施研究のこれまでの流れを明解に説明したものとして、高橋克紀『政策実施論の再検討』(六甲出版販売、2014年) を参照のこと。

20) トップダウン・アプローチを批判する立場から、現場で政策実施にあたる外勤の警察官やケースワーカーなどの第一線職員(「第一線公務員」あるいは「ストリートレベルの官僚」とも呼ばれる。) に焦点を合わせた研究を「ボトムアップ・アプローチ」と呼ぶ。紙幅の関係で本章ではボトムアップ・アプローチについては詳しく触れないが、日本を対象とする研究として、たとえば、生活保護政策におけるケースワーカーを取り上げた、関智弘「組織人としてのケースワーカー——ストリートレベルの官僚制の再検討」年報行政研究 49号(2014年) 81～98頁がある。第一線職員については、本書**第5章**のコラム「『第一線公務員』論」も参照のこと。

21) 伊藤修一郎『政策実施の組織とガバナンス—広告景観規制をめぐる政策リサーチ』(東京大学出版会、2020年)。

22) 荒見玲子「資格認定の実施過程におけるアクターの応答性の規定要因とそのメカニズム—福井県の要介護認定調査の分析から」社会科学研究 65巻1号 (2014年) 135～178頁。

23) 窪田好男「政策評価論—わが国自治体発の政策評価とその課題」足立・森脇・前掲編著 (注8) 177～178頁。日本で政策評価が注目されるようになった背景については、森本・前掲編書 (注7) 166～167頁も参照のこと。

24) Munger, Michael C. (2000) *Analyzing Policy: Choices, Conflicts, and Practices*, W. W. Norton, pp. 17–18.

25) 日本では、政策の実施主体でもある行政が自己評価を行うことが一般的となっているため、政策評価は「行政評価」と呼ばれることもある。これは、日本で独特の呼称である。窪田・前掲論文 (注23) 179頁参照。

26) ランダム化比較実験などの因果的推論で用いられる分析手法の基本的な考え方については、伊藤公一郎 (2017)『データ分析の力—因果関係に迫る思考法』(光文社、2017年) を参照のこと。

27) 大橋弘「政策立案の力を研鑽できる場の構築を目指して」大橋弘編『EBPM の経済学—エビデンスを重視した政策立案』(東京大学出版会、2020年) 341頁。

28) 岡本哲和「政策終了論—その困難さと今後の可能性」足立・森脇・前掲編著 (注8) 162頁。

29) 柳至『不利益分配の政治学—地方自治体における政策廃止』(有斐閣、2018年)。

【岡本哲和】

第8章 国　会

1 はじめに

国会は、憲法上、立法府として立法権、予算議決権、条約締結承認権などの立法権限をもつとともに、内閣総理大臣の選出を通じて、内閣を創出する役割や、内閣不信任決議や国政調査権によって行政府に対する統制監督権を有するなど、立法・行政・司法の三権の中でも、最高機関として広範な権限が付与されている。こうした法制度上の重要な権限を有する日本の国会も、諸外国の議会と比較した場合、その立法機能や審議機能、行政監視機能などで様々な問題点を有していることが指摘できる。本章では、日本の国会の立法・審議過程を、その制度と運用の観点から分析し、国会のあり方について考察することとしたい。

2 議院内閣制の類型

議院内閣制の特質

日本をはじめイギリスやドイツ、カナダ、オーストラリアなど、世界の先進民主主義国の多くは議院内閣制を採用している。この議院内閣制の本質は、政府の議会に対する責任にあるとされる[1)]。こうした議院内閣制のもとでは、次のような制度がとられることが一般的である。第一に、内閣総理大臣は議会から選出され、議員と閣僚の兼職が認められる。第二に、内閣は議会に対して議案の提出権を有し、内閣総理大臣および閣僚に議院への出席発言権が認められる。第三に、議会は内閣に対する不信任を決議することができ、これに対抗して、内閣は下院に対する解散権を有する。

日本国憲法では、内閣は国会に対して連帯責任を負い（憲法66条3項）、内閣総理大臣は国会議員のなかから国会の議決で指名される（同67条１項)。また、国務大臣の過半数は国会議員のなかから選ばなければならない（同68条１項)。内閣には国会への議案提出権があり（同72条)、国会への出席の権利・義務を有する（同63条)。さらに、衆議院は内閣に対して、不信任案を議決することができ、これに対して内閣には衆議院の解散権が認められている（同69条)。したがって、日本が憲法上、議院内閣制を採用していることは明らかである。

ところで、こうした議院内閣制とは、委任代理論の立場からは、有権者から国会議員へ、国会議員から首相へ、首相から大臣へ、そして大臣から官僚へとつらなる委任（delegation）と責任（accountability）の一本の連鎖によって、主要な政治的決定が行われるシステムであるとされる[2)]。このモデルを機械的に当てはめると、選挙によって有権者が議員を選出し、議会は有権者の委任を受ける。次に、議会は首相を選出し、首相は議会からの執政権の委任を受ける。首相は、各省大臣を任命し、大臣は首相から各省の行政担当の委任を受ける。そして、各省大臣は官僚制を指揮監督し、官僚は大臣からの行政実施の委任を受ける。委任を受けた官僚は大臣に、大臣は首相に、首相は議会に、議会は有権者に対して、それぞれ委任にもとづく実施と説明の責任を負うことになる[3)]。本来、議院内閣制では、議会のみが民主的に選出され、その議会の正統性を基盤として内閣が成立するため、民意は一元的に代表される[4)]。こうしたことから、議院内閣制は、行政府の長である首相と議会は制度的に融合し、権力集中的な制度であることをその特質としている。

権力集中型と権力分散型の議会制度

しかし、日本の政策決定過程では、内閣提出法案（以下、閣法と略す）であっても、その提出には、与党の事前審査による承認が必要であり、官僚制は大臣からの委任と与党からの委任という重複する委任・責任関係に置かれてきた。こうした本人の複数化は、与党議員と官僚制が結託し、官僚制と内閣・大臣との間の委任・責任関係からの逸脱を招くことになる。また、官僚制そのものが、業界団体や地方利益を代表することにより、独自の利益を有し、本人である内閣や大臣からの委任を逸脱する傾向をもちうる。内閣の決定の場である閣議は、省庁官僚制による各省協議で事前調整された結果を追認する形式的な場と化し、大臣は官僚制の利益を代弁する存在に過ぎなくなる。いわゆる官僚内閣制によって、議院内閣制の委任と責任の連鎖関係の主客が逆転することにもなっていたのである。

これに対して、代議制度を採用する20カ国の比較研究を行ったパウエルは、代議制度がいかなる民主主義を実現し得るのかという観点から、権力を集中させる多数派支配と、権力を分散させる比例的影響に代議制度を分類している。[5] 多数派支配の代議制度においては、有権者の多数派の意思が多数党に集約され、政策形成における政府の支配をもたらし、逆に、比例的影響の代議制度においては、比例的な有権者の意思が多元的な政党の選択に反映され、全ての政党の代表が政策形成への参加を可能とする。この多数派支配の代議制度においては、単独政権のもとで内閣が立法を主導し、議会は受動的な位置づけにすぎない。これに対して、比例的影響の代議制度においては、連立政権のもとで立法は政党間交渉によって決定され、議会は能動的な役割を果たすのである。パウエルは、こうした各国の議会の選挙制度と議会の決定ルールにおける政府への権力の集中度を対比し、選挙制度と議会制度の憲法上の設計において一定の関連があることを示している。多数派支配の憲法制度を採用している国としては、イギリス、フランス、オーストラリア等を、比例的影響の憲法制度を採用している国としては、ドイツ、オランダ、スウェーデン等を挙げ、日本はその中間に該当するとしている。[6] このように、代議制度には、小選挙区制のもとで、単独政権の内閣に権力が集中するタイプと、比例代表制のもとで、政府と国会に権力が分散するタイプの２つの類型があることが指摘されているのである。[7]

3　日本の国会政治

立法過程の流れ

こうした内閣に権力が集中するよりも、むしろ権力が分散する様相を示す日本の議院内閣制のもとで、国会では、どのような法案審議の流れとなっているのか、その仕組みを説明しよう（図表８―１）。国会に提出される法案は、閣法と議員提出法案（以下、議員立法と略す）に大別される。閣法の場合、内閣が閣議決定を行う前に必ず与党である自民党の事前審査を受け、その承認を得ることが必要である。同様に、議員立法においても、各政党の部会等で国会提出に先立って審査を受ける。このように、日本の国会の立法過程は、法案提出の段階で、各政党の賛否の方針が予め決まっているという世界でもまれな事前審査制を採用している。

法案が提出されると、議長はその法案を所管する委員会に付託する。委員会では、閣法の場合、担当大臣から提案理由説明を聴取した後、各委員と担当大臣や政府参考人との間の質疑応答の形式で審議が進められる。必要に応じて、参考人から意見を聴いたり、重要な法案の場合は、公聴会を開いたりすることもある。このように法案審査が主に委員会において行われるのは、日本の国会が委員会中心主義をとっているからである。なお、与野党が特に重要と認めた法案については、委員会審議に先立って、本会議での趣旨説明聴取が行われる。この趣旨説明聴取は、それを野党が要求することによって、法案の委員会付託が保留されるため、野党にとって反対法案に対する審議遅延の手段ともなってきた。委員会における質疑が終了すると、討論による各会派の賛否の表明に続き、委員会における採決が行われる。委員から提出された修正案がある場合には、まず修正案が採決され、そのあとに原案の採決が行われる。ところで、委員会の開催や審議日程を決めるのは、当該委員会の与野党理事からなる理事会である。この理事会では、全会一致が前提とされており、もし野党が委員会審議を強硬に拒否した場合には、委員長の職権で開催が決定されることもある。また、委員長が法案に反対している野党議員の場合、議院の多数を占める与党が委員会審査を打ち切って、法案の本会議への中間報告を決定し、本会議で直接可決することも制度上可能となっている。

委員会における法案の審査が終了すれば、法案の審議は本会議に移行する。本会議では、委員長報告を受けて討論を行った後、採決が行われるが、本会議の審議は、委員会の決定をもっぱら追認する形式的な場ともなっている。法案のほぼ８～９割は衆議院が先議院であり、先議院を通過した法案は後議院（衆議院先議の場合参議院）に送られ、先議院と同様の審議手続きが繰り返される。衆議院で可決された法案が参議院において否決された場合、衆議院が再可決するためには、３分の２以上の多数が必要となっている。こうして、両議院の議決が一致するか、衆議院で再可決された場合、両院協議会の成案を両議院で可

図表8—1　法案審議の流れ（衆議院先議の場合）

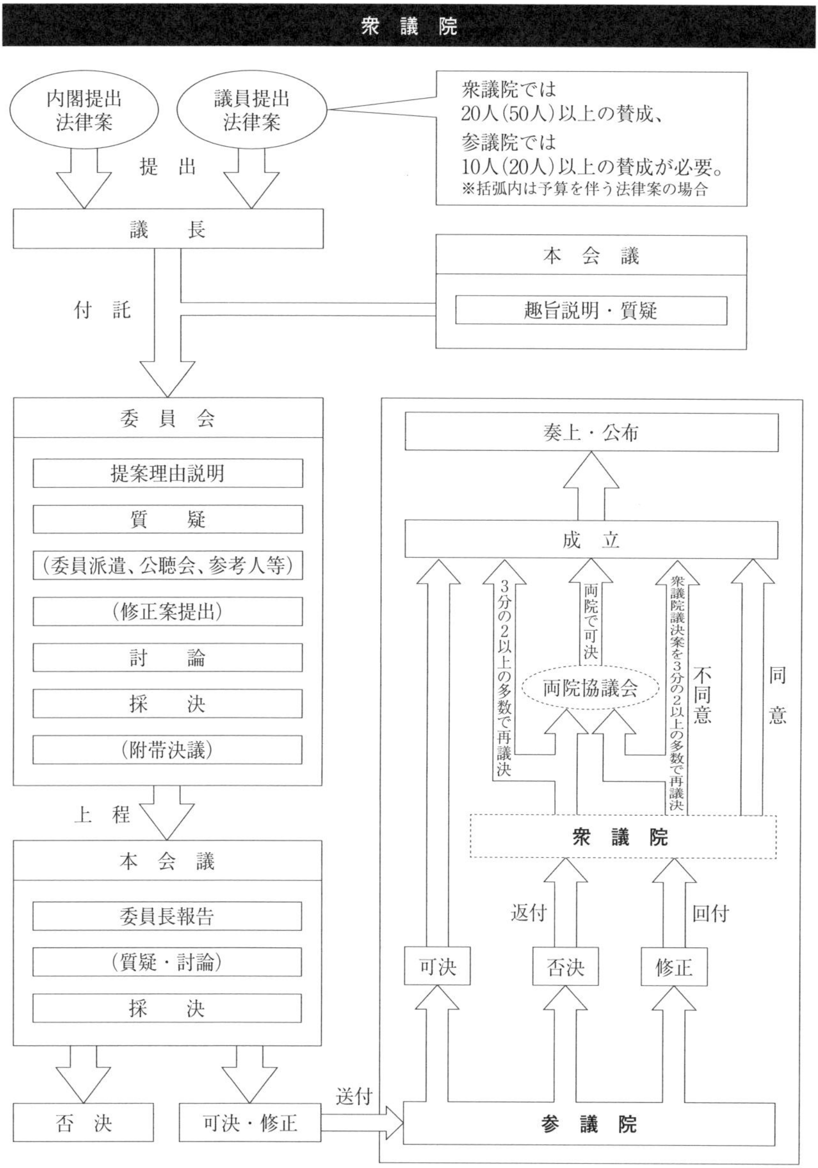

出所：衆議院 HP（http://www.shugiin.go.jp/internet/itdb_annai.nsf/html/statics/kokkai/kokkai_gian2.htm）

決した場合に法律が成立するが、国会は唯一の立法機関であるため、アメリカの大統領のような拒否権や、イギリスの国王のような裁可権は政府側にはない。

ヴィスコシティ説から見た日本の国会

このように、日本の国会では、政府と与党が事前審査制を通じて一体化することで、閣法の国会での成立が保障される。与党の場合、厳格な党議拘束が課されるため、造反投票はほぼ皆無である。その結果、政府から提出される法案の成立はほぼ確実視される。ところが、55年体制（1955–1993年）が確立し、衆参両院とも与党が多数を占める状況になっても、未成立に終わる閣法や修正される閣法の割合はあわせて全体の3割にのぼり、日本の国会は決してラバースタンプではなかった。その理由として、日本の国会の制度や慣行が野党に有利に働いていると考えるのが、ヴィスコシティ（粘着性）説である。

ブロンデルは、議会が政府に対してどの程度従属的か、あるいは政府から自由かを表す指標としてヴィスコシティの概念を用いた。すなわち、ヴイスコシティの弱い政府に従属的な議会では、政府提出法案の審議にあまり時間をかけず、修正も加えないまま成立させるのに対し、ヴイスコシティが強い政府から自由な議会では、政府提出法案の審議に時間をかけ、議員の発言も多く、その結果、修正が行われたり、成立が阻止されたりするとした[8)]。

このヴィスコシティの概念を用いて、モチヅキは、日本の国会における議事運営と審議日程、会期制、委員会制、二院制に着目をした。すなわち、①本会議の運営を決める議院運営委員会理事会や委員会の運営を決める各委員会の理事会が、全会一致ルールによって運営されているため、少数派である野党が審議入りや採決の日程について拒否権を有すること、②国会の活動期間が細切れの会期制によって時間的制約があり、会期終了日までに成立しない法案は会期不継続の原則により廃案となること、③委員会制のもとで意思決定が分権的になる結果、野党の介入点が多くなり、党派間の妥協が生まれやすくなること、④二院制によって、衆議院と同じ法案審議を参議院においても繰り返さなければならないことなどを指摘し、これらの制度や慣行が野党の影響力を高める働きをしているとした[9)]。岩井は、これらの制度的制約に加えて、日本の国会を可処分時間の観点から検討し、野党による審議拒否や委員会運営における定例日の設定などの慣行が、委員会での法案審議に充てる可処分時間をきわめて小さなものにすることを指摘している[10)]。

数で劣勢な野党が与党に対抗できたのは、こうした日本の国会の時間的制約と自民党の一党優位の時期において野党に融和的な世論が存在していたからである。自民党の長期政権が継続していた55年体制では、野党を支持する少数派の要求は、政府を通じて実現することは困難であった。そのため、世論も国民の幅広い利害を政策決定に反映させるための便法として、野党の抵抗戦術に対して比較的寛容であった。また、与党の強行採決に対しては、不正常な国会審議として野党との話し合いを求めた。残り少ない会期と世論の反応を睨みながら、採決を強行するか、話し合いによって、野党の要求を部分的に取り入れた修正を行うかの決断を政府与党に強いてきたのである。55年体制が始まった1956年から2017年までの常会またはそれに代わる特別会での閣法の平均成立率は84.0%であり、同時期の成立した閣法の平均修正率が18.5%であったことが示すように、これまでの国会での閣法に対する野党の影響力は決して低いわけではないのである[11)]。

多数主義説から見た日本の国会

こうしたヴィスコシティ説に対して、日本の国会制度が戦後の憲法、国会法のもとで多数決型の要素を持つものであると主張するのが多数主義説である。多数主義説の根拠となるのは議事運営権の所在である。政治学では、議事運営権は、議会多数派やそれに支えられた執政が、法案の提出から審議にかけての議会運営の主導権をどの程度掌握するのかを規定する諸制度を意味する[12)]。コックスとマカビンズは、この法案の議題設定や審議・採決のスケジュールを決定できる手続き上の権限をアジェンダパワーと呼び、通常の場合、議会多数党が掌握しているとする。また、議会多数党は、反対する法案の審議・採決をアジェンダに載せないように手続きをコントロールする消極的な議事統制も行使可能である[13)]。

この議事運営権の所在について、多数派がどの程度掌握しているかを分析したデーリングは、議事運営権の制度的権限を、①本会議における議事運営権が与党によって担われる程度、②予算関連法案の提出権を内閣が独占する程度、

③委員会審議が本会議による事前決定に拘束される程度、④委員会による法案修正が院全体を拘束する程度、⑤委員会における議事運営に院全体が関与できる程度、⑥院の多数派が議事妨害を排除できる程度、⑦法案が継続審議できる程度の７つの基準を示した[14)]。増山は、このデーリングの基準を用い、日本を含めた19か国の議事運営の多数主義的な指標化を行っている。そこでは、もっとも多数主義的なイギリスについでフランスをあげ、逆に、もっとも多数主義的でない国であるスウェーデンやオランダについでイタリアやドイツを位置づけたうえで、日本は、フランスについで多数主義的な議会であるとしている[15)]。

増山によれば、日本の国会は、①公式な制度として議院運営委員会があり、全会一致が尊重されるものの制度的には議院多数に依拠する議長の決裁権が規定されていること、②委員会理事会が委員会議事を決定しているが、議院には中間報告によって委員会審議を経なくても最終的な議決を行うことが保証されており、法案の付託撤回権をもつ議院の議事運営機関が委員会議事を決定すること、③質疑や討論の終局動議は多数決によっており、また、議長の職務権限として、質疑や討論、投票に時間制限を課すことが認められており、議院の多数が法案審議における妨害を排除できること、さらに、会期不継続の原則についても、会期延長期間は無制限であり、内閣は必要に応じて臨時会を開会することができることを指摘し、日本の国会の制度構造は議事運営の制度的権限を与党が掌握するという意味において、多数主義的な議事運営を制度的に保証しているとの視点を提示している[16)]。川人も議院運営委員会において、1950年代後半から1970年代初めまでは全会一致の慣行が破られることが少なかったものの、1980年代以降、多数決による採決が以前と比較して増加していることを示している。そして理事会のメンバーに共産党や小会派のメンバーが参加するようになったことが全会一致の慣行が破られる要因となったことを指摘している[17)]。

実際に、55年体制が終焉すると同時に、1996年の総選挙から小選挙区比例代表並立制が導入されると、衆議院の有効議会政党数[18)]は、1993年総選挙時の4.14から、2003年総選挙時には2.59に減少し、多党制から二大政党制に近づくこととなった。野党第一党は、審議拒否よりも閣法の対案の提出を活発に行い、表決に至るまでの説明や質疑、討論に力を入れるようになった。与党側も、委員長や議長の議事運営権を用い、野党が審議に抵抗する場合には、多数決採決も辞さない対応を取るようなった。かつての55年体制当時の全会一致ルールは紳士協定化し、本来の採決ルールである多数決にもとづく決定が増加するようになっているのである。また、小選挙区制の導入は、派閥や族議員レベルに分権化された自民党内の意思決定権限を、候補者公認権やポスト配分権をもつ党執行部に一元化させ、委員会における委員の自律性も党執行部の統制のもとでさらに制約されることとなった。委員会レベルでの党派間の妥協は党執行部の方針に依拠することをより強めることとなったのである。会期制による時間的制約も会期の延長や臨時国会の召集などで実質的な通年国会化が図られている[19]。こうしたことから、野党に有利な国会の制度や慣行は、必ずしも与党に不利なわけではなく、与党が国会運営において強硬路線をとる場合の立法的・非立法的コストを勘案し、限定的に野党に譲歩した場合に見られるものであるともいえる[20]。

このように、多数主義説は、定められた制度そのものに着目し、これが多数派にとって有利に設計されているために、与党がその気になれば慣行を無視して多数決に則った議事運営を強行することも可能なことを示しているといえる。つまり、与党が野党に対して融和的な姿勢を示し、野党の抵抗に一定の譲歩をするか、逆に、野党の抵抗を排除して、法案の採決を強行するかの主導権は多数を有する与党側にあるといえる。もっとも、ねじれ国会の場合には、与野党が逆転した参議院における多数決は、与党側ではなく、野党側に有利に働くのであり、日本の国会における議事運営権や採決ルールはともに議院における多数派が有利に行使しうることに注意する必要がある。

4　主要な活動機関：本会議と委員会

他の議院内閣制諸国との比較

このように、日本の国会は、1990年代の政治改革や政権交代を契機として、多数決型の要素を増してきたともいえる。その変化の実態は、他の議院内閣制諸国と比較した場合、どのように位置づけられるだろうか。

ヨーロッパの議会の類型化を行ったギャラハーらは、議事コントロール、主要な活動機関、委員会付託前の本会議による拘束の３つの指標から、イギリス、フランス等の議会を多数決型に、ドイツ、オーストリア、イタリア等の議会をコンセンサス型に位置づけている[21)]。英仏議会においては、政府の対議会権限は強く、議事コントロールは政府主導であるのに対し、ドイツの議会では、政府の対議会権限は間接的で多数派の規律に依存せざるを得ない[22)]。日本も同様に、政府は制度的に法案提出以後、国会の議事運営に関与することができず、与党に国会対策を依存せざるを得ない。そのためすべての閣法について与党の事前審査を行い、政府と与党の意思を統一して、国会対応にあたる。その結果、政府は与党の国会対策委員会を通じて、間接的に議事コントロールを行うことになっている。

一方、ギャラハーらが指摘するように、多数決型の議会では、主要な活動機関は本会議であり、本会議による委員会の拘束が強い。そのため、本会議においては、与野党間の討論機能が重視される。これに対して、コンセンサス型の議会では主要な活動機関は委員会であり、委員会が法案の審議日程や賛否を自由に決定できる。また、与党による事前審査を経ていないので、委員会において与党による政府提出法案の修正も少なくない。

これに対して、日本では、委員会が活動の中心であるものの、与党の影響力行使は事前審査において実質的に終了しており、委員会は主に野党が政府を追及し、与野党が採決をめぐり駆け引きを行う場になっている。これまで委員会は、理事会における全会一致ルールに基づき、与野党間の合意を得ながら議事運営を行うというコンセンサス方式が前提とされてきた。1990年代の政権交代を経て、この全会一致ルールは、与党の多数主義によって、しばしば破られてきたのも事実である。しかし、与党が衆参両院の多数を占めている状況においても、委員長が与野党間の協調によって委員会を運営してきたスタイルに大きな変化は見られない。もちろん、2015年の平和安保法制や、2016年の共謀罪法案のような与野党間で妥協困難な法案のような事例もある。しかし、それらの対決型の国会審議はむしろ例外的なパターンに属するといえよう。そのため、通常は、委員会で野党が抵抗を示した場合、野党の要求を与党が修正や政府答弁等の形で一部受け入れることで法案の通過を確実にするというコンセンサス型の特徴を示すことになりやすい。つまり、国会の制度や慣習は、多数派に権力が集中する多数決型に適合的というよりも、与野党間に権力が分散するコンセンサス型の運営が継続されているのである。こうした傾向はねじれ国会においてより顕著となり、このような国会運営は、多数決型の国会と比べた場合、政府から見た法案成立の効率性を阻害し、委員会外の理事会や国会対策委員会で法案の成否が決着するため、与野党間の討論機能や争点明示機能も十分に担保されないままであったのである。

委員会制度の実効性

ところで、委員会中心主義とは、そもそも多数の議員から構成される議院の能率的運営と質・量ともに拡充した議院権能の実効的・効率的な遂行のために、専門化した多数の委員会に本会議の予備審査を委ねる仕組みである[23)]。こうした委員会制のもとでは、議員がその任期中、特定の委員会に所属することによって、議員の専門性が高まり、議会の全体としての情報収集力や法案処理力も向上する。このように、議院の処理すべき案件の拡充に伴い、その能力の制約から、本会議中心主義から委員会中心主義に移行することは不可避的な面をもっているともいえる。

では、日本の委員会制度は、こうした専門的な審議を行う機関となっているだろうか。委員会の専門的審議体制が整っている条件としては、常任委員会の数や省庁別に対応した委員会編成となっているか、委員会の設置や委員会のメンバーが常任で固定か、アドホックでその都度選任されるか、委員会所属数の制限があるかないか、党部会との関係が緊密か否か、政府との兼任が認められているか否か、委員会の専門スタッフや立法補佐部局が充実しているか否かなどが考慮される。

日本の委員会制度では、衆参両院ともに、常任委員会と特別委員会の２種類がある。常任委員会は、常設の委員会でその所管に属する議案と請願等を審査し、国政調査も実施する。衆参ともに省庁別に対応する17の委員会が設置されている。このうち、議院運営委員会は議院の運営に関する事項等を審議または協議する常任委員会であり、国家基本政策委員会は与野党間の党首討論を行うものである。特別委員会は、各議院がその院において特に必要があると認めた案件または常任委員会の所管に属しない特定の案件を審査するために設置される。なお、参議院には、国政の基本的事項に関し、長期的かつ総合的な調査を行うために調査会が設けられている。

日本では、議員は少なくとも１つの常任委員会に所属しなければならず（国会法42条２項）、その所属数は衆議院では１、参議院では１－２程度になっており、常任で専任化している。自民党では、党政調部会の部会長代理が委員会の筆頭ではない理事を兼任する。また、筆頭理事は国会対策副委員長を兼ねる。その結果、党からのコントロールが委員会に及び、党からの自律性を低くしている。また、政府の政務官と委員との兼任もあるが、政府が議事運営に関与することはなく、政務官が理事会の運営を指揮することもない。一方、日本の立法調査補佐スタッフは、委員会スタッフとしての調査局（調査室）と議院法制局があり、前者は質問や審査報告書の作成、後者は議員立法や修正案の作成で、委員会の審議過程においても、委員の補佐をしている。以上の観点から、日本の委員会の専門性は高く、委員会の補佐機能も相対的に充実しているといえる。

ただし、委員会スタッフなどの補佐スタッフの質問や調査での活用は、与党は官僚の補佐を受けることが可能であり、野党に限定されている。ところが、こうした委員会の制度的な自律性や専門性の高さが、委員会中心主義のもとでの実際の法案審議の量や質に反映されているかは、その運用に依存しているといえる。

そこで、日本の委員会の審議時間、開催数の量的な側面と、委員会の修正件数という質的な側面から検討すると、まず、日本の国会では、衆参両院とも本会議の審議時間が年間100時間足らずと極端に少ない。他方で、委員会の審議時間は他国と比べてそれほど少ないわけではない。しかし、1990年代後半以降、衆議院で年平均1300時間程度の委員会審議が行われていたが、2009年にはわずか900時間程度に減少したこともあった。さらに、委員会審議は量的な面に加えてその内容でも、質疑が中心で、イギリスやフランスと比べて討論の割合が圧倒的に低いとされる[24)]。また、与党議員の質問時間も議員数に対して制限されている[25)]。委員会における修正案の提出および採択件数も極端に少なく、可決されるのはほぼ与党提出または与党が賛同した与野党共同提出に限られる[26)]。

本来、日本の委員会は省庁別に対応した専門の常任委員会が設置され、委員長も衆参両院とも与野党の議席数に応じて比例的に配分される。政府に本会議や委員会の議事運営権はなく、委員会の運営は与野党の理事による理事会が全会一致ルールにもとづいて事実上決定している。委員会の審議時間は委員会が決定し、法案の修正にも制限がない。委員会の権限は強く、議院多数派に対して強い自律性をもっているはずである。ところが、実際に、与党の質問時間が少なく、委員会の修正件数が少ないなど、国会の制度的な強さが政策決定の実態を伴っていないのである。

その理由としては、第一に、日本以外の国では、修正は条項ごとに審議・採決を行う逐条審議を実施しているのに対し、日本では、修正は法案全体に対して審議・採決を行う一括方式をとっていることが挙げられる。第二に、与党の修正が圧倒的に少なく、また、日本以外の国では政府修正も多いが、日本では、政府修正は議題になる前が原則で、実際にも、ほとんどない。与党の質問時間や法案修正が少ないのは、与党である自民党の事前審査によって、政府と与党の調整が委員会審議の前段階で終了しているためである。同じ議院内閣制のイギリスやドイツ、フランスなどでは、日本のような与党による事前審査（事前承認を必要とする）は行われていない。第三に、野党が修正案を提案しても、単独ではまず通らない。したがって、修正案の提出は、代替案の提示による立場表明に重点が置かれる。委員会では、野党による政府に批判的な質疑が重視されるため、委員会が与野党による修正（交渉）の場であることよりも、与野党間の対決、争点明示の場になっている。第四に、法案修正が少ない代わりに、日本では、委員会が与野党一致で附帯決議を行い、委員会としての意思を法案成立後の執行過程に反映させようとする。

本会議については、本会議中心主義のイギリスのみならず、フランスやドイツにおいても、委員会審議終了後の本会議において、法案の実質的な審議が行われている。これに対し、日本では、委員会議了後の本会議では、そもそも法案に対する審議はほとんどなされておらず、本会議の形骸化が著しい。

5　ねじれ国会と予算関連法案

ねじれ国会が及ぼす影響

議院内閣制では、内閣は議会（両院制の場合は下院）の信任を存続の要件とすることから、内閣は議会の多数派によって組織される。しかし、第二院である上院で与党が多数派であることは保証されず、上下両院で多数派が異なる分裂議会（日本ではねじれ国会と呼ばれる）がしばしば生じうる。この場合、上院の権限の強弱によって、内閣の提出した法案成立の成否が影響を受ける。

レイプハルトは、両院の権限関係と民主的正統性から二院制を対称的と非対称的に分類し、さらに、両院の選挙制度の相違から二院制を調和と不調和に区別した。上院の影響力が強くなるのは、両院の権限関係が対等か、ほぼ対等であり、両院とも直接選挙で選出されている対称的な二院制であり、両院の構成が不調和になる場合である。レイプハルトは、この分類法にもとづき、日本の議院構造指数を四段階の3.0として、中程度に強い二院制（対称的・調和な両院関係）として位置づけている[27)]。日本は、権限関係において両院がほぼ対等であり、ともに直接議員が選ばれる点で対称的であり、両院の選挙制度に起因する構成が類似したものであることから調和的な二院制であることになる。しかし、1989年以降、ねじれ国会が参議院選挙のたびに頻繁に繰り返しており、両院の構成は不調和の傾向を増すことになっている。

こうした中程度に強い日本の二院制のもとでは、ねじれ国会になると政府の提出した法案の成立はおぼつかなくなる。この場合、衆議院で３分の２の議席を与党が満たしている場合、衆議院での再可決も可能となるが、それが不可能な場合、野党側の要求に応じて修正成立を図るか、未成立に終わるかの立場に追い込まれることになる。こうした両議院の不一致は、議院内閣制における内閣の統治にとって大きな足かせとなってきた[28)]。

特に、2010年参議院選挙後の民主党連立政権では、与党の民主党は第一党であったものの106議席に減少し、連立与党の国民新党３議席と合わせても過半数に達せず、かつ衆議院で与党が３分の２の議席を持たない、完全ねじれ国会となった。参議院では、野党の自民党・公明党（旧与党として共同歩調をとっていた）が、議院運営委員長の他、常任委員長のポストの半分近くを占め、議事運営の主導権も握ることとなった。この完全ねじれ国会では、消費税増税法案のように、与党と野党の自公民三党が合意し、修正によって法案を成立させるといったことが増えたものの、他方で、特例公債（赤字国債発行）法案等の対決法案では、野党側が徹底した非妥協的な立場を崩さず、2012年の野田内閣では、特例公債法案の未成立によって初めての予算執行の抑制が行われるという事態に発展した。結果的に、法案成立の条件として、菅直人首相の退陣や野田内閣による衆議院解散を政府側が余儀なくされた。完全なねじれ国会のもとで、与党は法案成立のための野党依存という脆弱な国会運営を強いられることになったのである。

予算関連法案と衆議院の優越

一方で、このような法案を人質にとって、野党が倒閣や衆議院解散に追い込むことができるのは、対決法案が予算関連法案であることに起因しているともいえる。日本国憲法では、予算と法律は異なる法形式をとっており、予算と比べて法律案の議決要件は衆議院の再議決において特別に加重されている。これに対し、同じく議院内閣制を採用するイギリス、フランス、ドイツの各国では、予算は法律としての形式をとり、イギリス、フランス両国では予算法として制定される歳出法のみならず、税制改正等の歳入法案についても一般の法律の議決要件より緩和されている。また、赤字国債の発行についても、イギリス、フランス、ドイツの各国では特例法の制定が不要なのに対し、日本では、財政法の規定により、特例法を制定しなければ赤字国債の発行権限は認められない。そのため、予算が成立しても、税制改正法案や特例公債法案が成立せず、政府の財政運営が窮地に陥るのは、日本だけの問題であるともいえる。

こうした予算と法律の不一致の問題解決のためには、憲法上の衆議院の優越を強化することが方法として考えられるが、現実には、そうした改正は容易ではない。むしろ、税制改正法案に関しては、ねじれ国会時に見られた敵対的政治を止揚し、与野党の間で合意形成を図ることを慣行化することが求められよう。一方、特例公債法案に関しては、野田内閣末期、および2016年の安倍内閣において、特例公債法の本則を改正し、特例公債の発行権限を単年度から複数年度に修正する方式がとられた。これは、複数年度にわたる赤字国債発行の承認に他ならない。しかし、現行の延長法も、５年間の時限措置に過ぎず、将来、新たに特例法の期限延長が必要になったときに、その時点で仮にねじれ国会となっていれば、その時の野党が賛成するとは限らない。2016年度の特例公債法改正案に野党第一党の民主党が反対したように、与党と野党の立場が変われば、異なる対応をする可能性があるからである。つまり、特例公債法案の未成立による予算執行抑制の危険性は解消したわけではない。そこで、財政法の本則の改正により、赤字国債の発行権限を政府に付与し、毎年度の予算の議決によって、その発行限度額を国会が承認することも考えられよう。この方式は、イギリスやフランス、ドイツと同様のものでもある。この場合の財政規律の確保については、財政健全化目標の法定と中期財政フレームの策定、それにもとづく予算編成を政府に義務付ける財政健全化法を制定するといった方法が考えられる。こうして、予算と財源を実質的に一体のものとする法制化によって、政府の予算編成権と国会の財政議決権の均衡を図り、予算と法律の不一致の問題を克服していくことが望まれよう。

6 議員立法の役割

議員立法の類型

国会が衆議院、参議院の両議院で構成され、両議院が全国民を代表する選挙された議員で組織することから、議員がその所属する議院に法律案を発議する権限を有することは自明であろう。また、国会法では、委員会として法律案を提出することを認めており、この場合、委員会提出法案として扱われている。こうした議員立法のうち、成立する法案の多くは委員会提出法案であり、成立した議員立法は与野党対立というよりも、与野党協調の結果を反映することが多い。

ところで、こうした議員立法は、議院内閣制諸国においては、閣法に比べて、量的・質的に二次的な役割しか与えられていない。議院内閣制では、議会の多数派を基盤として内閣が成立するため、必然的に、政府から提出された法案に対する審議・決定が立法の中心的な活動となる。したがって、日本の立法過程における新規提出の閣法の成立率は90％前後で推移し、閣法の修正率は１割から２割程度である（ただし、ねじれ国会では３割に達する）。これに対し、議員立法の提出数は、国会提出法案全体の約35％程度と量的には決して少なくなく、成立する法律全体の約15％は議員立法である。にもかかわらず、日本において議員立法が閣法に比べて補完的な役割にとどまっているのは、議員立法が政府の主要施策の遂行上、不可欠な立法を措置する政治的または政策的に重要な法律のために企図されたものでないことによるといえる。

こうした議員立法の類型については、これまで議員立法作成の動機や対象の観点から分類が行われてきた。茅野は、議員立法を分野・政策内容に着目し、①国会、選挙、政治資金関係、②過疎地域自立促進特別措置法のような地域振興関係、③宅地建物取引業法のような特定の業界に関する法律、④災害弔慰金支給法や被災者生活再建支援法のような災害対策関係、⑤臓器移植法や性同一性障害者性別取扱い特例法のような議員の道徳観、倫理観などと関わりが強い法律、⑥児童買春・児童ポルノ処罰法や子どもの貧困対策推進法のような新たな犯罪類型、社会問題などに対応するための法律、⑦東日本大震災復興基本法のような大災害、重大な社会問題などに緊急に対応するための法律、⑧少子化対策基本法やがん対策基本法のような特定の政策分野に関する基本法などに分類している[29]。かつての議員立法には、地域振興や特定の業界のためという利益誘導的なイメージがあったが、政権交代を繰り返した最近の政治状況の変遷や政党に対する国民の要望の多様化により、福祉・医療や防災、ジェンダー、司法・警察といった分野に議員立法の対象が拡大することで、その内容面でも変わりつつあることが指摘できる。

議員立法の審議の実態と改善の必要性

こうして発議された議員立法は、国会の審査・決定に付されるが、閣法と比べて、議員立法が委員会で審査される機会はきわめて少ない。たとえば、委員会提出法案は、委員会での審査を省略し、本会議でも委員長報告を受けて、そのまま採決するのが先例となっている。つまり、成立する議員立法の大半を占める委員会提出法案は提出された議院でほとんど審議されないまま可決されているのである[30]。一方、野党提出の法案が国会に提出されても、委員会付託は先送りされる。閣法の場合には、議院運営委員会理事会において、本会議の趣旨説明聴取案件の協議が必要であり、与野党の意向によって各委員会への法案付託の時期が実質的に決定されることになっている。つまり、野党側が本会議での趣旨説明を要求することによって、委員会での審議入りを意図的に引き延ばすことができるのである。こうした閣法に対する野党の抵抗戦術と連動して、与党側も野党提出の議員立法を閣法の委員会付託のための取引材料とすることになっている。つまり、与党側にとって、閣法の委員会付託とのセットの関係になる対案関係の議員立法を除いて、野党単独の新規提出法案を委員会付託するメリットはなく、未付託のまま棚上げされているという現状を示している。このように、議員立法の審議における最大の問題点は、成立する法案も未成立の野党提出の法案も審査されにくいということである。委員会提出法案が十分な議論がないまま立法されるのでは、議会としての立法者意思を明示することもできず、説明責任も果たせない。また、野党の新規提出法案が全く審議されずに棚上げされる現状は野党の立場表明すら困難にしている。議題設定のための議事運営権は委員長から委員会理事会に実質的に委任され、野党も議事運営に一定の関与は可能となっている。にもかかわらず、議員立法の優先順位が低いのは、閣法を中心に与野党が法案成否の駆け引きをもっぱらとする国会対策に原因が求められよう。

政府が議事日程の決定権を有する多数決型の議会でも、イギリス議会では、毎会期の13週間の金曜日を議員立法の優先審議日に設定している。フランス議会においても、2008年の憲法改正により、本会議の議事日程のうち、月に1回は野党により自由に決定できるようになっている（憲法48条5項）。野党の議員立法にも、一定の審議の機会を付与することで、政府や与党からは提案されにくい問題が公式の議題として認知され、多様な民意が議会において表明されることは開かれた国会の実現にも寄与すると考えられる。

7　国政調査権とその実効性

形骸化した国政調査権

日本国憲法62条は、「両議院は、各々国政に関する調査を行い、これに関して、証人の出頭及び証言並びに記録の提出を要求することができる。」として、各議院に国政調査権を付与している。国政調査権の行使の方法は、強制権を伴うものとして、憲法62条および議院証言法にもとづく証人喚問と書類の提出要求がある。証人喚問では、偽証罪のほか、不出頭、宣誓拒否、証言拒否の場合の罰則規定がある。強制権を伴わない国政調査は、国会法および議院規則にもとづき、委員会における内閣等に対する報告・記録の提出要求、国務大臣等からの説明聴取や質疑、参考人からの意見聴取、委員の派遣等によって行われる。この国会法にもとづく報告・記録の提出要求については、1997年の法改正により、内閣または官公署が報告・記録の提出を拒否する場合には、その理由を疎明しなければならず、議院または委員会がその理由を受諾しない場合は、その報告又は記録の提出が国家の重大な利益に悪影響を及ぼす旨の内閣声明を出さない限り、国政調査権の行使に応じなければならないこととなった（国会法104条2項～4項）。

このように、国会の国政調査権は、非常に強力な権限を委員会に付与している。しかし、実際には、省庁側が守秘義務を理由に拒否する場合も少なくなく、証人喚問の実施件数も、55年体制確立以降、きわめて少ない状況となっている。その要因としては、与党が本来証人とすべきものを参考人としてのみ応じるという対応をとるようになったことが指摘できる。実際にも、証人喚問や報告・記録の提出要求を委員会が発動する場合には、委員会での議決が必要であり、与党が反対している場合には、野党単独では国政調査を実現できない。その結果、国政調査要求をめぐる与野党の駆け引きに終始するという現実があった。

予備的調査制度の導入

そこで、野党側に調査要求権が認められているドイツの少数者調査権をモデルとしつつ、憲法上の国政調査権や、国会法104条による内閣に対する報告や記録の提出要求の議決要件である過半数との整合性を確保するために、一定数の議員の要求で衆議院調査局による下調査を可能とする予備的調査制度が日本でも導入されることとなった。同制度では、衆議院の委員会または衆議院議員40人以上の要求に基づいて衆議院調査局および法制局を通じて、行政庁に対して資料の提出、意見の開陳、説明などの調査協力を求めることができる。1998年から施行された同制度は民主党によって活発に行使され、政府を追及する行政監視機能の有力な手段となった。その典型は、社会保険庁による消えた年金記録問題の発覚とその後の追及の手段としてこの制度が使われたことに象徴されている。もっとも、同調査制度の目的として当初掲げられていた調査結果を有効に活用し野党からの立法提案に反映させるという事例は余り効果を挙げていない。行政省庁にとっては、自省庁の推進する政策案に対抗する法案を作成しようとする政党からの行政情報の請求に対して、提供を拒むインセンティブが強く働く。本人―代理人理論では、本人である政治家が自身の望む結果を生じさせる行動を代理人である官僚が結果的に選ぶことを期待して、本人から代理人への委任契約が成り立つとする。しかし、日本の政治過程では、代理人である官僚にとっての本人は与党であり国会ではない。ここでも与党が国会の機能的代替物となることで、官僚の側のエージェンシー・スラックが起きているのである[31)]。一方、過去の行政府の具体的な執行に対する監視としての役割を担ってきたこの制度も、2009年の民主党連立政権発足をきっかけに、2012年末の自公連立政権復活後もほとんど使われていない。衆議院議員40人以上の要件を議案提出要件の20人に引き下げることや、参議院にも同種調査制度を導入するなどの活性化策が必要であろう。

8　国会審議活性化に向けて

これまでの国会改革の評価

国会審議の活性化を目的に、国会は、1999年に国会審議活性化法を制定し、官僚による答弁を認めてきた政府委員制度を廃止し、政治家による討論を実現するために副大臣制の導入やクエスチョンタイムをモデルとした党首討論を開始した。その結果、副大臣や大臣政務官が委員会での答弁に立つ機会は、以前の政務次官と比べて倍増することとなった。「細目的又は技術的事項」に限り、政府参考人として委員会開催のたびに承認が必要となった官僚による答弁も、野党側が政治家の答弁を求めることを原則としていることなどもあり実際に減少している。しかし、その実態は、政治家が答弁に当たることで緻密な法律論議や具体的な執行を踏まえた政策論が欠如するといった問題点が顕在化するようになっている。野党第一党となった民主党は、委員会における法案審議で逐条毎に政府側の見解を求める逐条審議方式を原則としていたが、それに対する政府側の答弁は、質疑通告を前提に、想定問答集にもとづいて大臣が答弁するという旧態然としたやり方が根強く残っている。与野党党首による討論も、首相の国会出席制限の申し合わせが要因ともなり、近年では、年に一回ないし数回しか開催されないのが現状である。

✐コラム　委任立法に対する国会のチェック機能

委任立法とは、立法機関である国会が法律のなかで、具体的な内容を「政令で定める」といった形で、行政機関にその制定を委ねるものである。行政国家化に伴い、日本だけではなく、アメリカやイギリス、ドイツ、フランスといった主要国においても、こうした委任立法は議会制定法に代替する重要な役割を占めるようになっている。日本のような議院内閣制の国では、そもそも議会制定法の大半は政府提出法案であり、各省官僚は、委任立法の形式を選ばずとも、議会提出法案のなかで、その意向を盛り込めばよいはずである。にもかかわらず、提案者自ら、執行機関に政省令の制定を委任する法案を作成するのは、法律決定の段階よりも、法律執行段階での官僚制の裁量の余地を大きくしておきたいからであるともいえる。事実、現代の行政の複雑多岐性や目まぐるしい社会変化への機動的な対応のためには、法律は大まかな枠組みを規定するだけで、具体的な実施の中身は、執行機関の決定に委ねることが望ましい面もある。しかし、この授権法律の規定が抽象的で包括的になるほど、その委任は白紙委任に近くなり、議会の統制の及ばない範囲で官僚制の独断を許すことになる。近年の日本の国会では、こうした委任立法のあり方について、国会の関与を強化すべきとの声が野党から提起されるようになっている。

たとえば、2018年に制定されたカジノ実施法では、法律制定後に政令や国土交通省令、カジノ管理委員会規則に委任している事項が法案中331か所にも及び、国会審議の段階で、議員側がカジノ規制の具体的な内容を把握することができず、実質的な審議が困難になるという問題が顕在化した。そのため、参議院内閣委員会での法案の可決の際には、31項目の附帯決議が議決され、委任命令を制定する際の省庁への注文が国会側から付けられることとなった。さらに、2018年12月に成立した新たな外国人材の受け入れのための改正入管法では、新たに創設される特定技能在留資格の業種や分野、人数など制度の骨格部分の多くが政省令等に委ねられていた。こうした国会側に白紙委任を求めるような政府側の対応に野党は猛反発することになった。その結果、衆議院議長の調整などもあり、政府は、法案成立後、４月からの法律施行に先立って、国会に政省令案を含む法制度の全体像を報告し、委員会において質疑が行われることとなった。委任立法がその制定前に国会に報告され、委員会で審議が行われたのは、これが初めてのケースとなった。

日本では、政省令の制定前または制定後の議会による承認権限が法律によって付与されていない。イギリスでは、制定法文書法により、委任命令の承認型手続と否認型手続が日常的に行使されており、ドイツでも、授権法律のなかで委任命令の発効に議会の同意が必要な留保を設けることが行われている。アメリカでは、議会拒否権の法理論にもとづき、議会から行政府への権限委任にもとづく命令に対して議会が最終的な拒否権を有する仕組みが法制化されてきた。日本においても、こうした諸外国の議会の委任命令への統制の仕組みが必要ではないだろうか。ちなみに、日本の最高裁判所が委任命令の憲法違反を命じた例はなく、他方で、委任命令が法律の委任の範囲を超えているとの理由で違法判決を下した事例は、最近では、2013年の薬事法施行規則（ネットでの医薬品販売規制）など数件に過ぎない。裁判所による司法チェックだけでは、行政機関の逸脱を防ぐことはできないのである。

機能する国会へ向けて

このような国会審議の停滞に対して、民主党連立政権時の2010年や、自公連立政権時の2014年において、見直しの提案が行われている。2014年に衆議院の与野党７党の間で合意された申し合わせでは、①党首討論を毎月実施できるようにする、②常任委員会定例日は原則委員会を開催する、③提出議案は速やかに付託する。閣法は原則として優先して審査する。議員提出議案は自由討議の活用も含めて積極的に各委員会で議論する。④内閣総理大臣の国会出席を本会議（政府演説、重要広範議案等）、予算委員会（基本的質疑と締めくくり質疑等）、その他委員会は重要広範議案、党首討論とし軽減する、⑤国務大臣の代わりに副大臣、政務官による国会対応を認める、⑥速やかな質問通告に努める等が決められた[32]。しかし、この申し合わせ後も、実行に移された項目はほとんどない。与野党が法案を通すか阻止するかの日程闘争を優先し、閣僚を必要以上に国会に縛り付ける国際的にみても稀な慣行も継続されている。まずは、国会の限られた会期日数を最大限に活用できるように、与野党双方が時間の浪費を回避すべきである。そのためには、審議日程の協議について、政府側に一定の提案権を認め、野党側にも議員立法や自由討論の審議日を一定程度保障する。徹底した審議を尽くした後は、採決に関する多数派による議事運営権の行使も是認すべきである。統治の責任は政府にあり、国会は、野党を中心に政府をチェックする役割を担うのが本来の議院内閣制のあり方であろう。最終的な判断は、選挙を通じて有権者から評価されるのであり、国会の活動は、有権者に対する委任と責任の観点から規定されなければならない。憲法や国会法の改正を含む効率的でかつ多元的な代表性も反映した国会改革が望まれるといえよう。

注

1） 芦部信喜（高橋和之補訂）『憲法〔第六版〕』（岩波書店、2015年）332頁。

2） Strøm, Kaare (2003) "Parliamentary Democracy and Delegation," in Kaare Strøm, Wolfgang C. Müller and Torbjörn Bergman (eds.) *Delegation and Accountability in Parliamentary Democracies*, Oxford University Press, pp. 64–65.

3） 川人貞史『議院内閣制』（東京大学出版会、2015年）27〜28頁。

4） 飯尾潤『日本の統治構造―官僚内閣制から議院内閣制へ』（中央公論新社、2007年）18頁。

5） Powell, G. Bingham Jr. (2000) *Elections as Instruments of Democracy: Majoritarian and Proportional Visions*, Yale University Press, pp. 15–16.

6） *Ibid*. p. 41.

7） 多数決型とコンセンサス型の民主主義を比較した先駆的な研究であるレイプハルトの類型について、森本哲郎編『現代日本の政治――持続と変化』（法律文化社、2016年）第８章175〜176頁も参照されたい。

8） Blondel, J. (1970) "Legislative Behaviour: Some Steps towards a Cross-National Measurement," *Government and Opposition*, 5 (1), pp. 79–81.

9） Mochizuki, Mike (1982) *Managing and Influencing the Japanese Legislative Process: the Role of Parties and the National Diet*, Ph.D. Dissertation, Harvard University, pp. 48–85.

10） 岩井奉信『立法過程』（東京大学出版会、1988年）129〜131頁。

11） 成立率は、常会またはそれに代わる特別会での閣法の成立数を提出法案数（新規提出数に継続法案数を加えたもの）で除した数字。修正率は常会またはそれに代わる特別会で成立した閣法のうち、衆参両院または衆参いずれかで修正が行われた閣法の割合を示す。

12） 建林正彦・曽我謙悟・待鳥聡史『比較政治制度論』（有斐閣、2008年）172頁。

13） Cox, Gary W. and Mathew D. McCubbins (2005) *Setting the Agenda: Responsible Party Government in the US House of Representatives*, Cambridge University Press, pp. 19–20.

14） Döring, Herbert (1995) "Time as a Scarce Resource: Government Control of the Agenda," in Herbert Döring (ed.) *Parliaments and Majority Rule in Western Europe*, St. Martin's Press, pp. 223–246.

15） 増山幹高『議会制度と日本政治―議事運営の計量政治学』（木鐸社、2003年）67〜68頁。

16） 増山・前掲書（注15）61〜68頁。

17） 川人貞史『日本の国会制度と政党政治』（東京大学出版会、2005年）169〜171頁。

18） 各党の議席率を二乗して合計した値の逆数。二大政党制の場合、その値は２となり、多党制になるほどその値は増加することになる。

19） 1995年から2019年の19年間の国会の年間会期日数の平均は233日となっている。

20） 増山・前掲書（注15）212頁。

21） Gallagher, Michael, Michael Laver and Peter Mair (2011) *Representative Government in Modern Europe*, 5 th ed., McGraw-Hill Higher Education, pp. 53–58.

22） 野中尚人『さらばガラパゴス政治―決められる日本に作り直す』（日本経済新聞出版社、2013年）21頁。

23) 野中俊彦・中村睦男・高橋和之・高見勝利『憲法Ⅱ〔第5版〕』(有斐閣、2012年)93～94頁。

24) 野中尚人「戦後日本における国会合理化の起源とその帰結」佐々木毅編『比較議院内閣制論―政府立法・予算から見た先進民主国と日本』(岩波書店、2019年)234頁。

25) 委員会理事会における申し合わせで、2010年代以降、与党2、野党8の割合で質問時間が配分されていた。

26) 2017年の衆議院の委員会における修正案提出件数は19件、採択数は10件、本会議における修正案提出件数・採択件数とも0件、同じく参議院の委員会における修正案提出件数は7件、採択数は2件、本会議における修正案提出件数・採択件数とも0件であった。

27) アレンド・レイプハルト(粕谷祐子・菊池啓一訳)『民主主義対民主主義―多数決型とコンセンサス型の36カ国比較研究〔原著第2版〕』(勁草書房、2014年)171頁。

28) ねじれ国会では閣法成立率の低下や修正率の上昇、野党提出の議員立法の可決、衆議院での再議決などの変化が顕著に生じた。詳細は森本編・前掲書(注7)第8章181-185頁も参照されたい。

29) 茅野千江子『議員立法の実際―議員立法はどのように行われてきたか』(第一法規、2017年)136～137頁。

30) なお、近年では、議員立法が国民生活に影響を及ぼすなど、その重要性が増すことにより、委員会提出法案においても、政府に対する確認的質疑や各党からの意見表明が行われるなどの審査形態の変化が見られるようになっている(茅野・前掲書(注29)170～175頁)。

31) エージェンシー・スラックとは、本人である政治家が、代理人である官僚を監視するためのコストが大きいために、官僚が政治家から委任された範囲を逸脱し、自身の利益のために行動することを意味する。

32) 自民、民主、維新、公明、みんな、結い、改革、与野党7党国会対策委員長「国会審議の充実に関する申し合わせ」文書、2014年5月27日。

【武蔵勝宏】

第9章　司　　法

I　はじめに

2020年、中国・武漢を発端とする新型コロナウイルス感染症が世界中に広がった。1月16日には日本で初の感染者が確認された。その後、感染者は増加し、政府は2月末にイベント開催の中止・延期等や小中高校および特別支援学校の休校を要請、3月13日には新型インフルエンザ等対策特措法改正案が成立し、4月7日には緊急事態宣言が発令された。このように未知のウイルスへの対策が政策課題として重要性を増しつつあるなかで行われた1つの決定が、その後数か月にわたり、政局を形成することとなった。黒川弘務東京高等検察庁検事長の定年延長問題である。

1月31日、政府は2月7日で定年退官の予定だった黒川検事長について、半年の定年延長を行う閣議決定を行った。これは「政府関係者によると、検察トップの検事総長に黒川氏を充てるためとみられ、『異例の手続き』という[1]」。検察庁法では「63歳で退官」と明記されている。追及を受けた政府は、従来検察官には適用されないと解釈されていた国家公務員法の定年延長規定を「検察官にも適用できる」と解釈変更したと主張し、さらには検察官の定年を65歳へと引き上げ、63歳の役職定年を導入しつつ政府の判断で最長3年まで在任を可能にする検察庁法改正案を国会に提出した。こうした政府の対応は強い反発を招き、Twitter上ではハッシュタグ「#検察庁法改正案に抗議します」がトレンドとなり、芸能人や検察OBからも反対の声が上がるという例を見ない事態へと発展した。こうして問題としての社会的可視性が一挙に高まり、最終的に法案は廃案とされた。黒川自身は、週刊誌の「賭けマージャン」報道により、5月22日、辞職した。

この「黒川騒動」は、政治と（広い意味での）司法の複雑で微妙な関係性を垣間見せる出来事であった。一方で、司法の独立性が侵されようとしているのではないかという疑念がその背景にあった。しかし他方で、検察の「暴走」も懸念されるところであり、一般論としては民主的統制の必要性も認識される。こうして、政治と司法の間に相互関係が生じるが、その適切なバランスについて画一的な答えはない。それでは、日本における政治と司法の相互関係はどのようなものなのだろうか。本章ではその一端を明らかにするため、2節では政治システムにおける司法の位置づけとそのパフォーマンス、そしてその制度的特徴について検討する。3節では、近年の司法制度改革を中心に、司法制度をめぐる政治過程について取り上げる。

2 司法政治

司法と政治

司法は政治システムを構成する3つの部門の一角をなす。その主たる役割は、法に従って社会内の紛争を解決することである。紛争の解決において、裁判官は当事者の間に立つ第三者として存在する[2)]。各当事者はそれぞれの主張を行い、第三者がそれを裁定する、という三者間関係のなかで裁判は行われる。こうした第三者的紛争解決の方法としての裁判は、当事者が自ら従わなければならない決定を作成する裁判官を選択することができず、一方当事者によって提起され、それを通じて拘束的な決定が下される、といった特徴をもつ。そのとき、第三者としての裁判官に期待されるのは公平性、すなわちいずれの当事者にも偏していないことである。これはとりわけ一方の当事者が裁判所と同様に公的性格を有する場合に当てはまる。

したがって、公平性を担保するための仕組みが様々にとられる。たとえば、裁判官は、外部のアクターによるイニシアティブがあってはじめて紛争へと関与する。こうした受動性は、政治アクターとしての裁判所の1つの特徴である。裁判官は、司法過程に持ち込まれた事件についてのみ決定作成を行うことができるのであり、その意味において議題設定能力が制限されている。また、裁判所は、自らが行う決定について説明し、法的な観点から正当化することが求められる。その意味で裁判官の行動は法によって制約され、また部分的にはそうした正当化が有効である程度によって裁判所は正統性を得る。

司法の独立性もまた、そうした手段のうちの1つとして捉えられる。紛争解決における第三者たる裁判官が外部からなんらかの影響を受けるとするならば、中立性を期待することは難しい。したがって、裁判官がその決定作成について他者から介入を受けることを抑制する必要が生じる。ここでいう「他者」には、訴訟当事者から検察官、警察、メディア、同僚裁判官、そして政府の他部門に至るまで、様々な主体が含まれうる。つまり、独立性は、単に組織外部からの介入を妨げるためのものだけでなく、組織内部においても保障されていなければならない（前者を外的独立性、後者を内的独立性と呼ぶことができる）。いずれにしても、こうして司法の独立性は、紛争解決における公平性を担保する、あるいはそれによって司法に対する大衆の信頼や合意を調達するためのツールとして、つまりそれ自体が目的というよりも他の目的を実現するための手段として、理解されうる。

独立性の保障の程度は、裁判官行動の環境を構成する1つとして考えられる。ただし、それだけで司法の政治的役割が規定されるわけではない。そうした役割を果たすだけの能力や意思が必要であろう。前者として、司法の政治権力の源泉は司法審査にある。すなわち、裁判所は他の政治部門の行為について憲法に適合しているか否かを審査する権限を有する。こうした制度は多くの国々でとられているが、それらは一般に、司法裁判所が通常の裁判手続において事件の解決に付随する形で審査を行う司法裁判所型（付随的審査制）と、司法裁判所とは別に設けられた憲法裁判所が具体的な事件を前提とせずに審査する憲法裁判所型（抽象的審査制）とに大別される。分類上、日本は付随的審査制をとる。

後者は裁判官の選好や役割認識と関係するが、それに影響しうる要因の1つとして、裁判官の採用や訓練の方法が挙げられる。たとえば、アメリカの連邦裁判所判事は大統領の指名、上院の承認により任命されるが、この手続きはしばしば政治化し、結果として司法政治研究では司法行動の主たる規定要因は裁判官の政策選好（イデオロギー）であるという見方が有力となっている[3)]。他方、キャリア司法部において、裁判官の職業的社会化が組織内部で行われる場合、組織内上位者の影響がより強まるかもしれない。ただし、他の政治アクターと同様、裁判官が常にこうした選好や役割認識に忠実に行動するとは限らない。

つまり、自らが行おうとしている決定が（たとえば他の政治部門や世論から）どのような反応を引き起こしそうであるのかを考慮するかもしれない。こうした戦略的思考も裁判官の行動に影響を及ぼしうる[4]。

司法のパフォーマンス

日本の司法はよく「消極的」「保守的」と評される。その際にしばしば言及されるのは最高裁による違憲判決の少なさである。たとえば、デイヴィッド・S・ローは、「最高裁は発足して60年以上になるが、その間に、最高裁が法令を違憲無効としたのはわずか８件にすぎない。それゆえ、日本の最高裁は違憲立法審査権行使の面では、『世界で最も保守的で慎重な最高裁』と言われ続けてきた。対照的に、日本の最高裁より若干遅れて発足したドイツの連邦憲法裁判所の場合、すでに600件以上の法律を違憲無効としており、日本とほぼ同じ規模の訴訟件数を抱えるアメリカの連邦最高裁は、同じ期間におよそ900件の法律を違憲無効としてきた」と指摘する[5]。裁判所が下した違憲判決の数がどの程度、その裁判所のパフォーマンスの適切な指標となるのかは定かでないが[6]、少なくとも比較のうえできわめて少ないのは確かであろう。

近年、国際的には司法の政策的・政治的影響力の拡大をさす「政治の司法化」が生じていると指摘される。それは、「公共政策の帰結を規定するうえでの裁判所や裁判官の領域の拡大」から、「政体全体を定義する（そしてしばしば分断する）中核的な政治的論争」である「メガ政治」にまで広がっているという[7]。こうした現象は、欧米のみならずアジアやラテンアメリカなどの諸国についても指摘されている[8]。それでは日本はどうか。政治の司法化の観点から日本の司法を分析したトム・ギンズバーグと松平徳仁は、「他の先進産業社会と比べると、司法化のレベルは低い」と論じる[9]。彼らによると、「下級裁判所は相対的に積極的であっても、より保守的な最高裁によって覆される、というのが１つのパターンだった。これは特に、戦後日本政治における論争的な法的問題のうちの２つ、つまり日本国憲法９条の解釈と議員定数不均衡のケースに当てはまる」。たとえば、前者として、最高裁が、第一審違憲判決から跳躍上告を経て審理された砂川事件判決において示した「政治的問題に対する裁判所の関与の放棄が、その後の９条関係の訴訟の基調となった[10]」。

もっとも、近年では最高裁の「積極化」も指摘されている。今日までに最高裁が下した違憲判決の数は10件であるが、そのうちの半分が2000年代以降のものである。市川正人によると、それにとどまらない変化も生じているという。つまり、「2000年以降、最高裁においては違憲判決が比較的頻繁に出されるだけでなく、投票価値の不平等問題について従来の立場を実質的に変更したり、法令による禁止の範囲を限定する大胆な限定解釈を加えるなど、違憲審査権が以前より積極的に行使されている。すなわち、政府行為の合憲性について以前より立ち入った判断をするようになってきているように思われる[11]」。たとえば、前者の例、つまり一票の格差に関する訴訟では、最高裁は違憲状態判決を５つ下しており、その判決は衆院選における１人別枠方式の廃止やアダムズ方式への転換、参院選における合区の導入といった制度改正を導いている[12]。

また、後者の例として公務員の政治的行為の禁止が挙げられている。国家公務員法および人事院規則では、公務員の政治的行為について「民主主義の発達した国家ではまさに異例に属するきびしい制限」が加えられている[13]。かつての猿払事件最高裁判決では、行政の中立的運営とそれに対する国民の信頼の確保という抽象的な目的から一律的な政治的行為の禁止が正当化されたが、近年の判決では、最高裁は「政治的行為」を「公務員の職務の遂行の政治的中立性を損なうおそれが、観念的なものにとどまらず、現実的に起こり得るものとして実質的に認められるもの」に限定し、特に社会保険庁職員による政党機関紙配布行為に係る堀越事件では、高裁無罪判決に対する上告を棄却した[14]。これらを含む諸点から、2000年以降、最高裁による司法審査は活性化してきていると指摘される。ただし、市川は同時に、2015年以降においては停滞しているとも述べている[15]。

司法部の編成

裁判官が属する司法部がどのような編成になっているのかは、裁判官が職務を行う際の環境に関わるものであり、その決定作成にも影響しうる要因の１つと考えられる。この点について、カルロ・グァルニエリとパトリツィア・ペデルツォーリは「官僚司法部」と「プロフェッショナル司法部」という類型論を提起する[16]。これら２つのタイプの特徴は図表９―１のようにまとめられる。ヒ

図表9—1　官僚司法部とプロフェッショナル司法部

	官僚司法部	プロフェッショナル司法部
選抜	若年、特に大卒直後の試験を通じて。実務経験は問われない。	法的職務経験を積んだ上で任命。
訓練	主に司法部内。	主に司法部外。
昇進	司法部内で、シニオリティとメリットを組み合わせた基準にもとづく。組織内上位者に裁量。	昇進についての公式の規定はない。
採用	特定のポジションを占めるために採用されるのではなく、キャリアを通じて異動を経験する。	特定のポジションを占めるために採用される。
独立性	内的独立性の保障はより弱い。	内的・外的独立性の保障はより強い。

出所：Guarnieri, Carlo and Patrizia Pederzoli (2002) *The Power of Judges: A Comparative Study of Courts and Democracy*, Oxford University Press, pp. 66–68にもとづき作成。

エラルキー構造がとられたキャリアシステムを有する官僚司法部では、裁判官は主に若年期に専門試験を通じて選抜され、そのままキャリアシステムの中で養成され、昇進していくのに対して、プロフェッショナル司法部ではすでに弁護士等としての職務経験を有する者の中から、特定のポストを占めるために任用される。したがって、官僚司法部の場合、司法部内でそうした選抜や養成、昇進に関与する者、すなわち組織内上位者が幅広い裁量を有し、組織内下位に位置する多数の裁判官にとっての独立性はより弱くなると考えられる。これに対し、プロフェッショナル司法部では（官僚司法部に見られるような）昇進は想定されず、特定の職務の遂行が期待されて任用されるため、内的にも外的にもより強い独立性が期待される。

このように、官僚司法部とプロフェッショナル司法部といった司法部のあり方の違いは、どれだけの独立性が裁判所や裁判官に保障されているかにも影響する。ここで確認しておくべきは、官僚司法部であれプロフェッショナル司法部であれ、「政治的環境からまったく隔離されている裁判所は存在しない」ということである。むしろその違いは、どういったチャンネルを通じて、あるいはどの段階において、政治的な影響が及ぶのかという点にある。彼らによれば、「プロフェッショナル司法部では、主に任命過程を通じて政治システムの影響が及ぶ。官僚司法部では、政治的影響は昇進のための階統的な構造と手続きを通じて浸透する[17]」。

グァルニエリとペデルツォーリの類型論は欧米7か国の分析に基づくものであるが、日本の司法部の特徴を把握する上でも有用である。日本では、裁判官はまず、法科大学院の修了または司法試験予備試験の合格によって受験資格を得る司法試験を受験し、それに合格した後、司法修習を経て、平均的には20歳代後半で判事補として採用される。任官後は基本的に司法部内でキャリアを積み、シニオリティとメリットを組み合わせた基準に基づいて昇進していく。裁判官は特定のポジションを占めるために任用されるのではなく、定期的に異動を経験する。以上の特徴は官僚司法部モデルと合致している。

司法の人事

それでは、日本の裁判所において、任命や昇進はどのように行われているのだろうか。

まずは制度上の手続きを確認しておこう。日本の裁判所人事の手続きは、最高裁の場合と下級裁判所の場合とで異なる。最高裁の場合、長官は内閣の指名にもとづいて天皇が任命し、裁判官は内閣が任命し天皇が認証する。比較の見地からすると、最高裁（や憲法裁判所）の判事の任命に複数のアクターが関与する国も少なくないが、日本では内閣が一手に担っている。

もっとも、実務的には最高裁とのやりとりのなかで決められている。元最高裁判事の行政法学者、藤田宙靖によれば、最高裁がまず候補者を選んだうえで、それにもとづき、最高裁人事局長と内閣官房副長官が、続いて事務総長と官房長官が調整し、実質的にはこの段階で候補者が決まるようだ。そしてその後、正式に最高裁長官が首相を訪れ、首相の了承、閣議決定を得るという手順で進められる[18]。このように、実態としては、最高裁判事の人事においては、最高裁が主体となって候補を挙げ、政府と折衝を重ねる形をとる。とはいえ、政府が最高裁人事に干渉を加える潜在的な機会が存在することも事実である。

最高裁人事の特徴として挙げられるのは、明確な慣行が存在することである。たとえば、15人の最高裁判事のうち、時期により増減はあるが、現在では裁判官出身者6人、弁護士出身者4人、検察官出身者2人、行政官出身者2人、学者出身者１人、という割り当てが概ね確立されている。長官には職業裁判官出身者が就くことが圧倒的に多い。裁判官出身者以外が長官となったのは、検察官出身の岡原昌男（1977〜79年）が最後である。長官は司法行政を担う裁判官会議を総括する役割を負う。そのため、高裁長官として司法行政経験のある裁判官出身者が長官ポストを占めるのは「実際上やむを得ないこと」と前出の藤田は述べている。[19]

また、裁判官がそれぞれの出身母体から選ばれる要件や手続きも、かなりの程度定まっている。たとえば、職業裁判官出身者の場合、最高裁判事の前任ポストは大半が高裁長官、さらにその前は東京高裁管内の地家裁所長で、その前後に最高裁事務総長、司法研修所長、最高裁首席調査官、法務省民事局長のいずれかを務める。事務総局の部局で局付や課長を務めた「司法官僚」が、これらのルートを通って、最高裁判事ポストへ到達することになる。[20] 一方、検察官出身の最高裁判事は、東京、大阪、名古屋の高検検事長、あるいは最高検次長検事の経験者から選ばれる。弁護士出身者は、現在では、日本弁護士連合会（日弁連）の最高裁判所裁判官推薦諮問委員会において、単位弁護士会などにより推薦された候補者のなかから投票で複数の候補を選出し、日弁連から最高裁長官に推薦する、という手続きをとっている。[21]

一方、下級裁判所の場合、最高裁が指名した者の名簿にもとづいて内閣が任命する。任期は10年で、再任可能である。研究では、下級裁判所の人事については、各裁判官の決定作成に基づいた統制が行われていることが指摘されている。Ｊ・マーク・ラムザイヤーとエリック・Ｂ・ラスムセンによれば、「反政府的」な判決を下した裁判官は、それ以後のポストや任地の点で冷遇されがちで、とりわけ「政治色の濃い事件」（自衛隊の合憲性や議員定数不均衡など）で政府の利益に反する形で判決を下した者は、その後、不利な処遇を受けていた。こうした人事において中心となるのは最高裁の行政部門である事務総局であるが、ラムザイヤーとラスムセンはその背後に政権党（すなわち自民党）の存在を見る。[22] しかしこの解釈には議論があり、ジョン・Ｏ・ヘイリーはむしろこれを事務総局自身によるもの、すなわち裁判官による裁判官の統制として捉える。ヘイリーによれば、そうした統制は司法部の公平性や中立性を保つためのものであり、それによっていわば政治家の「主人」である有権者から信頼を獲得することで、裁判所は自律性を確保してきた。[23]

裁判所の人事政策と結びつけて指摘されるのは、統一性と等質性に対する選好である。すなわち、「司法運営に当たっては、全国的に統一された制度のもとで、等質な司法サービスを提供し、等しく公正な裁判を実現することが重視されている[24]」。統一性と等質性の強調は、一方で司法消極主義的な姿勢と結びつき、他方で最高裁事務総局を頂点とする階統的・垂直的な統制を促してきたと論じられる。[25] 以上のように、先行研究の間には解釈の相違があるが、少なくとも司法部内において人事統制が行われていることには共通理解があると思われる。したがって、官僚司法部モデルが示すように、少なくとも内的な独立性には限界があるということになる。

ところで、前述のように、近年の最高裁の傾向として「積極化」が指摘されている。そして、その背景要因の1つとして挙げられているのが、司法に対する社会的な期待の変容（あるいはそれに関する裁判官の認識）である。その1つの大きな契機は、1990年代後半以降に推し進められてきた司法制度改革であった。見平典によると、「司法制度改革の過程では、司法のあり方について幅広いセクターで議論され、司法が統治・社会においてより積極的・能動的な役割を果たすべきであるとの意識が広く浸透していった。……司法制度改革によって司法の役割規範・役割期待が拡張され、その役割を遂行するための実定法上の整備もなされた。このような動きが、最高裁判所裁判官の司法観に影響を及ぼすとともに、積極的司法を志向する最高裁判所裁判官の規範的・言説的資源として、最高裁判所の憲法判断の積極化を促進してきたと考えられるのである[26]」。見平がまとめるように、滝井繁男をはじめとして、複数の元最高裁判事が、司法制度改革が最高裁に及ぼした影響に言及している。

他方、同時に近年の展開として指摘されるのは、特に第二次安倍政権のもとにおいて、上記の人事パターンから逸脱した事例が現れていることである。最も明確なのは、2017年の山口厚最高裁判事の任命であろう。山口は、刑法学者として著名な人物であるが、弁護士出身の大橋正春判事の後任として、すなわち「弁護士枠」で最高裁判事に任命された。先に述べたように、弁護士出身者の場合、日弁連が最高裁判所裁判官推薦諮問委員会を通じて候補者を選出し、推薦するという手続きをとるが、当時、弁護士登録をしたばかりの山口の名前

✐コラム　司法におけるジェンダーバランス

OECD によると、加盟国の職業裁判官のうち平均50%を女性が占めている（2016年時点）。ただし、国によるばらつきも大きく、ラトビア、ルクセンブルク、ギリシャのように70%を超える国もあれば、メキシコのように20%の国もある。また、審級別で見た場合、一般的には第一審裁判所よりも第二審裁判所、第二審裁判所よりも最高裁判所において、女性が少ない傾向がある。OECD 平均では、第一審裁判所では女性の割合が56%、第二審裁判所では48%であるのに対して、最高裁判所では33%にとどまっている（OECD, Government at a Glance 2019（https://www.oecd.org/gov/government-at-a-glance-22214399.htm, last visited 25 August 2020）参照）。

日本の場合、2020年８月時点において、15人の最高裁判事のうち、女性は２人である（宮崎裕子、岡村和美）。一時期は３人にまで増え、３つの小法廷に１人ずつ女性がいるという構成となったが、2019年に退官した鬼丸かおる、岡部喜代子の後任に男性が選ばれ、女性は１人にまで減少した。その後、同年に岡村が任命され、再び２人に戻った。これまで最高裁判事に就任した女性は、行政官や外交官、弁護士、学者の出身で、職業裁判官出身者に女性はまだいない。それを増やしていくためには、最高裁判事に至るまでのキャリアパスに埋め込まれた各ポストの就任者に女性を増やさなければならないが、職業裁判官出身の最高裁判事の前任ポストとなる高裁長官に就任した女性はこれまで４人しかいない（2020年８月現在）。かつては差別的な処遇も存在したようであるが、今日では女性裁判官も増え（およそ４人に１人が女性）、状況も変わってきているという。今後、司法におけるジェンダーバランスのさらなる改善が求められる（浅田登美子「裁判所におけるジェンダーバイアス―女性裁判官の視点から」守屋克彦編『日本国憲法と裁判官―戦後司法の証言とよりよき司法への提言』（日本評論社、2010年）、西川伸一「望ましい司法制度にむけて―ジェンダー・バランスからみた現代日本の裁判所」フラタニティ15号（2019年）参照）。

はそのリストになかった。それにもかかわらず、西川伸一によれば、内閣側と最高裁側の折衝のなかでさらなる候補者が追加され、結果として山口が内閣によって任命されたのである[27]。報道によると、職業裁判官出身の最高裁判事を決める際も内閣が（最高裁の提示した候補者をそのまま受け入れるのではなく）より選択肢を求めるようになっているという[28]。

2020年８月28日、安倍首相が健康上の問題を理由に辞任する意向を表明した。４日前には連続在任期間で佐藤栄作を超え、歴代最長を記録したばかりであった。一般的に言って、盤石な政権基盤と政権交代の可能性の乏しさは、司法に対する政治介入の余地を拡大させるかもしれない。実際がどうであるのかは現時点で必ずしも定かではないが、少なくとも政権の長期化がもたらす１つの帰結として言えるのは、最高裁判事の大半が60代で任命され、70歳で定年を迎えるという短いサイクルで回っていく慣例の関係上、単一の政権による被任命者が最高裁で多数派を占めるようになる、ということである。2020年８月の時点では、最高裁判事15人全員が安倍政権の被任命者となっている。

検察の微妙な立ち位置

司法政治（judicial politics）研究は多くの場合、司法部（judiciary）を研究対象とする。しかし、前著でも述べたように、司法過程に事件をインプットする役割を担う検察や弁護士も重要な存在である[29)]。なかでも、近時問題となっているのは検察である。黒川弘務元東京高検検事長の定年延長やその後の検察庁法改正案をめぐる騒動は記憶に新しい。

政治システムにおける検察の位置づけは国により様々である。たとえば、イタリアなどのように裁判官と検察官がともに「司法官」として司法部を構成する国もあれば、検察が行政部門に属する国もある[30)]。日本は後者にあたるが、同時に検察が司法権の行使において重要なアクターであるという認識も広く共有されている。ここに、「司法的役割を帯びるが行政部門に属する」という一種の両義性がある。

検察庁は、法務省の外局ではなく、国家行政組織法上の「特別の機関」として設置されている。これは、伊藤栄樹元検事総長によると、司法権の行政権からの独立という点で、検察は法務省や法務大臣からの強い独立性が要請されているからだと考えられる。同様に、個別事件については法務大臣の指揮権は検事総長にしか及ばないことになっている。しかし、人事を含め、検察業務、検察行政業務一般については、法務大臣は指揮監督権を有している[31)]。

裁判所の場合と同様、検察にも人事慣行が存在する。たとえば、検事総長の前任ポストは必ず東京高検検事長であり、法務事務次官、最高検次長検事、地方の高検検事長のいずれか、あるいは複数を経験したうえで就任する。法務事務次官の前任ポストはほとんどの場合が法務省刑事局長であり、他にも法務省大臣官房長といった他の法務省内の役職が昇進コース上のポストとして指摘さ

コラム　政治アクターとしての弁護士

弁護士は、一方において、弁護士としての活動を通じて、政治的影響力を及ぼしうる。たとえば、チャールズ・R・エップは、司法決定を通じた権利の創出や拡大のための法動員には時間やカネ、知識といったリソースがかかり、それを支えるための「サポート構造」が必要になるとしたうえで、弁護士をその１つとして位置づける（Epp, Charles R. (1998) *The Rights Revolution: Lawyers, Activists, and Supreme Courts in Comparative Perspective*, The University of Chicago Press, ch. 2参照)。実際、個々人にとって訴訟には高い不確実性が付きまとう。そのとき、弁護士はそうした法動員を促進する役割を果たしうる。

他方、弁護士は弁護士会として組織されており、利益団体としても活動する。本書第２章によると、利益団体の機能には社会における多様な利益の表出（を通じた政党や議会による代表機能の補完）や政策決定者に対する情報提供が含まれる。日本弁護士連合会（日弁連）は、「基本的人権を擁護し、社会正義を実現すること」（弁護士法１条１項）を使命とし「社会秩序の維持及び法律制度の改善に努力しなければならない」(同１条２項）弁護士からなる団体として、政策提言や意見表明等を積極的に行っている。たとえば、最近の例に「受刑者の選挙権に関する意見書」(2020年３月18日）がある。受刑者の選挙権は日本では社会的関心を集めているとは言えないイシューであり、専門職団体である日弁連が問題提起することに意義を見出すこともできる。もっとも、それが実際に政策過程に対して（どの程度の）影響を及ぼすかは、別途分析を要する問題である（なお、以上は前著、小倉慶久「司法」森本哲郎編『現代日本の政治―持続と変化』（法律文化社、2016年）207～210頁の内容をベースとしている。興味のある方は併せてご覧いただきたい)。

れることもある。このことからもわかるように、法務省の幹部ポストはほとんどが検察官によって占められており、法務省と検察の人事は一体的に運用されている。そしてまた、法務省内の役職経験が昇進にとって重要になるということも指摘できる。

近年、こうした人事慣行が崩れたことが話題になった。ここでも登場するのは黒川元東京高検検事長である。黒川は、2016年９月、法務事務次官に就任した。法務事務次官には法務省刑事局長から就任することが一般的であるが、黒川の同期である当時の刑事局長、林真琴ではなく黒川が官房長から直接、事務次官に就任したのである。もっとも、官房長から事務次官に就任するのは過去に例がないわけではないが、この人事においては首相官邸の意向で林ではなく官邸がその「危機管理、調整能力を高く評価していた」という黒川を事務次官に昇進させる決定が行われたと見られている[32]。2020年に噴出した黒川騒動の始点と言えよう。このように、近年の展開として、検察においても従前の人事慣行からの逸脱とその背景としての政治的意向が指摘されている。

3　司法制度改革

統治機構改革としての司法制度改革

司法行動の条件は、多くの部分において、政治により形成される。実際、政治アクターは、司法制度に変更を加えることによって、司法を操作しようとすることができる。そうした試みが実際に実現することは稀かもしれないが、提案それ自体でも十分な脅威となりえる。日本でもそうした試みがなされたことがあった。1960年代後半ごろからの「司法の危機」の時代のことである。この時期、特に左派系とされた青年法律家協会（青法協）などの団体やその所属裁判官を主なターゲットとした「偏向裁判」批判が現れ、ジャーナリストや財界人だけでなく、政治家もその論陣に加わった[33]。自民党内には司法制度調査会が設置され、裁判所法改正により青法協への加入禁止や修習制度の変更を行おうとする動きがあった。最終的にはそうした法改正は行われなかったが、自民党政権は1969年、最高裁長官への就任が有力視されていた学者出身の田中二郎ではなく保守派と見られる職業裁判官出身の石田和外を長官に任命し、裁判所内では青法協の脱会勧告や判事補の新・再任拒否が行われた[34]。

とはいえ、全体として見ると、司法制度の問題について中心となってきたのは法曹三者（裁判所、法務省・検察、弁護士会）であった。たとえば、1962年には訴訟遅延と法曹一元を主なテーマとして臨時司法制度調査会が設置されたが、1964年に発表された意見書をめぐる改革は、それをめぐる法曹三者間対立から十分な実現を見なかった。1970年には、簡易裁判所の事物管轄を拡張する裁判所法改正案が国会に提出され、法案自体は衆参両院で原案どおり可決されたが、この改正案をめぐっては法曹三者間対立が解消されないままに可決に至ったことから、「今後、司法制度の改正にあたっては、法曹三者（裁判所、法務省、弁護士会）の意見を一致させて実施するように努めなければならない」とする附帯決議が参議院法務委員会において全会一致で可決されることとなった。

その後、法曹三者間関係が改善へ向かうとともに、改革論議も進められるようになったが、1990年代に入るとその様相が変容した。つまり、1994年の経済同友会の提言「現代日本社会の病理と処方」を嚆矢として、法曹外部からも司法制度改革を求める声が上がるようになったのである。1997年には自民党が党内に司法制度特別調査会を設置し、翌年には提言「21世紀の司法の確かな指針」を発表した。そして、その提言にもとづき、1999年、政府に司法制度改革審議会（改革審）が設けられた。

改革審は、2001年の意見書において、司法制度改革の方向性を示した。意見書は、改革の３つの柱として司法の制度的基盤、人的基盤、および国民的基盤を挙げ、法曹人口の大幅増員や法曹養成制度の抜本的改革から、法曹各部門の制度改革、法律扶助の拡充と司法アクセスの改善、さらには戦時中に停止となって以来、日本では行われてこなかった刑事司法参加に至るまで、幅広い改革を提言した。改革審解散後には顧問会議と11の検討会からなる司法制度改革推進本部が設置され、関係アクターとの調整を図りながら立法作業が進められ、順次実施されていった。

こうした大規模な改革が可能だったのは、改革論議が法曹内部にとどまらず、法曹外部からも改革提言が出され、政権党であった自民党も乗り出し、司法制度改革が政府として対応すべきアジェンダとなったからだと考えられる。それまでも法曹内部において改革論議は行われていたが、その歩みは漸進的なものであった。これに対して、司法制度改革は、政治改革や行政改革などの先行する諸改革との間に連続性を持った一種の政治的プロジェクトとして描かれ、推進された。[35)] 司法制度改革として議論され実施されたことの中でも、自民党の関心には濃淡があったと思われるが、それでも司法制度改革へ向けた大きな「政治の流れ」が胎動したことは、様々なイシューが合流するための機会をもたらした。

司法制度改革の方向性は改革審の意見書によって示されたが、制度設計の局面においてもこれらの政治アクターは役割を果たした。たとえば、裁判員制度をめぐっては、裁判体の構成という制度の根幹に関わる部分が連立与党間の協議で決められた[36]。一方、野党が果たした役割に注目する研究もある。鹿毛利枝子は、「ニューレフト」系の志向を有する政党はより職業裁判官から素人裁判官への権力の移転を選好するとしたうえで、改革審設置法案の審議時点でそうした政党（つまり民主党、共産党、社民党、および公明党）が参議院で多数を握っていたことが法案修正と附帯決議を通じ司法参加の議題設定に寄与したと論じる。これに対して、制度設計の局面においては、公明党は政権参加を通じて影響力を保持した一方、その他の政党は参議院での多数をすでに失っており、大きな影響を及ぼすことができなかった[37]。

司法制度改革の意義と課題

改革審の設置から20年以上が経過した。この間、実施された改革については、一方で意義が見出されながら、課題も多数指摘され、見直しも進められている。たとえば、戦前陪審制の研究者でもある政治史家、三谷太一郎は、司法制度改革は選挙制度改革などよりむしろ政治改革として重要であると論じる。彼によれば、裁判員制度は民主主義にとって不可欠な「能動的人民」の育成に貢献し、「少数者の権利」を確立するための制度的装置にもなるもので、民主主義の質の向上に寄与する政治制度である[38]。また、それを応答性と制裁からなるアカウンタビリティの装置として捉える研究もある[39]。裁判員制度は実際的にも刑事手続に様々な変化をもたらしたが[40]、同時に、制度自体の違憲の疑いから控訴審のあり方、公判や公判前整理手続の長期化、裁判員候補者の辞退率の上昇や裁判員の精神的負担など、問題も少なからず指摘されてきた。最高裁事務総局は、「裁判員制度10年の総括報告書」のなかで、制度は概ね順調に運営されていると評価するが、最高裁の調査によると国民一般の間の参加意欲は依然として低く（能動的に「参加したい」または「してもよい」という者は一貫して２割に満たない）、「裁判の手続や内容がわかりやすくなった」など制度の意義と関わる項目で平均スコアが減少または停滞していることも確認できる[41]。

裁判員制度と並んで主要な改革であった法曹人口の大幅増員や法曹養成制度の改革は、おそらく司法制度改革の中でも最も失敗が叫ばれたものであった。たしかに、法曹人口増員は法律扶助改革等とともに弁護士へのアクセスの改善に寄与した。また、司法試験という「点」による選抜から、司法修習に至るま

コラム　裁判官の選任方法

裁判官の選任方法には様々なものがある。アメリカの州レベルを例にとると、選任の方法には、党派的な選挙、政党名を付さない非党派的な選挙、議会による任命、執政による任命、およびメリットセレクションの5つに分けられる。メリットセレクションは、任命に先立って法律家および非法律家からなる選任委員会の審査が行われる方式で、ここで選ばれた裁判官は、一定期間経過後、有権者の「イエス」「ノー」の投票による再任選挙にかけられる。2013年のアメリカ司法協会のまとめによると、メリットセレクションを用いる州が最も多く（15州）、続いて非党派的選挙（8州）、メリットセレクションと他の方法の組み合わせ（9州）、党派的選挙（8州）、議会や執政による任命（4州）という順だった（American Judicature Society, "Judicial Selection in the States: Appellate and General Jurisdiction Courts"（http://www.judicialselection.us/uploads/documents/Judicial_Selection_Charts_1196376173077.pdf, last visited 25 August 2020）参照）。

日本では、キャリアシステムが下級裁判所でとられているが、任命権自体は内閣にある。また、最高裁の場合は国民審査という一種の再任選挙を伴った方式をとっており（ただしここでは再任に「ノー」であるかどうかのみが問われる）、下級裁判所の人事に関しては2003年に下級裁判所裁判官指名諮問委員会が設置された点で、メリットセレクションの要素も幾分は有していると言えるかもしれない（この点について、飯考行「メリットセレクションの視点からみた下級裁判所裁判官指名諮問委員会」自由と正義60巻10号（2009年）参照）。最高裁では、発足後はじめての人事が、1947年制定の裁判所法39条4項にもとづき、法律家や学者、衆参両院議長からなる裁判官任命諮問委員会の答申を受けて、一種のメリットセレクション方式で行われた。しかし、1948年の裁判所法改正によりこの項目が削除されたことで、この手続きは一度限りのものとなった。

での「プロセス」を通じて将来の法律家を養成するという新たな制度像のもと、はじめて日本で法曹養成のプロフェッショナルスクールとしての法科大学院制度を導入した。しかし、その一方で、司法試験合格率は低迷し、「年間3000人」という合格者数目標は撤回され、法科大学院の志願者数は減少し、法科大学院の数は初期の半分以下となった。こうした事態を招来した一因は、法科大学院の設置基準を緩和し、設置数を限定せず、「プロセス」の入口を開放したのに対して、司法修習を維持し、司法試験合格者数の枠も維持し、「プロセス」の出口を制限的にとどめるという不整合な制度設計にあった。政府は公的支援の見直しにより法科大学院の「淘汰」を促してきたが、最近では予備試験の存在感が増すなか、正規ルートを短縮する改革（学部３年と法科大学院２年の「３＋２」で修了可能とし、法科大学院在学中の司法試験受験も認めるもの）を行った。これがどのように働くかは今後の問題だが、根本的な解決にはなりそうにない[42]。

最後に、裁判官制度改革についても触れておきたい。改革審意見書は、「21世紀の我が国社会における司法を担う高い質の裁判官を安定的に確保し、これに独立性をもって職権を行使させるために」いくつかの改革を提起した。その結果、たとえば、下級裁判所裁判官指名諮問委員会が設置され、批判もありつつも、一応は手続きの透明化が進んだ。しかし、同時になされた「最高裁判所裁判官の地位の重要性に配慮しつつ、その選任過程について透明性・客観性を確保するための適切な措置を検討すべきである」という提案は、なんら実現を見ていない。同様に改革審意見書が指摘している最高裁判事国民審査の形骸化についても特に変化はない。本章でも取り上げてきた裁判官（や検察官）の人事は透明性がきわめて低く、どのような人物がどのような理由で選ばれたのかを知る術はほとんどない[43]。裁判官は機械ではないので、誰がポストを占めるかは決定作成にとって当然に重要である。その透明化や実効化は今日においてもとりわけ重要な課題と言える[44]。

4　おわりに

本章では司法と政治の相互関係に焦点を当ててきた。本論でも述べたように、近年、政治的意向を背景としたと見られる人事慣行からの逸脱が観察されている。その際、それに反対する立場からは人事への政治的介入が批判されるが、そうした介入が実際に行われていたとしても、それは現状、制度的に許容されていると見ることもできる。たとえば、最高裁判事の任命権は内閣にあり、その意向が人事選考に影響することに制度上の問題はない。そのとき、そうした行為が望ましくないのであれば、政治アクターに「自制」を求めるのも１つではあるが、より制度的な側面から考察することも重要であろう。日本でもかつて裁判官任命諮問委員会が置かれていたことがあり（コラム参照）、改革審意見書もそれに言及していたが、そうした仕組みを採用することも１つの案となるだろう[45]。

日本の政治学において司法が研究対象となることはこれまであまりなかったが、特に司法制度改革以降、そうした研究は増えてきており、また司法を取り上げる政治学のテキストも増えているように思われる（本書もその１つである）。2017年には日本政治学会で分科会「司法政治学試論―司法行動を政治学的に解明する」が開かれ、翌年の年報では特集「政治と司法」が組まれた。司法が変わり、政治もまた長期政権の終了によって変化が生じようとしている今日、さらなる研究の進展が期待される。

注

1） 朝日新聞2020年２月１日朝刊。

2） 以下、主に Guarnieri, Carlo and Patrizia Pederzoli（2020）*The Judicial System: The Administration and Politics of Justice*, Edward Elgar, ch. 2を参照。

3） たとえば、Hume, Robert J.（2018）*Judicial Behavior and Policymaking: An Introduction*, Rowman & Littlefield, ch. 2参照。

4） こうした相互作用に着目する研究として、佐々木雅寿『対話的違憲審査の理論』（三省堂、2013年）参照。

5） デイヴィッド・S・ロー（西川伸一訳）『日本の最高裁を解剖する―アメリカの研究者からみた日本の司法』（現代人文社、2013年）88頁。傍点は原文。なお、日本における違憲判決の数は2020年８月時点では10件に増加している。

6） たとえば、強力な司法部は、強力であるからこそ、他のアクターがその選好をあらかじめ織り込んだ上で決定を作成することで、違憲判決を下すことが少なくなるかもしれない。Ginsburg, Tom（2012）“Constitutional Law and Courts,” in David S. Clark（ed.）*Comparative Law and Society*, Edward Elgar, pp. 299–300参照。また、日本において違憲判決が少ないことの説明の１つとして、内閣法制局による審査に注目する議論もある。事前の合憲性審査が事後的な違憲判決の余地を縮小させていると捉えることもできる。中村明『戦後政治にゆれた憲法９条―内閣法制局の自信と強さ〔第３版〕』（西海出版、2009年）参照。

7） Hirschl, Ran（2008）“The Judicialization of Politics,” in Keith E. Whittington, R. Daniel Kelemen and Gregory A. Calderia（eds.）*The Oxford Handbook of Law and Politics*, Oxford University Press, pp. 121, 123.

8） たとえば、日本の研究例として、玉田芳史編『政治の司法化と民主化』（晃洋書房、2017年）参照。

9） Ginsburg, Tom and Tokujin Matsudaira（2012）“The Judicialization of Japanese Politics?” in Björn Dressel（ed.）*The Judicialization of Politics in Asia*, Routledge, p. 17.

10） Ginsburg and Matsudaira, supra note 9, p. 21.

11）　市川正人『司法審査の理論と現実』（日本評論社、2020年）32頁。関連として、秋葉丈志『国籍法違憲判決と日本の司法』（信山社、2017年）第２章および第３章参照。

12）　この点に関するコンパクトなまとめとして、江口正浩「衆議院及び参議院における一票の格差―近年の最高裁判決を踏まえて」調査と情報953号（2017年）参照。

13）　芦部信喜『人権と憲法訴訟』（有斐閣、1994年）319頁。その全容や時代背景については同書317～322頁参照。

14）　最判2012年12月７日刑集66巻12号1337頁、最判2012年12月７日刑集66巻12号1722頁。

15）　市川正人「最高裁憲法判例の動向―2015年以降を対象に」市川正人ほか編『現代日本の司法―「司法制度改革」以降の人と制度』（日本評論社、2020年）参照。

16）　Guarnieri, Carlo and Patrizia Pederzoli（2002）*The Power of Judges: A Comparative Study of Courts and Democracy*, Oxford University Press, ch. 1 参照。

17）　Guarnieri and Pederzoli, supra note 16, p. 65.

18）　藤田宙靖『最高裁回想録―学者判事の７年半』（有斐閣、2012年）14頁参照。

19）　藤田・前掲書（注18）204頁参照。

20）　西川伸一『裁判官幹部人事の研究―「経歴的資源」を手がかりとして〔増補改訂版〕』(五月書房新社、2020年）第１章参照。

21）　水野武夫「日弁連による最高裁判所裁判官の推薦」市川正人ほか編『日本の最高裁判所―判決と人・制度の考察』（日本評論社、2015年）参照。

22）　Ramseyer, J. Mark and Eric B. Rasmusen（2003）*Measuring Judicial Independence: The Political Economy of Judging in Japan*, The University of Chicago Press 参照。

23）　Haley, John O.（2007）“The Japanese Judiciary: Maintaining Integrity, Autonomy, and Public Trust,” in Daniel H. Foote（ed.）*Law in Japan: A Turning Point*, University of Washington Press 参照。

24）　最高裁判所「21世紀の司法制度を考える―司法制度改革に関する裁判所の基本的な考え方」（https://www.kantei.go.jp/jp/sihouseido/dai8append/append2.html, last visited 25 August 2020）。

25）　佐藤岩夫「〈統一的・等質的〉司法観を超えて―裁判官制度改革の基本的視点」法の科学30号（2001年）166頁参照。

26）　見平典「近現代における司法と政治」高谷知佳・小石川裕介編『日本法史から何がみえるか―法と秩序の歴史を学ぶ』（有斐閣、2018年）299～300頁。

27）　西川伸一「最高裁裁判官の指名・任命手続について―第二次安倍政権による異例の人事から考える」法と民主主義548号（2020年）参照。

28）　朝日新聞2017年３月２日朝刊参照。

29）　小倉慶久「司法」森本哲郎編『現代日本の政治―持続と変化』（法律文化社、2016年）参照。

30）　たとえば、Guarnieri and Pederzoli, supra note 16, pp. 108–120；Tonry, Michael（2012）“Prosecutors and Politics in Comparative Perspective,” in Micheal Tonry（ed.）*Prosecutors and Politics: A Comparative Perspective*, The University of Chicago Press 参照。

31）　伊藤栄樹『検察庁法逐条解説〔新版〕』（良書普及会、1986年）参照。

32） 村山治「官邸の注文で覆った法務事務次官人事『検事総長人事』に影響も」（https://judiciary.asahi.com/jiken/2016111900001.html, last visited 25 August 2020）参照。
33） 当時の判例傾向については、市川・前掲書（注11）第1章参照。
34） たとえば、萩屋昌志編『日本の裁判所―司法行政の歴史的研究』（晃洋書房、2004年）第2部第2章および第3章、見平・前掲論文（注26）291～296頁、山本祐司『最高裁物語　上巻』（講談社、1997年）第9章参照。
35） 改革審意見書は、先行する諸改革を「国民の一人ひとりが、統治客体意識から脱却し、自律的でかつ社会的責任を負った統治主体として、互いに協力しながら自由で公正な社会の構築に参画し、この国に豊かな創造性とエネルギーを取り戻そうとする志」の下に行われたものと解釈し、そうした「自由と公正を核とする法（秩序）が、あまねく国家、社会に浸透し、国民の日常生活において息づくようになるために、司法制度を構成する諸々の仕組みとその担い手たる法曹の在り方をどのように改革しなければならないのか、どのようにすれば司法制度の意義に対する国民の理解を深め、司法制度をより確かな国民的基盤に立たしめることになるのか」という観点から、「これら諸々の改革を憲法のよって立つ基本理念の一つである『法の支配』の下に有機的に結び合わせようとするものであり、まさに『この国のかたち』の再構築に関わる一連の諸改革の『最後のかなめ』として位置付けられるべきものである」としている。司法制度改革審議会「司法制度改革審議会意見書―21世紀の日本を支える司法制度」（https://www.kantei.go.jp/jp/sihouseido/report-dex.html, last visited 25 August 2020）参照。待鳥聡史の近著はこれを「近代主義右派のプロジェクト」の一環として描いている。待鳥聡史『政治改革再考―変貌を遂げた国家の軌跡』（新潮社、2020年）参照。
36） 小倉慶久「裁判員制度の誕生―アジェンダ・セッティングと政策形成（2・完）」関西大学法学論集62巻6号（2013年）292～293頁参照。
37） Kage, Rieko (2017) *Who Judges? Designing Jury Systems in Japan, East Asia, and Europe*, Cambridge University Press, ch. 5参照。
38） 三谷太一郎『増補　政治制度としての陪審制―近代日本の司法権と政治』（東京大学出版会、2013年）参照。
39） 鹿毛利枝子「日本における裁判員制度の創設―利益としてのアカウンタビリティ」高橋百合子編『アカウンタビリティ改革の政治学』（有斐閣、2015年）参照。
40） 概観として、後藤昭「裁判員制度がもたらしたもの」法律時報90巻12号（2018年）参照。
41） 裁判所「裁判員制度の実施状況について」（https://www.saibanin.courts.go.jp/saibanin_jissi_jyoukyou/index.html, last visited 25 August 2020）参照。
42） 「法科大学院を中核とするという建前の下に無制限な予備試験制度がある」という「最大の問題が解決できないときに、弥縫的な方法で法科大学院を元気付けようとしても、それは法科大学院の本来の存在意義を切り崩す結果となってしまう」と論じるものとして、後藤昭「法曹養成制度の岐路」法律時報91巻9号（2019年）134頁。
43） 司法制度改革以降、内閣官房長官が記者会見で選考過程や選考理由を発表することとなったが、その内容は形式的であり、第二次安倍政権ではそれさえも後退しているという。見平典「最高裁判所裁判官選任過程―日本とアメリカにおける近年の動向とその評価」市川正人ほか編『現代日本の司法―「司法制度改革」以降の人と制度』（日本評論社、2020年）

参照。

44) なお、本章では紙幅の関係上、改革審期以降の司法制度改革をほとんど取り上げられなかった。この点については、武蔵勝宏「ポスト司法制度改革の立法過程はなぜ後退したのか」法社会学86号（2020年）を参照されたい。

45) 公正取引委員会委員長などのいわゆる国会同意人事が存在する一方で、「最高裁の裁判官の任命手続がそれよりも簡単で透明性が低いというのは不釣り合い」であり、「少なくとも国会で選考対象候補者の資質について議論する機会を設けるべきであろう」とする宮澤節生の議論も説得的である。宮澤節生ほか『ブリッジブック法システム入門—法社会学的アプローチ〔第4版〕』(信山社、2018年）137頁。また、見平・前掲論文（注43）も参照。

【小倉慶久】

第10章　地方政治

1　はじめに

本章では、近年注目を集めることの多い地方政治を取り扱う。都道府県や市区町村（この場合の「区」とは東京23区に代表される特別区を意味する）レベルにおける政治のあり方について概説する。

皆さんにとって、国よりも都道府県、都道府県よりも市区町村のほうがより馴染みがあるのではないだろうか。言い換えれば、日本国の首相よりも○○県知事、○○県知事よりも□□市長のほうが、より身近な存在ではないだろうか。これら知事や市区町村長のことを、首長と呼ぶ。日本の地方制度は、国民が選挙で選んだ国会議員によって首相が指名される議院内閣制とは大きく異なる。各都道府県や市区町村に設けられている地方議会の議員だけでなく、首長も、住民の直接選挙によって選ばれるからである。つまり、首長も議会も、ともに住民の代表であるため、これを二元代表制と呼ぶ。次節では、この二元代表制について詳しく説明し、首長と議会多数派との見解の相違の有無が生じやすいことや、しかしながら他方で、首長の議会に対して有する制度的権限が非常に強いため、議員としても首長に接近せざるをえない関係にあることを指摘する。

つづいて3節では、地方政治の中心的アクターとなる首長、なかでも政党推薦を受ける傾向の強かった都道府県知事選挙の趨勢について述べる。というのは、国レベルの政治を理解し今後を展望するためにも、地方政治の動向についても知っておく必要があるからである。ここで明らかになるのは、第1に、55年体制成立後、次第に「保守」と「革新」のイデオロギー的対立が政党間対立を通じて地方レベルにも波及したことである。第2に、55年体制の中盤から後期にかけて、「保守」と「革新」の「相乗り」化が一般的な傾向となって国政並みの政党間対立が見られなくなったことである。第3に、1993年以降の政界再編期になると、「改革派」知事や地域政党を誕生させた知事が地方政治の中心的存在になり、国政政党の存在感が非常に薄まったことである。

4節では、最初に自治体の首長・議員それぞれの選挙制度とその実態について紹介する。地方議員の選挙制度は、地方政治における政党の存在意義を低下させると考えられてきたことも合わせて説明する。続いて、東京都知事選挙を中心に、東京都政の展開と政党政治について取り扱う。都知事選挙は都民だけでなく国民からも注目を集めてきたが、それは歴代知事の採った政策が全国に波及したという背景があったからである。この都知事選をめぐり、各政党は思惑をもって候補を擁立してきたが、多くの場合失敗に終わった。本節ではその状況を確認するとともに、首長の権限が強いために議会内の各政党が当選してきた首長に追随する傾向にあることを指摘する。

最後に、マルチレベルの政党政治についての議論を紹介する。日本では、国では議院内閣制、地方では二元代表制が採用されており、また衆議院、参議院そして地方議員それぞれの選挙制度も異なるため、自民党に対抗する政党の発展が阻害されてきたことを説明する。

2　二元代表制

議院内閣制、大統領制、二元代表制

日本において、国レベルでは議院内閣制が採用されている。議院内閣制とは、①有権者によって選出された議員によって議会が構成され、その議会によって執政長官（首相）が選出され、②首相の任期は議会の信任に依存し、議会の任期もまた首相が議会解散権をもつことによって制約される制度である。つまり、有権者が直接執政長官を選ぶ仕組みとはなっていない。

これに対して地方レベルでは、議院内閣制とは大きく異なる制度が導入されている。有権者が、議会の議員だけでなく、執政長官（首長）をも、選挙によって直接選ぶ二元代表制である（図表10—1参照）。この二元代表制は、アメリカやブラジルなどで採用されている大統領制によく似た仕組みとなっている。ただ、大統領制とは、①有権者が、議会を構成する議員だけでなく、執政長官（大統領）も選出し、②大統領の任期も議員の任期も固定されており、大統領の在

図表10―1　議院内閣制（左側）と二元代表制（右側）

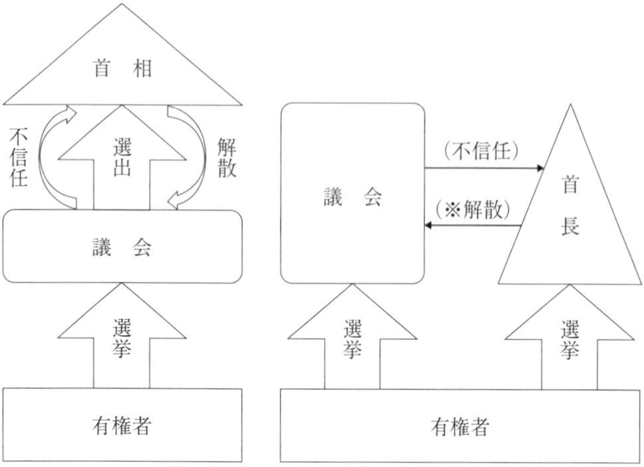

※首長は、議会による不信任決議を受けたときに限って議会を解散できる。
出所：筆者作成。

職期間は議会の信任に依存せず、議会の存続も大統領の意向に左右されない制度を指す。日本の地方で採用されている二元代表制では、議員数の３分の２以上が出席した議会において、４分の３以上の出席議員の賛成によって、首長を不信任することができ、首長も初めて不信任決議を受けたときに限って、議会を解散することができる、大統領制の例外的な規程が設けられている。だが、有権者が議員も首長も直接選挙で選ぶ仕組みが導入されているため、国レベルの政治的ダイナミクスとは異なる力学が、地方レベルで働くことになる。

二元代表制とその効果

議院内閣制においては、一般に議会の多数派と首相の党派性が一致する。つまり、この制度の下では、議会の多数派を占めた政党や政党連合が同一の首相候補を推すことによって、自らの党派・連合に属する議員を首相の座に就けることができる。

しかし、二元代表制においては、議会の多数派と首長の党派性が一致しない状況が頻繁に見られる。この状況を「分割政府」という。というのも、有権者が必ずしも議員と首長の双方について同じ党派性をもつ人に１票を投ずるとは限らないからである。さらには、首長と議員の選挙のタイミングがずれることも非常に多いため[1]、分割政府がより生じやすい状態となっている。

逆に、首長と議会の多数派の党派性が一致する状況のことを、「統一政府」という。統一政府が成立している場合、議会多数派にとっては首長の方針に反対する理由がないため、首長の身にスキャンダルなどが生じないかぎり、首長提出議案に賛成することになる。結果として、地方議会が首長の提案に肯くだけの存在であるかのように、住民の目に映ることになる。

地方議会の存在感が低い理由はそれだけではない。そもそも、首長が議会に対して有する権限は、世界各国の大統領が議会に対して有する権限と比べても、非常に大きい。首長には、議会に議決を再度やり直させる再議権がある。これは、議会による議決に対して異議がある場合に、首長が議会に再議を要求する権限であり、もしその議案が条例案や予算案であるならば、当初の議決を確定させるには出席議員の３分の２以上の賛成が必要である。つまり、首長にとっては、たとえ「分割政府」であった（首長の方針に反対する議員が議会の過半数を占めていた）としても、議決結果に反対する（首長の方針に追随する）議員を３分の１以上議会内に確保すれば、再議権を行使することで当初の議決を無効化することができる[2]。

さらに、専決処分の権限が首長に与えられていることも重要である。これは、議会を招集する時間的余裕がないときや、議会が議決すべき議案を議決しないときに、首長が議会に代わって首長の判断で議案を処理できる権限のことを指す[3]。この専決処分の権限があるために、たとえば議会が同意しない予算案や工事請負契約について首長が専決処分をして、予算執行したり契約を締結して土木工事を進めることも可能である。

そして、首長は予算案の調製権や執行権を独占している。自治体として政策を実行する際に、多くの場合予算が必要であるが、予算内容を作成する権限は首長にしかない。議会としてせいぜいできるのは、予算の「修正」に限られるし、首長が提出した予算案を無制限に修正できるわけではない。結果、議員としては、自らの手で予算案を調製できないため、首長に対して予算要望を行い、実現を目指す政策についての予算付けを依頼することになる。つまり、各議員は、予算要望を首長に聞き入れてもらう代わりに、予算案など首長が提出した議案に賛成するという、首長と持ちつ持たれつの関係を築くことでしか、議員としての実績を有権者に対してアピールできないのである。[4]

このように、二元代表制では、首長と議員のいずれもが住民により直接選挙されるために民意という点では対等だが、制度面では首長に多くの権限が与えられているため、首長優位の議会過程が展開されやすい。実際、首長によって提出された議案のほとんどが原案可決・認定・同意・承認されており、たとえば、全国の市議会と特別区議会において、平成30年の１年間に首長が提出した議案の99.3％が原案可決・認定・同意・承認されている。[5]

3　知事選挙から見る戦後日本の地方政治

55年体制下の知事選挙と政策

1947年に初めての知事選挙が行われてから70年以上が経った。戦後政治については、いわゆる55年体制が成立する前の約10年間、55年体制期の約40年間、そして55年体制崩壊後（政界再編）の約25年間の３つの時期に大別できる。このうち一つ目の画期となった1955年の秋には、左右に分かれていた社会党が統一され、自民党が結成された。この、「保守」と「革新」をそれぞれ代表する自民党と社会党という二大政党が成立し、徐々に自民党による一党支配が強まる状況のことを55年体制という。[6]

ではこの時期の知事選挙について見てみよう。55年体制が成立する以前の時期を幅広く含む、1947年から1959年の統一地方選挙前までの知事選挙のうち２割以上の選挙では、自由党や日本民主党など保守政党と社会党など革新政党とが同一候補を支援した。また、保守政党と革新政党とが互いに対立候補を擁立した知事選の割合は５割に満たず、55年体制の基軸となったイデオロギー的対立は、55年体制発足前にはまだ明瞭には現れていなかった。

しかし、55年体制が成立してからは、保守と革新の対立が先鋭化してくる。図表10―２は、すべての知事選挙のうち、自民党と社会党が同一候補を支援した割合、そして共産党が社会党など他党と統一候補を立てた割合を、４年間ごとに見たものである。ここからわかるように、1970年代中盤にかけて、自民党と社会党が知事選で袂を分かつようになる一方、共産党と社会党など国政野党

図表10―２　知事選における各政党（本部）間の共闘状況

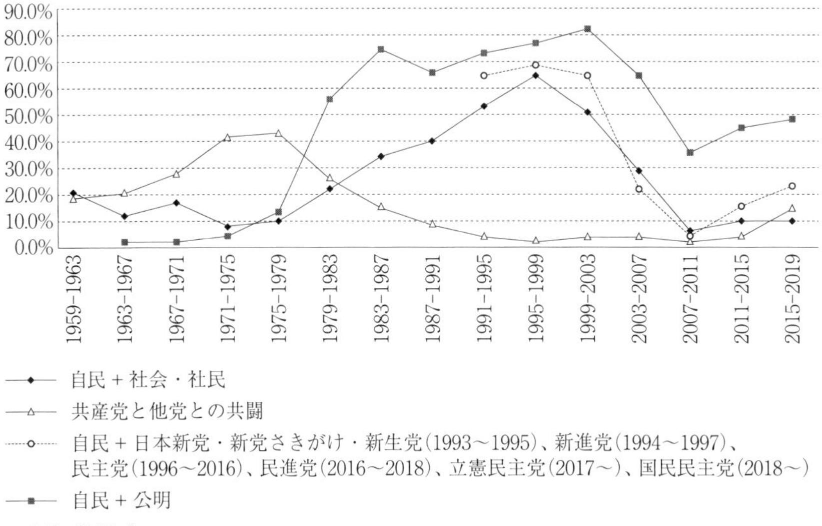

出所：筆者作成。

が共闘態勢を築く傾向はより強まった。[7]

また、革新政党からの推薦を受けた首長が当選することで（その最たる例が1967年に東京都知事に当選した美濃部亮吉である）、革新自治体が都市部を中心に各地で誕生し、国政に先んじて福祉政策や環境政策、都市政策を展開して、脚光を浴びた。彼ら革新自治体の首長は、「保守」自民党政権が続く国政への「抵抗」という役割も演じた。[8]

しかし、1970年代中盤をピークとして、革新自治体は衰退に向かう。民社党や公明党といった、イデオロギー面で保守と革新の間に存在する「中道」政党が自民党とともに同一候補を擁立する動きが顕著になり、「革新」社会党も1980年代以降その流れに追随するようになった。この、自民党と社会党や公明党など国政野党が共同して統一候補を首長選に立てる動きのことを「相乗り」と呼ぶ。

この「相乗り」化が進んだ背景には、知事当選者の出自の変化が存在する。知事に初当選した人のうち、国会議員となったことのある人の割合は、1959年から1975年にかけては37.9％いたものの、1975年から1991年にかけては19.2％

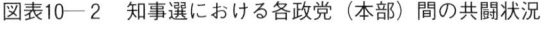

へと半減し、他方で国家官僚経験者（国会議員経験者を除く）は25.9％から32.7％へ、地方官僚出身者は17.2％から26.9％へとそれぞれ増加した。つまり、政党色が薄いと見られる官僚が、各政党からの推薦を受けて知事選に出馬し当選する傾向が、1970年代中盤以降強まったのである。そしてこれら「相乗り」かつ（行政運営の経験をもつことにより）「実務型」と呼ばれた知事は、革新自治体期に悪化した自治体財政の引き締めを図ることとなった。

政界再編期の知事選挙と政策

1993年夏、与党自民党に属していた議員の一部が賛成票を投じて宮澤喜一内閣不信任案が可決されたことにより、衆議院が解散された。不信任案に賛成した議員は新党さきがけや新生党といった新党を立ち上げた。これら２新党は、その前年に自民党出身の細川護煕が結成した日本新党とともに、国民の人気を集め、このときの総選挙で自民党による過半数の議席獲得を阻止した。この結果、社会党、公明党や民社党、そしてこれら３新党などを与党とし、細川を首班とする非自民連立内閣が樹立され、55年体制は終焉を迎えた。政界再編期の始まりである。

だが、細川内閣はわずか９か月で倒れ、その約２か月後には社会党委員長村山富市を首相に就けて自民党が政権に復帰した。以降2009年に再び下野するまで、連立のパートナーを変えながらも、自民党は政権を維持した。このことは逆に、自民党に対抗する政党が大勢力を築くことに失敗してきたことを意味する。実際、新生党や日本新党、公明党などを中心に、1994年に結成された新進党もわずか３年で解党された。また、新党さきがけや社民党（1996年に日本社会党から改称）所属議員によって結成され、1998年に旧新進党所属議員を巻き込む形で再編成された民主党は、勢力を拡大して2009年には政権を獲得するに至ったが、2012年の総選挙で惨敗して勢力を激減させ、2016年の民進党への衣替えを経て、立憲民主党と国民民主党の二つの政党に分断された[9)]。このように、55年体制後、政党の離合集散が激しく続いてきた時期を政界再編期とここでは呼ぼう。

この政界再編期における知事選挙においては、先の55年体制とは異なり、国政レベルの政党間対立の影響はそれほど受けなかったといえる。なぜならば、

図表10―3　各党が本部レベルで知事選に候補者を擁立した割合の推移

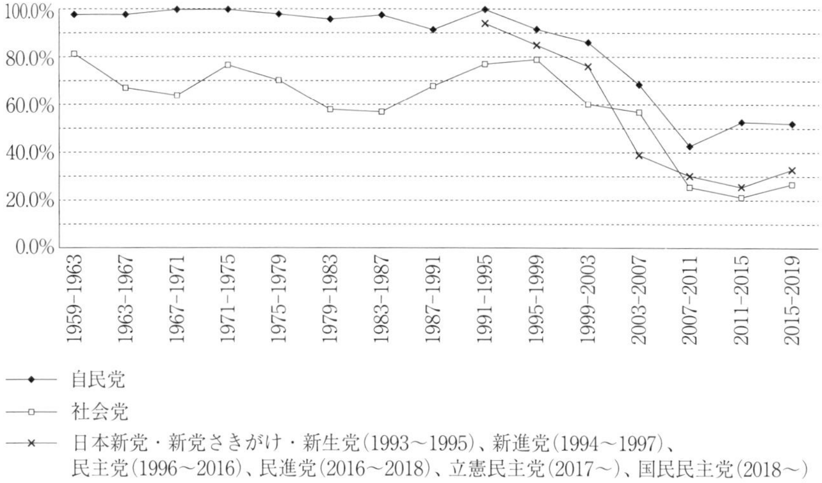

出所：筆者作成。

国政政党が地方政治において存在感を示せなかったからである。

図表10―3は、自民党、社会党（1996年からは社民党)、そして自民党に対抗した日本新党・新党さきがけ・新生党の3新党や新進党、民主党、民進党、そして立憲民主・国民民主両党の本部が、知事選候補者に対して推薦や支持を出した知事選の割合の変化を見たものである。ここからは、これら非自民政党が、政界再編期の当初は積極的に知事選候補者を擁立していたことが確認できる。

ところが、3新党や新進党、民主党およびその後継政党が自民党と同一候補を支援した知事選の割合も示した図表10―2をあわせて見ると、状況はそう単純でないことがわかる。実はこれらの新党は、知事選に積極的な姿勢を見せながらも、非常に高い割合で自民党と「相乗り」していた。言い換えれば、これら政界再編期に誕生した各政党が、地方レベルにおいては、2009年前後の政権奪取の時期を除いては、自民党に対抗する代替的選択肢にはなりえていなかったことがわかる。

さらに、2009年にかけて自民党と民主党の二大政党化が国政レベルでは進んだものの[10]、地方レベルでは政党そのものの影が薄くなったことが、図表10―3で確認できる。つまり、自民党も含めて、政党本部が推薦・支持を出す知事選の割合が顕著に低下し、（政党の地方支部レベルでは特定候補を支援することが多いとはいえ）知事選挙の対立軸が政党を基軸としたものかどうか、明瞭に判断がつかないことが多くなってきたのである。[11)]

では、この間の知事選挙を牽引してきたのは政党ではなく何だったのか。それは、知事候補者その人であった。1995年の統一地方選では、東京と大阪で、政党の推薦を受けない無党派候補（ともにいわゆる「タレント候補」）が国家官僚として要職を占めた「相乗り」候補を破って当選した。また、この時期に多数当選した「改革派」知事は、たとえ政党の推薦を受けていたとしても、イデオロギー的な対立軸ではなく、新たな政治行政手法を地方政治に導入することで、全国から注目を集めた。三重県知事を務めた北川正恭は事務事業の見直しを進めたし、宮城県知事だった浅野史郎は徹底した情報公開をめざした。これらの行政改革もまた、革新自治体において展開された環境政策や福祉政策のように、国政よりも先に採り入れられたものである。このように、この時期に当選してきた一部の知事は、自民党など「保守」系議員が求める公共事業の中止も厭わず（よって、たとえ知事選挙で自民党などから推薦を受けていたとしても、議会で与党議員と真っ向から対立することも少なくなかった）、自治体の財政再建の試みを進めるとともに、現職知事の継続か否かという対立軸を知事選に持ち込むことによって、政党の存在感を希薄化することに成功したのである。[12)]

4　地方選挙と政治過程

前節で見たように、近年の知事選挙ではますます政党の存在感が低下している。同様のことは、基礎自治体（市区町村）の首長の選挙結果や地方議員の政党所属状況からも確認できる。

本節では、地方政治における有権者の代表、すなわち首長と地方議員の選挙制度について概説するとともに、東京都知事選をめぐる政治過程を叙述し、首長の存在が政党を圧倒している様相を明らかにする。

地方の選挙制度

地方政治において政党の影が薄い理由の一つに、選挙制度がある。ここでは、首長と地方議会議員とに分けて見てみよう。

首長選挙については、当該自治体を１つの選挙区とし、最多得票した候補者１人を当選者とする小選挙区制が採用されている[13)]。各政党にとって、単独で「公認」候補を擁立し、当選させることがもっとも望ましい選択肢であるが、本章２節で述べたように、予算調製権を独占するなど、首長の有する権限は非常に大きい。そこで、多くの政党は、首長との関係が切れないようにするため、ベストではないがベターな選択肢として、他党と組んで候補者を擁立する（それは多くの場合、「推薦」もしくは「支持」という形で行われる）。その結果、前節で見たように、政党色の薄い官僚や地方公務員出身の首長を各党が「相乗り」して支えるという、日本の地方政治によく見られる現象が生ずることになる。

一方、地方議会の議員選挙については、都道府県、政令指定都市（以下政令市[14)]）、政令市以外の市区町村でその制度がそれぞれ異なる。

政令市以外の市区町村では、その自治体を１つの選挙区とする大選挙区制（人口規模の小さな町村では中選挙区制[15)]）がとられている。つまり、有権者が市（町・村・区）議会議員立候補者のうちいずれか１名に投票をし[16)]、得票の多い候補者から順に各議会の定数に達するまでを当選者とする選挙制度になっている。政令市では、行政区が置かれていることから、有権者が自らの住む行政区内の立候補者のうちいずれか１名に投票し、得票順に各行政区ごとに定められた定数までを当選者とする大もしくは中選挙区制が導入されている。

そして、都道府県議会議員の選挙については、１つの市（政令市においては行政区）、１つの市と隣接する町村の区域をあわせた区域、もしくは隣接する町村を合わせた区域を１つの選挙区とすることを基本とし、当該選挙区内の有権者がただ１人の候補者に投票する選挙制度がとられている。それゆえ、１つの選挙区内で当選する議員が１名（小選挙区制）のところもあれば、１つの選挙区内で複数名が当選する中選挙区制のところもある。政令市ではない県庁所在市では、県議会議員の定数が10を超える大選挙区制となっていることが多い。

なお、地方選挙の選挙権は18歳以上の日本国民に、被選挙権は都道府県知事については30歳以上、市区町村長や地方議員の場合には25歳以上の日本国民に、それぞれ与えられている。

地方選挙の実態

前節では、各政党の知事選における候補者擁立状況を見たが、ここでは市区長選挙や地方議員と政党の関わりについて見てみよう。

まず、2011年から2019年の市区長選挙に注目し、2011年の統一地方選挙終了後から2015年の統一地方選までの４年間（前半）と2015年の統一地方選挙終了後から2019年の統一地方選までの４年間（後半）を比較しよう。20政令市では、前半に20回、後半に21回市長選挙が行われたが、前半では７市長選で、後半は８市長選で、政党推薦のない候補が勝利している。また、自民党と民主党・民進党・国民民主党もしくは立憲民主党と相乗りした候補が勝利したのは、前半で７市長選、後半で５市長選ある。また、自民党以外の政党の推薦・支持を受けて当選した市長は、札幌市と大阪市（大阪維新の会公認）しかない。このように、国政上自民党に対抗しようとした旧民主党系政党は、政令市長選挙において存在感を示すことができていない。

政令市を除く市区長選挙では、前半で執行された806市区長選挙のうち470が、後半で実施された811市区長選挙のうち443が、それぞれ政党推薦を受けない候補の当選した数である。また、前半では224の、後半では214の、それぞれ市区長選挙が無投票となっており、政党を中心とした選挙が盛り上がっていないことがわかる。つまり、前半と後半とで大きな差はなく、全体的に政党の存在感が薄いことが確認できただろう。

続いて、2019年末現在の首長と地方議員の政党所属状況について見てみよう。総務省自治行政局選挙部の調べによると、大阪維新の会に所属する大阪府知事を除き、政党に所属している知事は存在しない。1740人存在する市区町村長では（欠員１人）、３人が自民党、７人が大阪維新の会に所属しているが、残りはすべて無所属である。

そして地方議員では、特別区や都道府県では政党に所属する議員の割合が高い一方、人口の少ない町村では無所属議員が多くなる傾向にある。2019年末現在2668人存在した都道府県議会議員のうち半数近くに当たる1301人が自民党に所属し、以下公明党（206人）、共産党（138人）、立憲民主党（128人）、国民民主党（103人）、社民党（31人）、日本維新の会（18人）、諸派（148人）[17]の順であり、無所属は595人と２割少しにとどまる。また、特別区でも、900人いる区議会議員のうち政党に所属しない議員は133人であり、その率は14.8％でしかない。[18] しかし、1万7973人いる市議会議員のうち無所属議員は1万1139人（62.0％）[19]、1万889人いる町村議会議員のうち無所属議員は9512人（87.4％）[20]と、政党に所属しない議員は圧倒的に多くなる。[21]

このように、地方レベル、特に人口の小さな市町村になると、政党化の割合は小さくなる。この原因の一つとして、先に見た選挙制度を挙げることができる。中選挙区制や大選挙区制の下では、1つの政党から複数の候補が立候補し当選することが可能であるため、各候補者の政党所属そのものが他の候補との差異化にさほど役立たない一方、自らの地元（地盤）の票を固めることで当選することができるからである。結果として、各議員は、所属政党の政策を前面に押し出して選挙活動を行うというよりは、有権者に身近に捉えてもらうために、ホームページ上で自らの経歴や所属団体を熱く語り、有権者との共通点を少しでも確保し、当選に必要な得票数を獲得しようとするのである。[22]

また、人口規模が小さな自治体ほど政党に所属する議員が少ないことは、議会過程における会派化にも影響を及ぼす。都道府県や政令市では、多くの議員が政党に所属するか政党名を名乗る会派に所属し、その政党の政策に従って議案への賛否を表明するのに対して、人口規模が小さな自治体になるほど、公明党や共産党を除いて、政党名を付した会派が成立することが少なくなる。そのため、庁舎移転の是非などその自治体で大きな話題となった争点に関してどのような対立が生じ、各会派がどのような考えのもとに賛否を示したかが、有権者には非常にわかりにくくなるという事態も現れている。このことは総じて、地方議会の存在意義を低下させている可能性を孕んでいる。

政界再編期の東京都政

東京都は、一般会計の予算規模で7兆円台（2020年度当初予算）、その他会計と合わせた予算規模は15兆円台（同）と、ノルウェーやスウェーデンといった国の予算規模とひけをとらないほどの大きな額となっている。[23] 2節で述べたように、この予算をやりくりできる首長の権限は絶大であり、誰が都知事に選ばれるかは、東京都民にとってはもちろんのこと、日本国民にとっても大きな関心事となってきた。実際、3節で言及したように、美濃部亮吉都政は、福祉や環境を優先する政策を採り、他の自治体の先駆けとなった。

その美濃部が退任した1979年から1995年まで知事を務めたのは、鈴木俊一であった。彼は、過去に自治事務次官や内閣官房副長官、都副知事を務めた経験をもち、最後の任期となった1991年の知事選挙では、自民党・公明党・民社党各党の本部が共同推薦した候補を破って当選を果たした。

鈴木が引退した後の1995年の都知事選挙では、元参議院議員で放送作家の青島幸男が、自民党や社会党、公明党が擁立した元内閣官房副長官らを破って当選し、同日の大阪府知事選挙で当選したタレントとともに、無党派旋風を巻き起こした。青島は、選挙公約としていた世界都市博の中止を、各党の反対を押し切って決定した。他方で、その他の政策面においては各党の協力を得られず、歳入不足を補うための各種値上げ条例案の多くが否決や修正可決を受けるなど、青島の思い通りに都政を展開することはできなかった。

そんななか、1999年の都知事選に名乗りを上げたのが、作家で自民党衆議院議員として運輸大臣や環境庁長官を務めた経験をもつ、石原慎太郎であった。自民党本部は元国連事務次長の推薦を決定しており、民主党からは文部大臣や労働大臣を務めた経験をもつ元衆議院議員が立候補していたが、石原は政党推薦を受けずに選挙戦を戦い、これら候補を破って都知事に当選した。

石原は、最初の任期で大きな山場となった、大手金融機関に対する外形標準課税[24]（いわゆる「銀行税」）導入のための条例改正案について、都知事選で争った自民党や公明党会派からの賛成を取り付け、議会で可決させることに成功した。以後石原は、都議会内の自民党と公明党を与党とし、2003年の都知事選は自民党都連と公明党都本部の支持を得て、民主党が擁立した候補らを破って再選を果たす。

2007年の都知事選挙でも、知事当人や知事選候補者に政党側が振り回される状況が展開された。自民党は石原を推薦する姿勢を示したものの、石原自身がこれを拒否した。石原に対抗する姿勢を示していた民主党も、党所属衆議院議員の擁立に失敗し、宮城県知事も務めた元厚生官僚が出馬表明すると、その支援に回る体たらくだった。石原三選後の2008年には、経営難に陥った新銀行東京へ400億円追加出資する議案の取り扱いが争点となり、都民を対象としたある世論調査では７割の反対があったものの[25]、自民・公明両党の賛成多数によってこれが可決され、石原都知事に自民・公明両会派が追随する議会過程が継続された。2009年夏の都議選で自民・公明両党の獲得議席を合わせても都議会過半数を失う事態になったが、その影響は微細なものにとどまった。[26)]

2011年の都知事選では、自民党幹事長が石原に四選出馬を要請する一方、石原の不出馬意向が報道機関によって取り沙汰されるなど、政党もマスメディアも石原に振り回される状況に陥った。結局、3月の都議会最終日に石原は出馬表明を行い、元宮崎県知事や大手飲食チェーン店創業者を破って四選を果たした。翌年4月になると、石原は、中国や台湾と領有権を争う尖閣諸島の一部について、島を所有する一般人から都として購入する意向を表明し、民主党政権をも慌てさせた。7月、野田佳彦首相は尖閣諸島を国有化する方針を明らかにし、9月に所有権移転登記を行うに至った。そして同年10月、新党結成と衆議院議員選挙への立候補を理由に、石原は都知事を辞職する意向を表明し、後継候補として副知事を務めていた猪瀬直樹の名を挙げた。

猪瀬は作家で、道路関係四公団民営化推進委員会や政府税制調査会、地方分権改革推進委員会の委員を務めた実績を買われ、石原三選後間もない2007年から副知事に就任していた。猪瀬は都知事選への出馬を表明し、石原が大阪維新の会代表で当時大阪市長を務めていた橋下徹らと結成した日本維新の会や公明党の支持、そして自民党の支援を受けた。2012年12月の衆議院議員総選挙と重なったこのときの選挙で、猪瀬は、元神奈川県知事や元日本弁護士連合会会長らを破り、400万票を超える得票で圧勝した。社民党や共産党は日弁連元会長を推したが、民主党は自主投票を決定しており、都知事選への党としての態度を決めることができず、衆院選でも惨敗して政権の座から陥落した。

猪瀬は、都知事在任中に2020年（当初予定）の東京五輪招致を成功させたが、2013年11月に状況が一変する。前年の都知事選に当たり、ある医療法人グループから5000万円の資金提供を受けていたことが明らかになったためである。この5000万円の存在については資産報告書に記載しておらず、都条例に違反していたことが問題視され、翌月の都議会では、与党であるはずの自民・公明両党も含めた都議会各会派から厳しい追及を受けるなど紛糾した。そして、最終的には、前任の石原から引導を渡される形で辞職を余儀なくされた。

2014年2月の都知事選は異例ずくめの展開を辿った。名乗りを上げたのは、前回知事選にも出馬し、このときには社会・共産両党の推薦を受けた日弁連元会長や、細川護熙元首相、そして国際政治学者の舛添要一らであった。細川は、1993年の政権交代の立役者であり、1998年に政界引退後は陶芸家として活動していた。舛添は、2000年代後半に約２年間厚労相を務めた経験をもち、行政手腕に定評があった。舛添の出馬に対しては、彼が自民党を離党していたことから党内に反発があったものの、自民都連として舛添を支持することが決定され、公明党都本部もこれに追随した。細川は、「脱原発」を旗印に、2000年代に自民・公明連立政権を率いた元首相の小泉純一郎とタッグを組んで選挙戦を戦うことを決めた。このとき細川は、民主党が表に出ない勝手連的な支援にとどめるよう意向を伝えていた。結果、自民・公明両党は舛添を、民主党は細川を、それぞれ支援するものの、本部として推薦・支持をしないという、候補者主導の選挙戦がまたも展開されることになった。そして、自民・公明両党への批判票が日弁連元会長と細川とで割れたこともあり、舛添が勝利した。

舛添都政においては、当初見込みより高騰が予定された東京五輪各会場の建設費をめぐる負担額の調整が争点となったが、自民・公明両与党や民主党など多くの会派にも支えられ、都議会は無風であった。しかし、2016年春頃から、舛添の海外出張回数の多さや週末の別荘滞在がマスメディアによって指摘されるようになり、さらに政治資金が家族旅行や飲食など私的に利用されていたことが明らかになると、各会派の舛添に対する態度も急変した。そして、インターネット・オークションなどを利用して、絵画や古美術に政治資金を流用していたことも判明した。同年夏の参院選を前に評判急落を避けたい自民・公明両党は、野党とともに知事不信任案に賛成する姿勢を明確にしたことから、舛添は知事辞職を議長に申し出、許可された。

３回連続して知事の任期中辞職に伴い執行されることになった、2016年７月の都知事選には、防衛相や自民党総務会長を務めた経験をもつ小池百合子、岩手県知事や総務大臣の経歴をもつ元総務官僚、そしてテレビなどで茶の間にも知られたジャーナリストらが出馬した。小池は、いったんは自民党に推薦願を出したものの自民都連と決別し、自民党の推薦がなくても出馬する構えを示した。自民都連は上記元総務相の擁立を決め、公明都本部も同調し、両党とも党本部の推薦に格上げした。他方で、民主党が日本維新の会の流れを汲む政党と合流して2016年３月に結成された民進党は、五月雨式に行った党所属国会議員の擁立に向けた調整がことごとく失敗し、最終的には共産党や社民党などと野党統一候補としてジャーナリストを推薦することで決着した。

保守分裂に野党統一候補が絡む三つ巴の選挙となったこの選挙で勝利したのは、自民党への推薦依頼を取り下げて退路を絶った小池だった。読売新聞の出口調査によると、無党派層の約半数だけでなく、自民支持層の半数以上が小池に投票し[27)]、小池は２位に100万票以上の大差を付けて当選したのである。

小池が着任して早々大鉈を振るったのが築地市場の豊洲への移転問題であった。当初同年11月の移転を予定していたが、豊洲市場の安全性への懸念や情報公開の不足を理由に、関係者への根回しなしに８月末に移転延期を表明した。さらに、東京五輪会場の見直し問題で国際オリンピック委員会会長と会談を行うなど、小池の行動はマスメディアの注目を一段と集めるようになった。

そのようななか、知事選で対立候補を擁した公明党は小池に接近を図った。知事選から10日と経たないうちに、党代表と小池の対談をセッティングし、都政において連携を図ることで合意したし、小池への対抗意識を剥き出しにした自民会派とは異なり、協調路線を採ったからである。小池は同年11月の都議会民進党のパーティーにも来賓として出席するなど、自民党以外の政党との関係を緊密化させた。そして、2017年になると、同年夏の都議選に小池を支持する政治団体「都民ファーストの会」が擁立する公認候補が発表され、小池と自民党との決別が鮮明になった。さらに、同年３月には、公明党と都民ファーストの会が都議選で選挙協力することで合意し、自民都連と公明党との蜜月関係にピリオドが打たれた[28)]。６月、小池は自民党に離党届を提出するとともに、都民ファーストの会の代表に就任し、７月の都議選の陣頭指揮に当たった。他方で、小池への接近を図っていた民進党は袖にされ、同党が公認していた候補者のうち16人が離党して都民ファーストの会公認もしくは推薦候補として立候補した。結果、都民ファーストの会の50人の公認候補者のうち49人が選挙戦に勝利し、公明党も公認した23人全員が当選した一方、自民党は擁立した60人の半数も当選させることができず、民進党に至っては、23人中５人の当選にとどまるといった壊滅的状況に陥り、大敗したのである。

2017年９月、安倍晋三首相は衆議院解散を表明した。小池はこれを受けてそれまでに民進党や自民党を離れた議員らと新党「希望の党」を結成し代表に着任すると、都議選惨敗を受けて辞職した民進党代表の後任に選ばれた前原誠司は、民進党所属議員の小池新党からの出馬を容認する考えを示した。他方で小池は、民進党所属議員について選別を行い、安全保障政策などで一致を見ないとした一部議員の希望の党からの出馬を認めない姿勢を表明した。この小池の動きに反発した議員は、民進党を離党して立憲民主党を結成し、民進党所属衆議院議員は実質的に希望の党と立憲民主党とに分裂するに至った。

このように、自民都連と小池との決裂は、最終的には民主党・民進党の実質的な解党をもたらした。その一方で、小池自身が立候補しなかった2017年10月の衆議院議員総選挙では、自民党が全465議席中284議席を獲得して圧勝した一方、小池率いる希望の党は、55議席を確保した立憲民主党に次ぐ50議席しか得られず、敗北した。小池は翌月希望の党代表を辞し、都政に専念することにした。小池が代表を退いた後の希望の党は翌年参議院議員が多く残留していた民進党と合流し、国民民主党となった[29)]。

都政と政党

東京都は、47都道府県のうち唯一の地方交付税不交付団体であり、財政上国に頼る必要がないことから、国からも他の自治体からも独自路線をとりやすい自治体である。実際、2001年には、１泊１万円以上の都内のホテルや旅館に泊まる客に課税を行う宿泊税導入のための条例を制定し、他県の知事からの強い反発を受けたものの[30)]、今では他の自治体にも宿泊税の課税が波及している。

そのトップが都知事であり、歴代知事はそれぞれに特色ある政策を展開してきた。他方で、知事選候補者の選定過程も含め、都政における政党の存在感が非常に薄いことも確認できただろう。自民党本部が推した候補が都知事選で当選したのは、1987年以降2012年の猪瀬の当選のただ１回であり、1991年、1995年、1999年、2016年はそれぞれ鈴木、青島、石原、小池に敗れている。

また、国政レベルで自民党に対抗し、一時は政権奪取も果たした民主党も、都政においては霞んでいた。推薦・支持した都知事選候補を誰一人当選させることができなかっただけでない。1999年と2003年を除き、どの候補にも本部推薦を出せなかったし、2014年に出馬した細川や2016年に出馬した小池からは遠ざけられた。たしかに、政権交代の前触れとなった2009年の都議選では自民党を退け第一党になったものの、2013年には先に見たとおり惨敗したのである。

そして公明党は、当選した都知事に追随する立場をとる戦略を展開してきた。1999年に同党都本部が推薦した候補が敗れた後も、そして2016年に同党本部推薦候補が敗北した後も、公明党は石原や小池に接近を図り、すぐに都政与党として知事提出議案の原案可決に力を貸し、他方で国政上の連立与党である自民党との良好な関係に終止符を打ったのである。

ここから、東京都政における政党の影響が非常に限定的であったことが理解できただろう。猪瀬や舛添のように、本人の失策があった場合には、各政党が不信任案可決をちらつかせることで知事辞任に至らしめたが、そのような大きなミスが生じない場合には、二元代表制における首長の権限が強いこともあって、知事主導の政策展開がなされ続けてきたのである。

5 おわりに

近年、政治学では「マルチレベルの政党政治」に関する議論が注目を集めている。単一の政治アリーナ（たとえば議院内閣制の採用国では第一院）にのみ焦点を当てて分析するだけでは、その国の政党政治を理解するには不十分であり、第二院や地方政治、あるいは超国家組織といった他のレベルの政治アリーナにおける政党間競争についても明らかにする必要性があると主張される。

その際に鍵になるのが、それぞれのレベルで採用されている政治制度、なかでも執政制度[31)]と選挙制度である。超国家組織、国、地方それぞれのレベルにおけるこれら制度のバリエーションが、その国の政党政治の展開に大きな影響を及ぼすとするのが、「マルチレベルの政党政治」論である[32)]。

日本では、国レベルでは議院内閣制が採用され、1990年代半ばより小選挙区比例代表並立制によって衆議院議員が選挙されるようになった。その結果、首相のリーダーシップの強化と二大政党制をめざすメカニズムが機能し、民主党による政権交代をもたらした。だが他方で、参議院議員は選挙区制と非拘束名簿式比例代表制[33)]からそれぞれ選出されるため、中選挙区制や非拘束名簿式といった制度が政党ラベルの重要性を減じ、政党執行部の党所属参議院議員に対する指導力を阻害した。また、地方では大統領制に近い二元代表制が採用され、地方議員の多くが大選挙区制によって選出されるため、政党の看板である政党リーダーの顔よりも立候補者一人ひとりの個人としての重要性が増すこととなった。このことは、首長の権限が強いことと相俟って、地方政治における政党の存在感の低下をもたらし、それは特に政権交代を目指す民主党のような非自民政党に大きな負の影響を与えたのである。

また、55年体制期と政界再編期とでは、国と地方の関係においても大きな違いがある。55年体制期には、革新自治体となった一部の自治体を除き、自民党系首長と自民党が多数を占める議会が多数を占める一方で、国会と同様に、社会党、公明党、民社党、共産党が残りの議席を埋める、国政と同様の議会構成となっていた。しかし、1990年代以降になると、状況は一変した。国政レベルで政界再編が生じたものの、多くの都道府県議会では自民党が過半数を、公明党や共産党が一定の議席を維持する一方で、自民党に対抗すると思われた新進党や民主党、民進党といった政党の会派は成立しないか、成立しても非常に小さな勢力にとどまった。つまり、政界再編期には、国政レベルにおける政党政治と地方レベルにおける政党政治の乖離が拡大したのである。

行政面では、これとほぼ同時期に地方分権改革が進展してきた。地方分権の進展は、各自治体の自律性を高めるとともに、自治体間に差異が生ずることも意味していた[34]。結果として、自治体の舵取りが、これまでよりずっと、首長の政治行政手腕の優劣に左右されるようになったのである。

今後、地方レベルにおける執政制度や選挙制度の変更がなされないかぎり、首長にスポットライトが当たり続けることだろう。逆に、政党や地方議会は、その存在意義が問われる、ますます厳しい状態に置かれるのではないだろうか。

✐コラム　二次にわたる地方分権改革と三位一体改革

「地方分権」という言葉をメディアでも目にすることがあるだろう。反対語は「中央集権」である。この、「(中央）集権」―「(地方）分権」とは、自治体が国の考えから離れて、どの程度自律的に意思決定できるかを示すものである。自治体が住民の意思にもとづいて自らの判断で意思決定を行えるほど「分権」的であり、逆に自治体の政策内容を国が決定する程度が高いほど「集権」的である。

日本では、1993年６月に、国会で「地方分権の推進に関する決議」が全会一致で採択され、さらに同年８月には熊本県知事を経験した細川護熙が内閣総理大臣に就任したことで、地方分権への機運が高まった。自民党が政権復帰した後もこの流れは引き継がれ、1994年12月に地方分権推進大綱が閣議決定され、翌1995年５月には地方分権推進法が制定された。同年７月に設置された地方分権推進委員会は、地方分権改革に向けて調査・審議を行い、５次にわたる勧告を行った。政府はこの勧告を踏まえて地方分権推進計画を閣議決定し、1999年７月、475本の関係法を一括改正する地方分権一括法を成立させるに至った。

この地方分権一括法で定められた改革の内容を、一般に第１次地方分権改革という。その内容のうち、もっとも重要なものとは、機関委任事務の廃止である。機関委任事務とは、自治体の首長を国の下部機関と見なして執行させる事務のことで、全国一律に同じ水準での実施を求めるとともに、地方議会の関与を著しく制限するものであった。この第１次の改革によって、機関委任事務が廃止され、代わりに、「国が本来果たすべき役割に係るものであって、国においてその適正な処理を特に確保する」(地方自治法２条９項）必要がある事務が、新たに法定受託事務として設定された。この法定受託事務も、そして自治体が処理する事務のうち法定受託事務に含まれない自治事務も、いずれも自治体の事務として自治体が条例制定することが可能になった。自治体が新たに自治事務を創出したり、法令の範囲内であれば、自治事務として提供する住民サービスの基準も決定できたから、自治体の政策選択の幅は大きく広がることになった。

2001年に発足した小泉純一郎政権の下では、財政面における分権改革が行われた。国・地方を問わず財政難に見舞われた状況において歳出削減を志向した小泉は、2004年度から2006年度にかけて、①国の国庫補助負担金（国庫支出金の一部）を約4.7兆円削減し、②地方交付税を約5.1兆円削減し、③それまで国税として集めていた約３兆円分の税源を自治体に移譲する改革を行った。３つの措置を一度に行ったことから、これを三位一体の改革と呼ぶ。

この三位一体の改革は、歳入確保に向けた自助努力を自治体に促すものであったといえる。なぜならば、自治体運営の経費を賄えない分を国が補填するための地方交付税が減額されたことで、充分な税収を得られない自治体にとって大きな打撃をもたらすことになったからである。さらに、使途が限定されている国庫補助負担金がカットされ税源移譲が行われたことで、一方で自治体の歳出の自由度は高まったものの、他方で自治体に入る歳入総額は減ることになったため、多くの自治体は行政経費の削減と歳入確保の手立ての双方を考える必要に迫られた。

地方分権の流れは、2000年代後半以降も現在に至るまで続いている。自民党政権時代の2006年12月に地方分権改革推進法が制定され、翌2007年４月に設置された地方分権改革推進委員会では、国から自治体へのさらなる権限移譲や国による自治体への義務づけ・枠づけの見直しが検討された。2009年９月に発足した民主党政権では、地域主権戦略会議が設置され、国と地方（自治体）の協議の場が法制化された。2012年12月の自民党の政権復帰後も、新設された地方分権改革有識者会議において地方分権に向けた改革の検討が継続された。2014年からは、自治体への事務・権限の移譲、規制緩和について、自治体側からの提案を受け付ける提案募集方式も導入され、2020年時点で、10次にわたる地方分権一括法が制定されている。この、2006年以降現在に至るまで進展してきた分権改革を、第２次地方分権改革と呼ぶ。この第２次の改革では、総じて国による自治体への義務づけ・枠づけの見直しが行われたほか、都道府県から市区町村への権限移譲が積極的に進められた。

このように、わが国では、1990年代以降四半世紀以上にわたって、地方分権化が進展してきた。この改革は、自治体独自の判断によって遂行できる政策の幅を大きく広げるものであったものの、他方で自治体の政策決定に対する自己責任をより明確化するものでもあった。すなわち、住民に対するサービスを自治体が自らの判断で執行する意味合いが強まり、また歳入・歳出についても以前ほど国に頼れる状態ではなくなったことで、自治体はより巧みな行財政運営を行う必要に迫られたのである。当然、成功する自治体も出てくれば、そうではない自治体も出てきているし、そもそも都市部なのか農村部なのか、あるいは高所得者層が多いのかそうでないのかなど、各自治体の置かれた状況によって、行政サービスにばらつきが出るようになった。今日では、地方分権改革が行われる以前とは違い、自治体ごとに政策の幅や内容も充実の程度も大きく異なる状況になったのである。

注

1）1947年４月に初めての統一地方選挙が行われて以来、現在まで４年に１回、統一地方選挙が執行されてきた。統一地方選挙とは、各都道府県の知事や議会議員、さらには各市区町村長や同議会議員の選挙について、全国的に同一のタイミングで行うものである。だが、知事や市区町村長の任期途中における辞任や死亡、議会の解散や市町村合併等により、統一地方選挙の時期に選挙を行う地方選挙の割合は、2019年には27.27％にまで下がった。なお、東京都の特別区区長については、1947年に公選制が導入されたものの、それから間もない1952年にいったん廃止された。だが、特別区から自治権拡充の声があがり、

1975年に区長公選制が再導入されている。

2）　たとえば、橋下徹や松井一郎ら、大阪維新の会公認で当選した首長は、議会の多数派を占める反維新陣営の行った議決に対して、再議権の行使によって対抗し、これらの議決を不成立にするという行為を行ってきた。辻陽「『大阪維新の会』と議会運営―分割政府比較の観点から」『近畿大学法学』66巻3・4号（2019年）参照。

3）　副知事や副市区町村長の選任同意については、専決処分の対象とすることができない。

4）　詳しくは、辻陽『日本の地方議会―都市のジレンマ、消滅危機の町村』（中公新書、2019年）第1章参照。

5）　全国市議会議長会『令和元年度市議会の活動に関する実態調査結果（平成30年1月1日～12月31日）』38頁。

6）　55年体制については、本書序章および第1章を参照されたい。

7）　この点については、前田幸男「連合政権構想と知事選挙」国家学会雑誌108巻11・12号（1995年）1329～1390頁に詳しい記述がある。

8）　西尾勝「過疎と過密の政治行政」『年報政治学』28巻（1977年）、245～246頁。

9）　この経緯については4節で後述する。

10）　本書第1章、的場敏博「第3章　ポスト『55年体制』の展開」同『戦後日本政党政治史論』（ミネルヴァ書房、2012年）30～42頁、および、待鳥聡史「補論　2009年総選挙と政党政治」同書、216～219頁参照。

11）　なお本章では、図表も含め、各政党の本部による公認・推薦・支持があったかどうかを、分析上の変数として取り扱い、各政党の地方支部による推薦や支持、支援の有無については操作化していないことを断っておく。

12）　本節の詳しい内容については、辻陽『戦後日本地方政治史論―二元代表制の立体的分析』（木鐸社、2015年）第2章および第3章参照。政界再編期には、地方議員と国会議員とのつながりも希薄化している。すなわち、55年体制においては、国政選挙で地方議員が支持者を動員して国会議員候補を支援する一方、地方議員自らの選挙において国会議員の支援を取り付けるとともに地方議員としての要望を当該国会議員に伝えるという、国会議員と地方議員との「系列」関係が重要であったものの、政界再編期になると、この紐帯が非常に弱くなり、国会議員の政党移動に呼応しない地方議員が増えた。

13）　ただし、当選には、有効投票総数の4分の1以上の得票が必要である（公職選挙法95条）。

14）　1956年の地方自治法改正により設けられた市の区分のこと。同法252条の19以下に定められており、人口50万人以上の市のうち政令で定められた市がこれに含まれる。政令市は、都道府県に代わって都市計画の決定を行ったり、児童相談所を設置できるなど、他の市に比べて幅広い権限を有する。横浜・名古屋・京都・大阪・神戸の5市が最初に政令市となり、その後順次指定される市が増え、2020年4月現在、20市を数える。

15）　本章で述べるところの大選挙区制とは、1つの選挙区から概ね8から10名以上の当選者を出す選挙制度を指し、中選挙区制とは、1つの選挙区から2名から7ないし9名以下の議員を選出する選挙制度を意味する。なお、2019年現在、地方議会議員の最少定数は5である（沖縄県北大東村および和歌山県北山村）。

16）　ただ1人の候補者にのみ投票できる選挙制度のことを、単記制と呼ぶ。

17）　大阪維新の会所属議員は「諸派」に含まれる。

18）　政党に所属する特別区議会議員のうちもっとも多いのは自民党であり（284人）、以下公明党（177人）、共産党（119人）が続く。

19）　市議会議員のうち政党に所属する議員は、多い順に公明党（2115人）、自民党（1786人）、共産党（1650人）などとなっている。

20）　政党に所属する町村議会議員のうちもっとも多いのは共産党（734人）であり、以下公明党（417人）、自民党（110人）がこれに続く。

21）　以上につき、総務省ホームページ「地方公共団体の議会の議員及び長の所属党派別人員調等」（http://www.soumu.go.jp/main_content/000678899.pdf, last visited 11 August 2020）参照。

22）　この点を批判的に論じているのが砂原庸介『民主主義の条件』（東洋経済新報社、2015年）である。砂原は、地方における政党化を阻害する要因が地方議員の選挙制度にあると指弾し、地方選挙への比例代表制の導入を提唱している。もっとも、東京都の特別区の区議会議員選挙も大選挙区制となっているが（大田区や世田谷区、練馬区の議員定数は50名である）、特別区の議会における無所属議員の数は比較的少なく、選挙制度の変更によって政党に所属しない議員を減らすことはそう簡単なことではないと思われる。

23）　東京都ホームページ「東京都の財政」（https://www.zaimu.metro.tokyo.lg.jp/syukei1/zaisei/0204tozaisei.pdf, last visited 12 August 2020）参照。

24）　外形標準課税とは、企業等の所得ではなく、売上高や従業員数など外形的な要素をもとに課税額を決める制度のことを指す。

25）　読売新聞2008年３月25日付朝刊。

26）　詳しくは、辻・前掲書（注12）300～304頁参照。

27）　読売新聞2016年８月１日付朝刊。

28）　この点は、大阪市会において、自民・民主系と三派連合を組んでいた公明党が大阪維新の会との連合に乗り換えた展開と、パラレルに捉えることができる。辻・前掲論文（注２）参照。

29）　なお、本節の記載にあたっては、（地方版も含めた）『読売新聞』『毎日新聞』『朝日新聞』を参照した。

30）　NHK スペシャル取材班『地方議員は必要か―３万２千人の大アンケート』（文春新書、2020年）166頁。

31）　執政制度とは、行政部門の活動を統括する首相や大統領、首長といった執政長官をどのように選出し、立法部門である議会や有権者とどのような関係に置くかを定めたルールを指す。建林正彦・曽我謙悟・待鳥聡史『比較政治制度論』（有斐閣アルマ、2008年）104頁。

32）　マルチレベルの政党政治に注目した文献の例として、建林正彦『政党政治の制度分析―マルチレベルの政治競争における政党組織』（千倉書房、2017年）や砂原庸介『分裂と統合の日本政治―統治機構改革と政党システムの変容』（千倉書房、2017年）を挙げておく。本節の議論もこの２冊に依拠している。

33）　非拘束名簿方式は2001年の参議院議員選挙から採用された。

34）　この点については、辻陽「国と自治体の役割分担はどのようなものか―国自治体間関係」木寺元編著『政治学入門〔第２版〕』（弘文堂、2020年）参照。

【辻　陽】

第11章　政治と情報

1　はじめに

本章は、情報と政治との関係について考察することを目的とする。以下では、まず政治と情報との関係がどのようなものであるかについて概観したうえで、情報伝達の担い手であるマスメディアが政治に及ぼす影響について主に説明する。次に、メディアのなかでもインターネットに注目し、インターネットと政治に関する先行研究を検討する。最後に、日本におけるインターネットと政治との関係について考察する。

2　情報と政治との関係

情報の概念

「情報化」や「情報社会」などの「情報（information）」という語を含む言葉の多くは、今や日常的にも使われるようになっている。だが実際には、「情報」自体の定義づけは容易ではない。その語がどのような文脈で用いられるかによって、意味も変わってくる。ここでは情報を、「（それを）受け取る人に何らかの影響を与える意味の集合」と広く定義したうえで、説明を進める。注意せねばならないのは、情報と「データ」は異なった意味で用いられる場合があることである。一般的にデータとは、単に事象を記述したものと見なされる。それに対して情報とは、それを受け取った人の考えに影響を及ぼしたり、何らかの行動を促したりするという点で、価値があると見なされる意味内容の集まりである。

情報と権力

情報と権力、あるいは情報と政治が結びついていることは、早くから指摘されていた。たとえば、官僚制論でも有名なドイツのM・ウェーバーは、専門的な事柄に関する情報と職務を遂行するうえで獲得した情報は、官僚の権力の源泉になっていると指摘した[1)]。官僚はこのような情報を、できる限り秘密にしておこうとする傾向をもつ。官僚制が外部からの監督を免れることが容易になるからである。このことは、官僚組織が議会よりも相対的に強い権力をもつことにもつながる。議会が官僚組織をコントロールすることが困難となるのがその理由である。

民主政治と情報

情報が権力と結びついているならば、権力の集中による独裁を防止するためには、より多くの人々が情報をもつべきだ、という考え方も生まれてくる。アメリカの第3代大統領トーマス・ジェファーソンは、「情報は民主主義の通貨である」と述べたといわれる（そうではないとの説もある）。民主政治とは、直接的もしくは間接的に多数の人々が、立法行動を中心とする政治活動を行うことである。直接民主制では、多くの人々が何らかの決定を行うときには、判断材料となる情報が与えられている必要がある。間接民主制では、通常は多数の人々が選挙によって自分たちの代表を選ぶことになる。その候補となる人たちがどのような考え方をもっているか、あるいは自分たちのために何をしてくれそうなのかを知っておく必要がある。このような情報がなければ、投票者が適切な判断をすることは難しくなるだろう。A・ダウンズは、政治に関わる情報を人々が獲得しようとする理由として、どのように投票するかを決めるのに役立てることを挙げている[2)]。

さらに代表が選ばれた後でも、その代表がどのようなことを行ったのかを、選んだ人々――すなわち有権者――は知る必要がある。それを知ることで、有権者は自分たちの代表を評価し、場合によれば制裁を加える（たとえば、投票によって議員を落選させる等）こともできる。このような形で有権者が代表をコントロールできることを「答責性（accountability）」という[3)]。答責性の確保のためには有権者が情報を有することが欠かせないが、議員や政府と比較すれば、有権者が持つ情報は一般的にはかなり少ない。この情報の格差を是正するための制度の１つが情報公開制度である。日本では1999年に「行政機関の保有する情報の公開に関する法律」（情報公開法）が制定され、2001年に施行されている。

もっとも、情報公開についての制度が整備されていたとしても、情報が提供できる形で存在していなければ、国民や住民は望む情報に接することはできない。日本では、政府に対して情報の保存と管理を義務づけるためのルールとして、2011年から「公文書等の管理に関する法律」（「公文書管理法」）が施行（制定は2009年）されている。情報公開制度と公文書管理制度は、「車の両輪」であるともいわれる[4)]。

3　マスメディアと政治

政治に関わる情報は、情報公開制度のような政府・自治体による公的な制度を通じてのみ有権者に提供されるわけではない。多くの人々は、新聞やテレビなどのマスメディアを通じても政治や政府の行動に関する情報を受け取っている。本節では、マスメディアと政治との関係について説明する。

マスメディアの影響力についての理論

マスメディアと政治との関係についての研究は、20世紀初め頃に「マスメディアが政治に及ぼす影響」について考察することから始まった。当初は、マスメディアによる報道は、それに接した人にきわめて強い影響を与えて、考え方や態度を変化させる効果を及ぼすと考えられていた。これは、「即効薬理論」あるいは「皮下注射モデル」と呼ばれる。だが、これらの見方は、実証的な研究の結果にもとづいてではなく、マスメディアに対するイメージから提示されたものであった[5)]。

メディア研究において洗練された調査やデータ分析の方法が用いられるようになるのは、1940年代頃からである。そのような科学的なアプローチによる研究の成果として、マスメディアは実はさほど大きな影響力を及ぼしていないとする、いわゆる限定効果論が注目され始める。その代表的な研究は、P・F・ラザースフェルドらによるものである。ラザースフェルドらは1940年のアメリカ大統領選挙に関して、オハイオ州エリー郡で世論調査（「エリー調査」として有名）を実施した。結果として示されたのは、新聞やラジオなどのメディアの影響を受けて投票意思を変えた有権者はきわめて少なかったということである。しかも、選挙に関するメディアからの情報に高い頻度で接した有権者の多くは、あらかじめ決まった投票意思をもっており、そのうえで自分がもともと支持している政党の情報にアクセスするという傾向が見出された。つまり、マスメディアが及ぼす効果は、有権者の考え方を変えるというよりも、最初からもっている考え方をさらに補強するというものだったのである。それとともに、多くの人々は選挙に関する情報をマスメディアからではなく、熱心に情報を獲得するオピニオン・リーダーと呼ばれる人から得ていたことも明らかになった。マスメディアからの情報がオピニオン・リーダーを介して人々に伝達されるということで、これは「コミュニケーションの２段階の流れ」として知られている[6]。

1970年代に入ってからは、メディアの影響力の強さを再評価する研究が登場してきた。その代表的なものとして、M・E・マコームズらによるマスメディアの課題設定効果についての研究がある[7]。課題設定効果とは、メディアが特定の問題を強調することによって、メディアと接触した人がその問題を重要であると考えるようになる効果である。マコームズらは1968年の米大統領選挙の際に調査を行って、メディアが重点的に取り上げた争点と、有権者が重要と考える争点との関係に強い関係があることを見出した。

日本のマスメディアを対象として、その課題設定効果の大きさを明らかにしようとした研究に荒井紀一郎によるものがある[8]。そこでは、新聞の記事内容と「自分が重要と考えるもの」との関連を問う世論調査の質問を利用することによって、新聞の購読が重要な問題の認知に影響を及ぼしたかどうかが検証されている。結果は、新聞が議題設定効果を及ぼしていることに対して、肯定的なものであった。加えて、問題が何にとって重要と考えるか（自分にとってか、それとも日本にとってか）については、購読する新聞の種類によって違いがあることが示された。分析で用いられたデータは、2011年から2012年の世論調査の結果である。すでにインターネットなどの「新しい」メディアが普及していた時期において、新聞という「伝統的な」メディアが一定の影響を及ぼしているとの結果が示されたことは興味深い[9]。

政治「プレーヤー」としてのマスメディア

マスメディアは必ずしも中立的な立場で情報をありのままに伝えているのではなく、独自の基準をもって情報を伝えようとする傾向があるといわれる。たとえば、大手新聞社はそれぞれ現行憲法についての見解を明らかにしている。紙面の見出しや記事内容は、それらの見解が反映されたものとなる。このことは、マスメディア自体が有力な「政治のプレーヤー」となりうる可能性があることを意味する[10)]。

日本を例として、マスメディアの影響力を実証的に明らかにしようとした比較的早い時期の研究として蒲島郁夫によるものがある[11)]。設定された問いは、日本の社会で影響力をもつ集団は何なのか、というものであった。これを明らかにするためにとられたのは、日本の政治において影響力をもつと思われるエリートに、他のエリートの影響力についての評価をたずねるという方法である。調査対象となるエリートとしては、議員、官僚、経済界のリーダー、労働組合などの有力団体等が選ばれている。示されたのは、マスコミ・リーダー以外のすべての集団リーダーが、日本の社会ではマスメディアが最も影響力をもつ集団であると考えている、という結果であった[12)]。

もっとも、このことは、マスメディア自体が政策決定に直接参加して影響力を行使しているということを必ずしも意味するわけではない。具体的な政策内容の決定については、与党政治家や官僚、財界リーダーの間での交渉や駆け引きなどが大きな影響を及ぼす。蒲島が指摘する影響力とは、マスメディアによって形成された世論の動向を政策決定者が意識せざるをえない、という意味においてのものである。

政治からマスメディアへの影響

マスメディアが政治に対して何らかの影響を及ぼしているとの見方は、一般的になっている。逢坂巌はテレビについて、無党派層に特に強い影響を与えるために、その投票行動が選挙結果をも左右するような状況では「政治家の生殺与奪の権を握る」こともあると述べている[13)]。

ただし、政治の側も、マスメディアをうまく利用し、それに影響を及ぼしつつある。政治によるメディア利用が「成功」した例として特に注目されたのは、

2005年９月11日に実施された衆議院選挙であった。当時の小泉純一郎首相が率いる自民党は、296議席を獲得して大勝利を収めた。自民党の勝因については、野党の戦術の失敗や小選挙区制の効果などの様々な要因が挙げられるだろうが、その１つとして、自民党によるメディア戦略がきわめて有効だったことが指摘されている[14]。自民党が初めて「コミュニケーション戦略チーム」を設置したのは、2005年の同選挙の時であった。テレビ出演した党関係者が有権者に伝えるメッセージの内容から、候補者の服装や挙動に至るまで、この戦略チームはメディア対策についてのすべてを取り仕切った。自民党の圧勝には、それらの対策が大きく貢献したと言われている[15]。

2005年衆院選では、テレビは政治を報道して世論に影響を及ぼすという立場から、逆に政治に操られる側に回ったと、メディア研究者であり仏文学者である石田英敬は指摘する[16]。もっとも石田はその時点で、マスメディアと政治（権力）との関係は「誘惑」の関係にあるとも述べていた。すなわち、政治の側は、魅力的な話題を提供してメディアを惹きつけようとする。メディアの側もそれを受け入れて、視聴者の興味を引くように増幅もしくは脚色したうえで発信を行うのである。

これに対し、社会学者の西田亮介は、メディアと政治との関係は、それまでの「慣れ親しみの時代」から、2010年代以降に相互に直接的な影響力を行使しようとする「対立・コントロールの時代」へと移行していったと指摘する。たとえば自民党は、自党議員のテレビ番組への出演取り止めや、報道の在り方についてのテレビ局からの事情聴取、またネット配信を用いることによる既存のメディアを通さない形での直接的な国民への語りかけなどによって、メディアへの影響力を強めようと試みている[17]。

4　インターネットと政治

インターネットは、多くの人々にとって日常的な通信手段の１つとなっている。総務省による令和元年の通信利用動向調査によれば、日本における2018年のインターネット利用率（個人）は89.8％となっている。13歳から59歳までの世代では、90％を超えている。インターネットの急速な普及は、政治に対して小さからぬ影響を及ぼす可能性があるだろう。さらにインターネットは、新聞やテレビといった「伝統的な」メディアと政治との間の関係についても、何らかの変化を生じさせると考えられる。[18]

本節では、政治家・政党とインターネットとの関わりについて、そしてインターネットと選挙との関わりについて、それぞれ説明する。

政治家によるインターネット利用

政治家が自らのウェブサイトを開設するようになったのは、1990年代後半からのことである。東大蒲島＝谷口研・朝日政治家調査によれば、2003年夏頃の時点で約90％の衆議院議員がウェブサイトを有しており、そのうちの約60％が週１回の頻度で内容を更新していた。[19]

インターネットの利用は、地方議員にも広まっている。著者らが大阪府議会議員および大阪府下における33市の市議会議員を対象として、2019年１月から２月にかけて実施したアンケート調査（関西大学・岡本研究室＝石橋研究室調査。回答者数は405名、回収率は45.5％）では、ウェブサイトを政治活動に利用していると回答した議員の割合は72.8％、Twitterでは38.3％、Facebookでは78.7％、Instagramでは21.8％、そしてLINEでは60.9％であった。ツールごとに差が見られるものの、全体的にはインターネットの利用が一般的なものとなっていることが見てとれる。また、議員としての政治活動において、インターネットがどれぐらい必要かについて問うた質問では、「とても必要である」との回答割合が54.3％、「まあ必要である」との回答割合が34.8％という結果が示された。大阪では９割近い地方議員が、インターネットの必要性を認めていることになる。

ただし、町村議会議員も含めて全国的に見るならば、様相はやや変わってくる。NHKは全国の地方議員32450人を対象として、2019年にアンケート調査を実施した（有効回答者は19325名、有効回答率は59.6％）。実施時期は2019年１月から３月にかけてであり、大阪の地方議員を対象とする上記の調査時期と重なる。[20]質問項目には、インターネットの利用に関わるものが含まれている。そこにおいて、自分の政治活動を有権者に知ってもらうために、インターネット・SNSの情報発信を「頻繁に実施」していると回答した割合は14％、「ある程度実施」

は21%にとどまった。44%は「全く実施せず」と回答している。全国的には、インターネットの利用はさほど広まっているとは言えない結果である。

選挙運動との関連についてはどうか。上記のNHKの調査において、選挙運動の際にホームページ・SNSでの情報発信を「とても重視」していると回答した割合は11%、「ある程度重視」が29%となっている。「全く重視せず」の割合は、24%である。質問文では「政治活動」と「選挙運動」との違いは明確にはされていないものの、広い意味での政治活動においてよりも、選挙運動においてインターネットを重要と認識している地方議員が多いという傾向が見られる。

日本では、国会議員によるインターネット利用についての調査・研究と比較して、地方議員についての調査・研究はこれまであまり行われてこなかった。今後の研究によって、上で示されたような状況がどう変化していくかを検証していく必要がある。

政党によるネット戦略

2000年代中頃から、主要政党はインターネットを主要なメディアの1つと認識して、利用についての取り組みを始めてきた。たとえば自民党は「郵政選挙」と言われた2005年衆院選の直前に、複数のブロガーを招いた意見交換会を開催している[21)]。

その後に起こった「中国漁船尖閣衝突映像流出事件」は、インターネットに対する政党・政治家の認識に少なからぬ影響を与えた。2010年11月に、尖閣諸島で中国漁船が海上保安庁の巡視船に衝突したことを捉えた動画がYouTubeに流出した。このことをテレビ局がニュース番組で取り上げ、それによって動画の再生回数が飛躍的に増加し、さらに、そのことがまたテレビ番組での取扱を大きくさせるという相乗効果が生じることとなった。「情報参謀」役として自民党による情報分析活動に携わった小口日出彦は、政治家がインターネットをより重視するようになったのは、この事件以降のことと指摘する。すなわち、テレビだけでなくネットの情報も見逃さないこと、そしてテレビとネットとの相乗効果を絶えず意識することについて、政治家の理解が急速に深まったのである[22)]。

「ネット選挙解禁」(「ネット選挙解禁」については後に触れる)後の初の国政選

挙となった2013年参院選に臨むにあたって、自民党は党内に「トゥルースチーム（T2）」を設置した。トゥルースチームの目的は、選挙関連の情報を収集・分析し、その結果を各候補者の陣営に伝えることにある。各陣営はそれを受けて、選挙運動を進めていく。業務には、広告代理店やIT企業が協力していた。自民党以外の主要政党でも、インターネットを用いた広報戦略は組織的に進められるようになってきている[23)]。

2016年には選挙権が18歳に引き下げられた。若年層では、インターネットの利用度合いは高い。NHKが2018年に実施した調査では、20代以下では、LINEやTwitterといったSNSの日常的な利用は、テレビの利用を上回っていた。また、関心のないことに気づいたり多様な意見を知ったりする点において、20代以下はSNSとテレビを同程度に評価していた[24)]。各政党も、若者向けのPR動画をインターネットで提供するなどして、若年層へのアピールを図っている。そのための手法や提供されるコンテンツの変化は、インターネットの世界では速い。現時点で、各政党がどのような取り組みを行っているかについては、読者自らが確かめてほしい。

インターネットが政治に及ぼす影響

政党や政治家によるインターネットでの情報発信は今後も活発になり、その手法もますます洗練されたものになっていく可能性が高い。それとともに、従来の政治エリートではない組織や人々が、インターネットを通じて政治についての意見・主張を発信することも多くなっている。あらゆるところから大量に発信される政治についての情報に、一般の人たちはどのように接触しているのか、また、情報との接触は政治についての考え方にどのような影響を及ぼすのだろうか。

メディアとしてのインターネットがもつ１つの特質として、能動性が挙げられる。テレビやラジオとは異なり、インターネットで情報を得るためには、能動的な情報の探索が受け手の側に求められる。これによって、情報の受け手は自分の考えに近い情報に接触する機会が多くなる。たとえば、現政権を支持する人は、政府に対して好意的な論調を発信するメディアとの接触が多くなる。このことを「選択的接触」という。

加えて、インターネット系企業は個人のネット利用の履歴についてのデータを収集・分析し、それにもとづいて個々人に応じた（パーソナライズされた）内容が提供されるように情報をコントロールするようになっている。たとえば、検索サイトで同じ言葉を検索したとしても、どのサイトが上位に表示されるかは人により異なる。

このように、インターネット利用は、自分が接触する情報の範囲を狭める可能性がある。このことを、「フィルター・バブル」と呼ぶ。検索サイト等による情報の選別化（フィルタリング）によって、一人ひとりが泡（バブル）に包まれて自分だけの情報世界しか見えなくなってしまうということが、こう呼ばれる理由である[25)]。

フィルター・バブルは、人々の考え方にどのような影響を及ぼすのか。自分の考えに近い政治的意見との接触を繰り返すこと（同時に、自分の考えとは異なる考えとは接触しなくなること）は、すでに自分がもっていた考えや主張を、より強める効果を及ぼす。結果として、人々の政治的な考え方は、極端なものとなっていく。日本における「ネット右翼」は、政治や社会問題についての情報を得るときには、テレビよりもインターネットを利用する傾向があることを示した調査結果もある[26)]。発せられた音が自分に返ってくるように設計された音楽録音用の部屋の名前をとって、この効果を「エコー・チェンバー（残響室）」効果という。エコー・チェンバー効果は、社会の分極化（polarization）をもたらす危険性がある。社会の意見が分断されて、穏健な合意形成の余地がきわめて狭められてしまうといった事態も生じかねない。外国の例では、SNSの利用と分極化との関連が示された研究結果もある[27)]。

日本ではどうなのか。田中辰雄と浜屋敏は数万人規模で行われたアンケート調査結果の分析から、「ネットは社会を分断しない」と主張する。日本では、分極化の傾向は全く見出せないというわけではない。だが、分極化はインターネットをよく利用する若者層で生じているのではなく、ネットをあまり使わない中高年層で生じている。選択的接触についても、インターネットでの発生は限定的であり、むしろ新聞やテレビなどのマスメディアにおいて生じやすいとの結果が示されている[28)]。

もっとも、これらの結果によって、インターネットが分極化をもたらす可能性については全く危惧する必要がない、とまでは言い切れない。社会学者の辻大介は、日本を対象に、インターネットの利用が排外主義的な考えとどう関係しているかについての検証を行った。そこで示されたのは、ネット利用は排外主義的な考えを強化する傾向があるとの結果であった[29)]。分極化の進行を含めて、インターネットが及ぼす影響については中長期的に観察を行っていく必要がある。

5 インターネットと選挙

日本での「ネット選挙」解禁

本節では、日本の選挙とインターネットとの関わりについて説明する。

「ネット選挙」という語は、今では一般的に用いられる言葉となった。2013年の新語・流行語大賞の候補にもなっている。大きく言って、「ネット選挙」には次の2つの意味がある。第1は、インターネットを選挙運動の手段として用いる選挙を指すものである。そして第2は、インターネットを投票の手段として用いる選挙という意味である。後者の例として、エストニアがある。同国は2015年の地方選挙から、インターネットを投票手段として全国的に用いている[30)]。だが、セキュリティ等の問題によって、本格的にインターネット投票（エストニアでは、「i投票」と呼ばれる）を導入している国は、2020年時点ではまだほとんどない。

日本における2013年の「ネット選挙解禁」とは、2013年4月19日の公職選挙法改正法案の成立によって第1の意味でのネット選挙が可能になったこと、すなわちインターネットを選挙運動の手段として用いることができるようになったことを指す。それ以前は、ウェブサイトや電子メールなどは公職選挙法142条および143条における「文書図画」と見なされており、選挙運動への利用はできないと解釈されていた。先進諸国のなかでは、選挙運動におけるインターネット利用をこれほど厳しく制限している例はほとんどなかった。インターネットの選挙利用がなかなか進まなかった理由は、主として政治的なものである。与党自民党は、従来の支持者層がインターネット利用者層とあまり重ならないこともあって、ネット選挙解禁には慎重な態度を示していた。だが、自民党も2000年代半ば頃から、その態度をより積極的なものへと変え始める。2005年衆院選において、無党派層の支持を得て多数の議席を獲得したことを、方針転換の理由とする見方もある。[31]

もっとも、「解禁」と言っても、政党・候補者・有権者による選挙運動目的のインターネット利用が、どのようなものでも認められるようになったわけではない。たしかに、ウェブサイト、Twitter、Facebook、LINE などについては、政党や候補者がほぼ自由に利用できるようになっている。その一方で、電子メールについては、政党・候補者以外の有権者が送信することは禁止されている。送信先についても、制限が課せられている（2020年8月現在）。[32] 時代に応じた選挙運動ルールを作りあげていく過程で、このような制限をどう扱うかは有権者にとっても重要な問題である。

候補者によるネット利用

日本の選挙における候補者は、どのようにインターネットを利用してきたのか。上において、2013年まではインターネットを選挙運動に利用できなかったと説明した。だが実は、ネット選挙解禁以前から、少なからぬ割合の候補者がウェブサイトを開設していたのである。理由は、「選挙運動」と「政治活動」との線引きが明確ではなかったためである。選挙期間中にウェブサイトで投票を呼びかけることは、選挙運動と見なされるためにできなかった。その一方で、候補者が政策についての考えを掲載することは政治活動と見なされるため、解禁前でも可能だった。インターネット利用がグレーゾーンにあることを利用して、多くの候補者は政治活動の一環としてウェブサイトを開設し、それを選挙期間中でもアクセスできる状態に置いていたのである（ただし、選挙期間中にウェブサイトを新たに開設したり、内容を更新したりすることはできないと解釈されていた）。筆者による調査では、2000年衆院選の時点で、候補者の28.4%が選挙期間中でもウェブサイトを公開していた。

図表11―1は、ウェブサイト、Twitter、Facebook について、国政選挙の候補者がそれぞれを利用している割合を示したものである。対象とした選挙は、選挙解禁直前の国政選挙となった2012年衆院選から、2019年参院選までの各選挙である。解禁前の2012年衆院選と比較して、ネット選挙が解禁された2013年

図表11―1　候補者によるインターネット利用率（%）

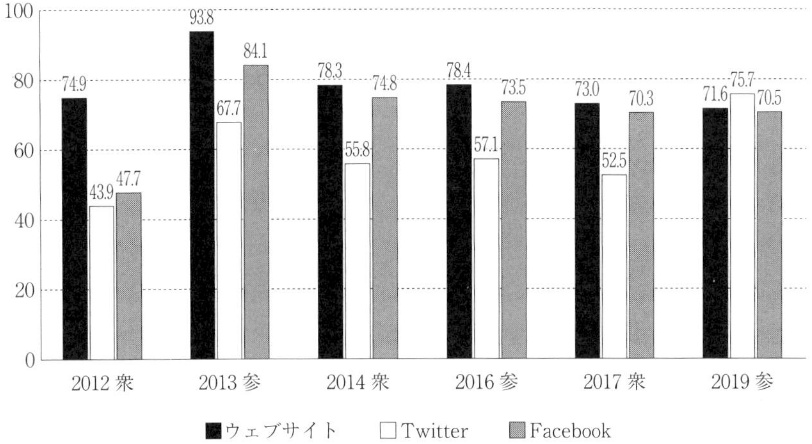

出所：筆者作成。

参院選では利用率は大きく伸びている。ネット選挙解禁の効果とも考えられる。ただし、その後の利用率はさほど伸びていないことがわかる。インターネットの集票効果が期待ほどではなかったと考える候補者が存在した可能性もあるが、確かめることはできない。それでも、ネット選挙解禁後は、全体的に見て70%ほどの候補者がインターネットを利用している。ここでは紙幅の関係で政党ごとの利用率は示さないが、主要政党で特に利用割合は高い。選挙プランナーの松田馨は、現代の日本においては、「ネット上での発信をしない政治家は、一部の有権者からすれば『存在しない』のと同じこと」と述べている[33)]。

なお、2020年の新型コロナウイルスの感染拡大は、選挙運動のあり方にも影響を及ぼした。コロナ禍で実施された選挙では、人と人との接触や密集を避けて感染拡大を防止するために、従来のような街頭演説や有権者との握手などを控えた候補者も多く見られた。このような状況が、候補者によるインターネットを用いた情報発信行動をより活発化させるかどうかについては、今後も注視していく必要がある。

「通常化」と「平準化」

インターネットが政党や政治家、候補者といった政治アクターに及ぼす影響については、「平準化仮説（equalization hypothesis）」と、「通常化仮説（normalization hypothesis）」の２つの見方が提示されている。平準化仮説とは、大政党よりも中小政党、あるいは現職候補よりも新人候補のほうが積極的にインターネットを活用する傾向がある、との予想である。一方、通常化仮説とは、現実の政治の様態がインターネット空間上にも反映されてきているとの予想である。

平準化仮説と通常化仮説のどちらが正しいかを検証することは、インターネットと政治に関わる研究での最重要課題の１つとしての位置を占めてきた。様々なデータを用いた検証の試みは、各国の研究者によって早い時期から行われている。それらの多くは、選挙の候補者や議員、そして政党によるウェブサイトに焦点をあわせて、サイトの有無やその内容についての分析を試みたものである。日本について、筆者は国政選挙における候補者によるウェブサイトの内容に注目して、平準化と通常化の進行状況を明らかにしようと試みた。候補者の地位については、前（現）職によるウェブサイトの充実度が、それ以外の候補のそれよりも高くなるという一貫した傾向が見出されている。日本における通常化の進行を示す結果である[34)]。

外国についての研究でも、通常化仮説を支持する分析結果がこれまでは比較的多く示されてきた。だが、近年では Twitter や Facebook などの SNS を分析対象とする研究も増えつつあり、そこでは平準化の傾向が各国で生じつつあるとの結果も示されるようになってきている。日本における平準化の傾向を示した研究として、ネット選挙解禁後初の選挙となった2013年参院選における候補者の Twitter 利用を分析した上ノ原秀晃によるものがある。そこでは、小政党の候補者ほど Twitter 利用に積極的であったことが示されている[35)]。また、2017年衆院選を対象とした上ノ原の研究では、投稿数で見れば、立憲民主党候補と共産党候補の方が自民党候補よりも積極的に Twitter を利用していたという結果が示されている。これも平準化を支持する結果である。もっとも、Twitter 利用の有無に焦点を合わせれば、新人候補と比べて、前職・元職候補の方が積極的に Twitter を利用していたという傾向も見出されている[36)]。

通常化と平準化のどちらが日本でより進行しているかについては、明確な結果は出ていない。どの選挙を対象とするのか、どんなツール（ウェブサイトや SNS など）に注目するのか、またインターネット利用の積極性をどのように測

✐コラム　フェイクニュース

インターネットが社会に及ぼす負の影響の１つが、フェイクニュースの蔓延である。フェイクニュースとは、一言で言えば事実とは異なる情報を意味する（より最近では、自分が気に入らない発言を「フェイクニュース」と呼ぶような使い方もあるようだ。）。それは、不注意で流通してしまった「誤情報（misinformation）」と、意図的に人々を欺くために流通させられた「偽情報（disinformation）」の２つに大きく分けられる。

誤情報があってはならないことは言うまでもない。時には、それが社会的に大きな問題を引き起こすこともある。だが、特に大きな問題となるのは偽情報の方である。選挙における候補の信用を失墜させたり、特定の社会集団を攻撃したりするために、何の根拠もなく作り上げられた情報の発信が行われる。インターネットは、そのような情報が拡散する速度を高める。さらに、本文で言及したフィルター・バブルは、偽情報の受け入れを促進させる可能性がある。

2016年のアメリカ大統領選挙では、民主党のH・クリントン候補を標的とした偽情報の拡散が問題となった（「ピザ・ゲート」といわれる）。日本の選挙では、フェイクニュースが及ぼす影響は大きなものではないとの見方もあるが、決して楽観視はできない（清原聖子編著『フェイクニュースに震撼する民主主義—日米間の国際比較研究』大学教育出版、2019年。）。

フェイクニュースに対抗するための手段の１つが、「ファクトチェック」である。記事を書く際に、政治家等の発言について誤りが無いかどうかを検証するジャーナリズムの手法であるが、フェイクニュースのチェックにも有効である。日本でも、2017年に設立された「ファクトチェック・イニシアティブ」という認定NPO法人が、ファクトチェックの推進と普及についての活動を行っている。

フェイクニュースに騙されないためには、情報の受け手である個人の情報リテラシーを高めることも重要であろう。それだけでなく、情報の発信側にも何らかの法規制を課すべきとの意見がある。言論の自由との関係も考慮しつつ、議論を進める必要がある。

るのかによって、結果も変わってくる可能性がある。また、どのような状況で通常化（あるいは平準化）が生じるのかについては、ほとんど研究は進んでいない。今後の課題である。

注

1） マックス・ウェーバー（石尾芳久訳）『国家社会学—合理的国家と現代の政党および議

会の社会学〔改訂版〕』(法律文化社、1992年)。

2) アンソニー・ダウンズ(古田精司監訳)『民主主義の経済理論』(成文堂、1980年)。

3) Manin, Bernard, Adam Przeworski and Susan C. Stokes (1999) "Introduction," in Adam Przeworski, Susan C. Stokes and Bernard Manin (eds.) *Democracy, Accountability, and Representation*, Cambridge University Press, pp. 1 -26.

4) 政府をめぐって生じた諸問題の検討を通じて、日本における情報公開制度と公文書管理制度の問題点を示した文献として、瀬畑源『国家と記録—政府はなぜ公文書を隠すのか?』(集英社、2019年)を参照のこと。

5) 竹下俊郎「メディアと政治」池田謙一編『政治行動の社会心理学—社会に参加する人間のこころと行動』(北大路書房、2001年)27～35頁。

6) ポール・F・ラザースフェルド/バーナード・ベレルソン/ヘーゼル・ゴーデット(有吉広介監訳、時野谷浩ほか訳)『ピープルズ・チョイス—アメリカ人と大統領選挙』(芦書房、1987年)。

7) マックスウェル・マコームズ(竹下俊郎訳)『アジェンダセッティング—マスメディアの議題設定力と世論』(学文社、2018年)。なお、議題設定効果についての研究は、限定効果論に「打ち勝つ」形ではなく、別の入口から「こっそり」と主流になったといわれる。池田謙一・唐沢穣・工藤恵理子・村本由紀子『社会心理学〔補訂版〕』(有斐閣、2019年)、272頁。

8) 荒井紀一郎「民意のベースライン—新聞報道による議題設定効果の測定」日本政治学会編『年報政治学2014-Ⅰ　民意』(木鐸社、2014年)104～122頁。

9) 認知心理学の成果を生かした研究等によって、マスメディアの影響はかなり強いことが示されつつある。その代表的な理論として、フレーミング効果とプライミング効果が挙げられる。フレーミング効果とは、ある問題をマスメディアがどのように報道するかが、それに接触した人の問題の捉え方に影響を及ぼすという理論である。一方、プライミング効果とは、ある問題がメディアで取り上げられるほど、人々が何らかの決定や評価を行う際に、その問題を重視する程度が高くなっていくとする理論である。フレーミング効果およびプライミング効果については、谷口将紀『政治とマスメディア』(東京大学出版会、2015年)第2章などを参照のこと。

10) 芦川洋一・佐々木毅『政治を動かすメディア』(東京大学出版会、2017年)第1章。

11) 蒲島郁夫「マスメディアと政治—もう一つの多元主義」中央公論1986年2月号、110～130頁。また、マスメディアによる報道と地方政府による新しい政策課題の検討との関係に注目して、マスメディアの影響力を検証しようとした研究として、伊藤修一郎「政策波及とアジェンダ設定」レヴァイアサン28号(2001年)8～45頁がある。この研究については、森本哲郎編『現代日本の政治—持続と変化』(法律文化社、2016年)242頁も参照のこと。

12) このような結果に対して朝日新聞出身の石川真澄は、メディア自体がニュースを能動的に作り出しているのではなく、むしろ実際の出来事を受動的に反映していることをデータで示したうえで、日本におけるマスメディアの影響力を過大評価してはならないと論じた。石川真澄「メディア—権力への影響力と権力からの影響力」レヴァイアサン7号(1990年)30～48頁。ただし、これらは新聞を対象とした分析の結果であり、テレビなど他の媒体の影響力については石川自身も留保を行っている。

なお、本文で紹介した蒲島の研究は、1980年に実施された調査の結果にもとづくものであった。読売新聞は衆議院議員を対象とする1996年の調査において、1980年調査とほぼ同じ言い回しで各集団の影響力についての質問を行っている。その結果として、新聞およびテレビの影響力が高く評価されていることが示された。蒲島郁夫ほか『メディアと政治〔改訂版〕』(有斐閣、2010年) 39頁参照。

13) 逢坂巌『日本政治とメディア』(中央公論新社、2014年) 299頁。

14) 藤田博司「『小泉劇場』の片棒担ぐ主体性、批判性欠いた選挙報道」アウラ2005年10月28日号、22～27頁。

15) 当時の自民党の広報戦略に関しては、コミュニケーション戦略チームの中心的メンバーであった世耕弘成参議院議員に対する以下のインタビューを参照のこと。世耕弘成「すべてセオリー通り、です。」論座2005年11月号、59～66頁。

16) 石田英敬「『テレビ国家』のクーデター──政治がスタジオを乗っ取るとき」論座2005年11月号、87～92頁。

17) 西田亮介『メディアと自民党』(KADOKAWA、2015年)。

18) NHK が2018年に実施した調査では、20代以下では、LINE や Twitter といった SNS の日常的な利用は、テレビの利用を上回っていた。また、関心のないことに気づいたり多様な意見を知ったりする点について、20代以下は SNS とテレビを同程度に評価していた。渡辺洋子「SNS を情報ツールとして使う若者たち—『情報とメディア利用』世論調査の結果から②」放送研究と調査69巻 5 号 (2019年) 38～56頁。

19) 谷口・前掲書 (注 9) 119頁。

20) NHK による地方議員調査の結果の概要は、ウェブサイトで公開されている (https://www.nhk.or.jp/senkyo/database/touitsu/2019/questionnaire/giin/, last visited 19 July 2020)。アンケート調査の結果に追加取材などの結果を追加したものが、NHK スペシャル取材班『地方議員は必要か—3 万 2 千人の大アンケート』(文藝春秋、2020年) として書籍化されている。

21) 西田亮介『情報武装する政治』(KADOKAWA、2018年) 123～124頁。

22) 小口日出彦『情報参謀』(講談社、2016年) および谷口将紀・宍戸常寿『デジタル・デモクラシーがやってくる！』(中央公論新社、2020年) 第 2 章を参照のこと。

23) 西田・前掲書 (注21) 148～165頁。

24) 渡辺洋子「SNS を情報ツールとして使う若者たち—『情報とメディア利用』世論調査の結果から②」放送研究と調査69巻 5 号 (2019年) 38～56頁。

25) イーライ・パリサー (井口耕二訳)『フィルターバブル』(早川書房、2016年)。

26) 永吉希久子「ネット右翼とは誰か—ネット右翼の規定要因」樋口直人ほか『ネット右翼とは何か』(青弓社、2019年) 13～43頁。

27) たとえば、アメリカを対象とした次の文献を参照のこと。Hong, S. and S. H. Kim (2016) "Political polarization on twitter: Implications for the use of social media in digital governments," *Government Information Quarterly*, Vol.33, No.4, pp. 777～782.

28) 田中辰雄・浜屋敏『ネットは社会を分断しない』(KADOKAWA、2019年)。

29) 辻大介・北村智「インターネットでのニュース接触と排外主義的態度の極性化—日本と

アメリカの比較分析を交えた調査データからの検証」情報通信学会誌 36巻2号（2018年）99～109頁。ただし、アメリカについては、ネット利用は「反」排外主義的な考えを強化するという逆の結果が示されている。

30) エストニアにおいて、インターネット投票がどのような経緯で導入されたかについては、中井遼「偶然と党略が生み出したインターネット投票—エストニアによる世界初導入へと至る政治過程」日本政治学会編『年報政治学2018-Ⅱ　選挙ガバナンスと民主主義（木鐸社、2018年）127～151頁を参照のこと。

31) 小倉一志「インターネットにおける選挙運動規制に関する一考察」札幌法学 21巻2号（2010年）105～133頁。

32) ネット選挙解禁の法的な側面に関しては、湯淺墾道「インターネット選挙運動の解禁に関する諸問題」情報セキュリティ総合科学 5号（2013年）36～51頁、などを参照のこと。

33) 松田馨『地方選挙 必勝の手引き』（選挙の友出版、2018年）153頁。

34) 日本における通常化の進行については、岡本哲和『日本のネット選挙—黎明期から18歳選挙権時代まで』（法律文化社、2017年）を参照のこと。一方、候補者ではなく議員を対象とした分析であるが、衆議院議員のサイトにおける双方向型コンテンツに注目し、その充実度に影響を及ぼす要因を明らかにしようとした研究では、当選回数の少ない議員が、そして与党議員よりも野党議員のほうが、より積極的に双方向型コンテンツを利用する傾向にあることが明らかにされている。稲葉哲郎・森有人「衆議院議員ウェブサイトの分析—双方向性の視点から」選挙研究25巻1号（2009年）89～99頁。

35) 上ノ原秀晃「2013年参議院選挙におけるソーシャル・メディア—候補者たちは何を『つぶやいた』のか」選挙研究30巻2号（2014年）116～128頁。

36) 上ノ原秀晃「2017年衆院選とソーシャルメディア—候補者によるツイッター投稿の内容分析」人間科学研究40号（2019年）45～59頁。

【岡本哲和】

索　引

あ　行

相乗り　229-234
麻生太郎　49
「新しい社会運動」論　85, 87-89, 92
安倍晋三　14, 39, 47, 51, 68, 71, 117
アリソン，G.　164, 176, 177
天下り　133
委員会制　184
委員会中心主義　189
委員会提出法案　195
池田勇人　8
違憲判決　206, 207, 220
一強多弱　38, 50
一党優位制（一党優位体制）　26, 35, 38, 61
イデオロギー投票　148
委任代理論　180
委任立法　199
インクリメンタリズム　165
イングルハート，R.　81
インターネットと選挙（選挙とインターネット）　153, 253
ヴィスコシティ（粘着性）説　184
ウェーバー，M.　137, 248
運動の日常化　86
運動の非日常性　87
エコー・チェンバー　256
エコロジー　94
エビデンス　173, 178
エビデンスに基づく政策形成　173
M＋1の法則　42
エリー調査　250
「エリート対抗型」政治参加　83
小沢一郎　13, 41, 64
オルソン，M.　56, 85
穏健な多党制　35

か　行

「改革派」知事　232
会期制　184
介護保険制度　171
下級裁判所　210
革新自治体　5, 108, 229, 230, 242
課題設定効果　250
カッツ，R.　44
ガランティズモ　18
カルテル政党　52
間接選挙　145
環太平洋経済連携協定（TPP）　70
菅直人　49
幹部政党　44
官　僚　123
官僚司法部　207-209, 211
『官僚たちの夏』　3, 123
官僚バッシング　134
官僚優位論　132
議員定数不均衡　146
議院内閣制　179, 224, 225, 241
議員立法　194
企業政党　52
議事運営権　185
岸信介　4, 102
基本法　195
キャリア　128
共産党　19, 44, 228

行政機構改革　20
業績投票　148
キングダン，J. W.　167, 168
区切られた均衡　167, 177
経済同友会（同友会）　62
検　察　203, 213-215
検事総長　203, 213
限定効果論　249
憲法改正　7, 103
憲法（統治制度）工学　27
小泉純一郎　5, 41, 46, 66, 110, 238, 243, 252
合意型（コンセンサス型）政治　8, 11, 24, 25, 188
構造改革　13, 14, 66, 115
拘束名簿式比例代表選挙　149
高度経済成長　5, 12, 19, 109
公文書管理法　249
公務員　123
公務員バッシング　139
公明党　16, 19, 44, 229
合理的決定モデル　164
コーポラティズム（団体協調主義）理論　58
国士型官僚　4
国政調査権　196
国対政治　11
国民所得倍増計画　107
国民政治協会　62, 67
護憲・非武装中立と反安保　8
55年体制　6, 35, 38, 40, 228, 230, 242
個人化された政治　93
個人後援会　15, 44, 47
国会対策委員会　188
国家公務員　125
コミュニケーション機能　34
コミュニケーションの2段階の流れ　250
護民官機能　19
コロンビア学派　147

さ　行

最高裁　206, 207, 209-213, 217-219
最高裁長官　209, 215
裁判員制度　163, 176, 216, 217
裁判官任命諮問委員会　218, 219
裁　量　170
サウンド・バイト手法　114
サルトーリ，G.　35
三位一体の改革　243
SEALDs　91
ジェンダー　94, 212
資源動員論　85, 89, 92
市場競争型デモクラシー　52
事前審査（制）　46, 61, 139, 181, 188, 191
実施のギャップ　169
執政（制度）　155, 241
司法審査　205, 207
司法制度改革　20, 211, 215-217, 220
司法の独立性　204, 205
自民党（自由民主党）　7, 15, 46, 228
地元利益誘導　106, 112
社会的亀裂　40
社会党　7, 63, 228
自由委任　142, 143
集権的な政党優位　134
集合行為問題　56
修正案　190
趣旨説明聴取　182
首　長　224, 226-229, 233-235, 241, 242
シュミッター，P.　59
小選挙区制　233
小選挙区比例代表並立制　42, 48
象徴天皇制　22
常任委員会　189

証人喚問　197
情報カスケード　90, 91
情報公開法　249
初期55年体制　7, 99
新型コロナウイルス　175, 259
審議時間　190
人事院　125
新中間層　9
新保守主義　13
ステージ・モデル　161, 174
ストリートレベルの官僚（第一線公務員）　138, 178
ストロム，K.　33
政策の窓モデル　167
政策評価法　171
政治改革　13, 20
政治的機会構造論　85, 86, 89
政治的指導者の育成機能　34
政治的先有傾向指標　147
政治的リクルートメント機能　34
政治の司法化　206
政党帰属意識　148, 149
政党支持　151, 152
政党システム　35
正統性原理の転換　2, 18, 106
政党組織　44
政党優位論　132
政府形成機能　34
政府参考人　198
政務調査会　3, 61, 113, 133
政令指定都市　245
善悪二元論的対立構図　115
全会一致　182, 184, 186
選挙制度改革　13, 20
選挙プロフェッショナル政党　45
戦後改革　1
全国総合開発計画　107
全国農業協同組合中央会（JA 全中）　60, 65
全国農業者農政運動組織連盟（全国農政連）　68
選択的接触　153, 255
全日本労働総同盟（同盟）　60, 63
（官僚の）専門性　136
総裁選挙　49, 112, 120
想定問答集　198
争点態度　148, 152
族議員　3, 14, 46-48, 61, 113, 133
即効薬理論　249

た　行

大衆政党　44
大選挙区制　233, 235, 242
大統領制　225, 226, 242
多元化　1, 3, 106
多元主義理論　58
多数決型政治　12, 24, 106, 188
多数主義説　185, 187
多数派支配　181
脱工業社会　80, 82
脱物質主義　79-83, 86, 91
多党制　43
田中角栄　106
単記非移譲式　42
小さな政府　127
逐条審議　191
地方公務員　126
地方分権改革　20, 242-244
中間報告　182
中選挙区制　47, 48, 233, 235, 241
（官僚の）中立性　136
調整型官僚　4
直接選挙　145
通常化　259, 260

強いリーダーシップ　14
鉄の三角形　11, 13, 113
デュヴェルジェ，M.　44
デュヴェルジェの法則　41
統一政府　227
党員投票　49
党議拘束　143
東京都政　235
同士討ち　47
党首評価　14
党首討論　189, 198
道路三法　107
特例公債法案　193
トップダウン・アプローチ　169
富の再分配　40
ドント式　149

な　行

内閣機能の強化　20
内閣人事局　20, 125, 134
内閣声明　197
内閣提出法案　180
永田町の論理　112
二院制　184, 192
二元代表制　224-226, 228, 242
二重の駒型モデル　129
二大政党制（二党制）　7, 13, 35, 38, 42, 241
日米安保条約改定　8, 103
日程闘争　200
日本医師会　60
『日本改造計画』　13
日本経営者団体連盟（日経連）　62
日本経済団体連合会（日本経団連）　60, 62, 63
日本商工会議所（日商）　62
日本弁護士連合会　214
『日本列島改造論』　108
日本労働組合総評議会（総評）　40, 60, 63
日本労働組合総連合会（連合）　45, 64, 69
ねじれ国会　17, 192
ネット選挙解禁　257
農業協同組合（JA）　65
農政改革　72
野田佳彦　49
ノンキャリア　129

は　行

ハイ・ポリティクス　8, 12, 103, 106, 113
働き方改革　72
派　閥　11, 17, 46-48, 122
皮下注射モデル　249
非拘束名簿式比例代表選挙　149
秘密選挙　145
比例的影響　181
フィルター・バブル　256
フェイクニュース　261
福田康夫　49
附帯決議　191, 199
普通選挙　145
腐敗認識指数　139
フリーライダー論　56
プロフェッショナル司法部　207, 208
分割政府　226, 227
分極的多党制　35
分権的な政党優位　134
平準化　259, 260
包括政党（キャッチオール・パーティー）　9, 45
保革イデオロギー　39
保革自己イメージ　148, 152
保守合同　7, 103
保守本流　24
細川護熙　238, 240, 243

ポピュリズム　112
本人─代理人理論　198

ま　行

マルクス・レーニン主義　9
マルチレベルの政党政治　241
ミシガン学派　148
ミューラー，W. C.　33
民主党　14, 50, 69, 192, 230
メアー，P.　44
命令委任　143
メディア宰相　112, 115
メディア戦略　252

や　行

役　人　123
有権者の「合理主義化」　10
有効議会政党数　186
郵政選挙　254
郵政民営化　113
予算と法律の不一致　193
予備的調査制度　197
世論の政治　4

ら　行

ライフスタイル運動　86, 87, 89, 93
吏員型官僚　134
利益集約機能　34
「利益配分」型政党　15
利益表出機能　34
力量ある政治家　17, 122
立法調査補佐スタッフ　190
「理念追求」型政党　15
リンドブロム，C. E.　165, 177
冷　戦　12
レイプハルト，A.　192
連動効果　43
ロー・ポリティクス　8, 11, 106
60年体制　6, 18, 99
ロザンヴァロン，P.　84

【執筆者紹介】（執筆順，＊は編者）

＊森本《もりもと》　哲郎《てつお》	関西大学法学部教授	序章・第４章
堤《つつみ》　英敬《ひでのり》	香川大学法学部教授	第１章
小西《こにし》　秀樹《ひでき》	関西大学政策創造学部教授	第２章１～３
内田《うちだ》龍之介《りゅうのすけ》	関西大学非常勤講師	第２章４
白崎《しらさき》　護《まもる》	関西外国語大学外国語学部准教授	第３章・第６章
松並《まつなみ》　潤《じゅん》	神戸大学大学院国際協力研究科教授	第５章
岡本《おかもと》　哲和《てつかず》	関西大学政策創造学部教授	第７章・第11章
武蔵《むさし》　勝宏《かつひろ》	同志社大学政策学部教授	第８章
小倉《おぐら》　慶久《よしひさ》	関西大学・近畿大学・羽衣国際大学非常勤講師	第９章
辻《つじ》　陽《あきら》	近畿大学法学部教授	第10章

Horitsu Bunka Sha

現代日本政治の展開
——歴史的視点と理論から学ぶ

2021年2月10日　初版第1刷発行

編　者　森《もり》 本《もと》 哲《てつ》 郎《お》

発行者　田 靡 純 子

発行所　株式会社 法律文化社

〒603-8053
京都市北区上賀茂岩ヶ垣内町71
電話 075(791)7131　FAX 075(721)8400
https://www.hou-bun.com/

印刷：亜細亜印刷㈱／製本：㈱藤沢製本
装幀：仁井谷伴子

ISBN 978-4-589-04122-7